Stanislávski, Meierhold & Cia.

Coleção Estudos
Dirigida por J. Guinsburg

Equipe de realização – Revisão e índice onomástico: Sandra Martha Dolinsky; Sobrecapa: Adriana Garcia; Produção: Ricardo W. Neves, Lia N. Marques e Sergio Kon.

J. Guinsburg

STANISLÁVSKI, MEIERHOLD & CIA.

PERSPECTIVA

Copyright © by Jacó Guinsburg

Dados Internacionais de Catalogação na Publicação (CIP)
(Câmara Brasileira do Livro, SP, Brasil)

Guinsburg, J.
  Stanislávski, Meierhold & Cia. / J. Guinsburg. --
São Paulo : Perspectiva, 2015. -- (Estudos ; 170 /
dirigida por J. Guinsburg)

  2. reimpr. da 1. ed. de 2001.
  ISBN 978-85-273-0248-7

  1. Teatro russo - História e crítica
  2. Teatrólogos russos I. Título. II. Série.

08-07723   CDD-792.0947

Índices para catálogo sistemático:
1. Teatrólogos russos : Apreciação crítica
792.0947

1ª edição – 2ª reimpressão

Direitos reservados em língua portuguesa à
EDITORA PERSPECTIVA S.A.

Av. Brigadeiro Luís Antônio, 3025
01401-000 São Paulo SP Brasil
Telefax: (011) 3885-8388
www.editoraperspectiva.com.br

2015

Sumário

Ao Leitor IX

I. STANISLÁVSKI E MEIERHOLD
    Stanislávski 3
    No Palco Stanislavskiano: Meierhold 9
    O Estúdio de Stanislávski e Meierhold:
        O Encontro do Desencontro...................... 21
    Um Encenador de Iluminações Simbolistas: Meierhold 31
    O Teatro da Teatralidade: Meierhold.................... 57
    Stanislávski-Meierhold: Uma Relação Antitética 85

II. UM NOVO TEATRO
    Um Novo Teatro: Stanislávski........................ 97
    Diaghilev e *O Mundo da Arte* no Teatro 99
    Uma Assembleia de Crentes na Religião
        de Stanislávski................................ 109
    Um Teatro de Ideias: Komissarjévski 121
    O Teatro como Tal: Evrêinov......................... 129
    Notas para um Teatro de Síntese: Taírov 153
    Cenas de um Teatro de Síntese: Taírov I 163
    Cenas de um Teatro de Síntese: Taírov II 175

III. NA TRILHA DOS MESTRES
    Richard Boleslávski................................ 195

Habima: Vakhtângov 201
O Teatro Ídiche de Estado: Granóvski e Míkhoels 229
Meierhold e Grotóvski............................... 265

IV. APÊNDICE HISTÓRICO
Nota 271
O Teatro Russo no Século XIX 273
Crítica às Condições do Teatro Russo no Fim
   do Século XIX.................................. 301
O Sistema de Stanislávski 311

ÍNDICE ONOMÁSTICO 317

Ao Leitor

Reúno nesta coletânea uma série de ensaios que resultaram dos meus estudos de teatro russo e de Stanislávski e Meierhold, em particular. O material foi preparado em função dos cursos de pós-graduação que ministrei no Departamento de Artes Cênicas (ECA/USP), constituindo ele em larga medida o repertório de seus temas. Ao mesmo tempo, devia servir de base, segundo a própria sequência do programa de aulas, para um projetado livro sobre Meierhold, do qual fazia parte, inclusive, o texto editado em separado, *Stanislávski e o Teatro de Arte de Moscou**. Não tendo levado a cabo o meu intento, publiquei, ao longo dos anos, na imprensa e em revistas universitárias, vários desses ensaios, mas sempre tive em mente agrupá-los num volume que, em essência, seguisse o meu plano original e desse ao leitor uma visão do que foi o movimento teatral russo e soviético das três primeiras décadas do século XX, pelo menos como ele se apresentou em alguns de seus maiores expoentes e inovadores. Ao lado desse objetivo mais amplo, que só pôde ser alcançado aqui de maneira parcial, os diferentes artigos inseridos proporcionam leituras históricas e estéticas específicas, que se justificam por si, creio eu. Por isso mesmo, pareceu-me pertinente e até elucidativo, quanto à repercussão do processo artístico enfocado, acrescentar dois ensaios sobre a produção de duas companhias judaicas, uma de língua ídiche e outra de língua hebraica, cuja arte trazia o signo de seu vínculo orgânico com as tendências da cena soviética daqueles

---

* São Paulo, Perspectiva, 2a ed. revista, 2001.

anos. Com a mesma linha de cogitação, inclui um trabalho sobre um dos primeiros e principais divulgadores dos ensinamentos stanislavskianos nos palcos da América; e um recorte, em contraponto, das propostas de Meierhold e de Grotóvski na construção do espetáculo. Por fim, julguei que seria de utilidade complementar a coletânea com uma resenha do evolver histórico do teatro russo no século XIX e os problemas com que se defrontava à época em que surgiu o Teatro de Arte de Moscou, bem como uma pequena sinopse sobre o "sistema" de Stanislávski nos termos em que foi colocado nas primeiras formulações do mestre. Com estes esclarecimentos, espero que o leitor interessado no tema encontre neste livro subsídios e elementos para a sua reflexão sobre um dos momentos mais fecundos e revolucionários da moderna criação teatral.

Last but not least, devo agradecer a Boris Schnaiderman a leitura minuciosa dos textos aqui insertos, bem como as observações críticas e sugestões, que certamente constituem valiosa contribuição para esta minha incursão em um terreno no qual ele é um dos maiores conhecedores no Brasil.

Parte I
Stanislávski e Meierhold

Stanislávski

Sendo o nosso tema Stanislávski, devo dizer antes de mais nada que não sou de maneira nenhuma especialista no chamado Método[1]. Não sou, aliás, especialista em método nenhum e não acredito em especialistas em métodos. Sobretudo quando fetichizam seus poderes e os transformam em receitas infalíveis. Ainda mais se têm em mira a arte. E falar de Stanislávski é falar de um universo artístico. Ele é um desses gigantes que marcaram a história da arte, um homem de gênio que realizou no palco uma revolução que poderíamos chamar copernicana. O seu trabalho transferiu, do artifício convencional e da cópia mecânica para a vivência natural e a criação orgânica, o centro nevrálgico da arte cênica. Sob o impacto de suas ideias e experiências, não só estilo e práticas se transformaram, como a própria visão do teatro, na sua dimensão estética e ética. Stanislávski pôs no palco da *persona*, a pessoa. Pois, para ele, poder-se-ia dizer, como para o filósofo grego, o homem é a medida de todas as coisas, na vida e na arte. Homem e

[1] Stanislávski em suas referências ao programa de preparação do ator designava-o pela palavra "sistema". Mas, na medida em que não se tratava de um corpo fechado de concepções artísticas e estratégias didáticas, tendo sido, durante toda a vida de seu criador objeto de uma pesquisa e construção contínua, parece caber razão aos que nas traduções dos livros de Stanislávski preferiram referir-se ao programa como "método" em vez de sistema. Aliás, a história desse conjunto de ideias parece confirmar plenamente a dinâmica contida nesta última denominação, bastando, para tanto, invocar os exemplos que são os desenvolvimentos efetuados pelo próprio autor e seus discípulos, ortodoxos ou não, bem como pelo Actor's Studio, para não mencionar as simbioses a la Grotóvski.

artista unem-se nele na amplitude do grande espírito. Espírito que lhe ditou não apenas suas memoráveis realizações de ator e diretor ou suas já clássicas reflexões sobre o fazer teatral, mas principalmente essa obra, talvez única na literatura do gênero, que é *Minha Vida na Arte*. Relato autobiográfico de uma existência inteiramente devotada ao teatro, dos seus malogros e sucessos, das suas experiências e decepções, da comédia e tragédia do comediante e de seu espetáculo, é mais do que uma lição de arte, é uma lição de vida, um *Bildungsroman*, um romance pedagógico da vida pela arte.

Se há um princípio, uma gênese do teatro moderno, ele está, entre alguns poucos mais, em Stanislávski, e *Minha Vida na Arte* é, talvez mais do que qualquer outro relato testemunhal, sua epopeia – a história do que foi a construção desse novo teatro e de um de seus principais heróis, um homem cuja vida se confunde totalmente com sua atuação teatral e que se entregou a ela única e exclusivamente por paixão. Stanislávski praticou o teatro como uma paixão, mas uma paixão pela perfeição. E isso implicou num duplo esforço: o da busca da espontaneidade da expressão e o da avaliação rigorosa dos resultados. Nenhum dos dois aspectos pode ser eliminado de seu trabalho e da visão que o preside. De um lado, tem-se a perseguição obsessiva das representações ideais e, de outro, a edificação calculada da encenação. Trata-se de um verdadeiro caçador da emoção autêntica, cuja presa será exibida no espetáculo teatral, à base da experimentação quase científica dos materiais, dos processos e dos operadores teatrais, bem como da análise crítica dos resultados estéticos obtidos. Daí por que reduzir Stanislávski ao Método já é unilateral e, mais ainda, vestir-lhe a camisa-de-força naturalista ou positivista, como se pretende às vezes. A complexidade e a riqueza de suas concepções ultrapassam de longe esses limites, inclusive na maneira como ele as desenvolveu e aplicou.

Com efeito, um ponto crucial no modo como Stanislávski faz e pensa teatro é a questão da verdade e realidade na arte. Costuma-se confundir os dois termos, ou seja, o real é o verdadeiro; e uma vez obtido o real, a verdade artística seria a resultante necessária. Para alcançá-la, o Método constituir-se-ia no instrumento adequado, pois forneceria uma via indutiva para o artístico, que teria por esse caminho mesmo garantido o seu estatuto de verdade artística.

Ora, Stanislávski não vê o elemento de verdade na arte da representação como uma simples reposição de estados afetivos reais, anteriormente vivenciados pelo eu interpretante, que este recupera através dos mecanismos da memória afetiva e dos exercícios para a sua reenergização. Esse recurso, um dos mais importante do chamado Método, representa apenas uma parte do processo. A outra consiste em pôr os elementos assim mobilizados a serviço de uma ficção a ser criada no palco, uma criação pertencente a três esferas que se interpenetram: a emocional, a imaginativa e a carnal. É na efetiva

Konstantin Stanislávski.

conjugação orgânica das três que reside a autenticidade do representado, isto é, a sua verdade. Percebe-se por aí que o dado captado na realidade psicológica e social do ator só pode ter significação no novo contexto que lhe é proposto se, através do imaginário, acionado desde o "mágico se", ele alcançar a configuração de um conjunto de signos no corpo interpretante, isto é, se ele se estruturar como uma forma significante. Essa seria, portanto, a realidade verdadeira e artística. Pois bem, nesse resumo – ainda que nos seus livros mais técnicos Stanislávski não o assinale de uma maneira sintética, e sim analítica, perfazendo passo a passo a construção do real da representação – todo material reconquistado não é assoldado a uma natureza que é pura transposição mecânica ou imitativa da vida real, no sentido mais estreito, porém a uma natureza que é a da vida na arte. Daí por que se, a certa altura, o próprio criador do Método se coloca no âmbito naturalista e parece usar sem discrepância o discurso do cientificismo positivista, o seu superobjetivo encontra-se além, ao que tudo indica e talvez mesmo *malgré soi*. Aliás, não é por outro motivo que um dos vetores de seu pensamento aponta, através do "subconsciente", como K. Alexêiev se expressa, para o inconsciente freudiano, e o outro vetor, através da tentativa de conquista orgânica não só dos significados mas também dos devidos significantes, isto é, dos signos, aponta para os simbolismos representativos da poeticidade dramático-cênica.

Como se vê, a leitura da proposta teatral de Stanislávski deve ser feita não pelo ponto de partida, mas, sim, pelo de chegada. O encaminhamento metodológico, longe de implicar por si num sistema fechado, é, em essência, um instrumento processador que deve permitir englobar organicamente, como uma totalidade representativa, as forças vivas do homem na expressividade da obra de arte materializada na cena.

O jogo dialético da interioridade e da exterioridade não caracteriza tão-somente a criação do papel pelo ator. Na verdade, não será difícil encontrá-lo em outros elementos importantes que plasmam a encenação na cena stanislavskiana. Ele é, por exemplo, um fator determinante na relação de produção artística do intérprete com o diretor. Sob esse enfoque caberia, até certo ponto, a observação de que o comediante sem o encenador é cego e o encenador sem o comediante é mudo. De fato, o modo como o *régisseur* do Teatro de Arte concebe o intercurso entre a parte ligada ao natural e a ligada ao formal, na geração e enformação da personagem na obra cênica, se, de um lado, pressupõe o trabalho criativo do ator, pressupõe, de outro, não menos necessariamente, o do diretor. Não se trata apenas, com referência a este último, do didata a ensinar os intérpretes de uma peça ou do indutor socrático das emoções e das imagens dramáticas nela contidas, porém do demiurgo da montagem e do espetáculo como um todo, isto é, como um conjunto de outra ordem, que nenhum dos componentes isolados preenche sozinho no palco e cuja feição e qualidades estéticas finais dependem de seu esforço criativo. Só ele pode ser efetivamente o regente e o modulador harmonizante dos acordes individuais de cada actante cênico no produto último.

Essa função, por certo, coloca a obra teatral resultante do trabalho do diretor fora e além das coisas da vida real e de suas relações causais, ainda que ele se proponha a transcrever a chamada realidade e as leis da natureza. Pois, cria-se, por seu intermédio, um objeto inteiramente novo que, de seus modelos, quaisquer que sejam eles no universo dos objetos usuais ou naturais, só tem, não a realidade ontológica que os caracteriza, mas unicamente a realidade do ser ficcional.

Em semelhante perspectiva, o próprio Método, inclusive no plano do ator, não constitui uma finalidade em si, é antes uma propedêutica para uma obra mais ampla e mais profunda que, realizando uma síntese dos vários elementos polarizados na ação criadora do ator e do diretor, pertence inteiramente ao plano do poético e do estético atualizado em cena.

Se tal conclusão tiver algum foro de pertinência, e se houver alguma validade para a consideração de que, já ao nível do intérprete, o Método implica todo um exercício dialético entre natureza e arte, ocorrendo o mesmo nos demais níveis, a despeito do célebre encerramento na "quarta parede", a tentativa de bloquear a visão de Stanislávski com as viseiras metodológicas de um realismo de curto voo parece violentar inteiramente o espírito e os propósitos desse gênio da modernidade teatral.

No Palco Stanislavskiano: Meierhold

Karl-Theodor-Kasimir Meierhold ou Meiergold nasceu a 25 de janeiro de 1875, em Penza, uma cidade provincial a sudoeste de Moscou, sendo o oitavo filho de Emil Fiódorovitch, supostamente um judeu[1] alemão que adotara a religião luterana e emigrara muito jovem para a Rússia, fundando uma destilaria de vodca com a qual fez fortuna. Adito fanaticamente às suas raízes teutas, o pai conservou a cidadania original e procurou inculcar nos filhos os padrões da *kultur* bismarckiana. Mas o papel preponderante na formação de Meierhold coube à sua mãe, Alvina Danílovna, também de proveniência tedesca, do Báltico. Mulher interessada nas artes e nas coisas do espírito, transmitiu-lhe o gosto pela música e pelo teatro, ao mesmo tempo que foi responsável pelos contatos que desde cedo ele teve com a *intelligentsia* russa, pois recebia em sua casa artistas e intelectuais que passavam pela cidade ou lá se encontravam confinados pelo regime autocrático czarista, em desterro administrativo, por motivos ideológicos e políticos.

1   Ao contrário de Angelo Maria Ripellino, no verbete *Mejerchold*, da *Enciclopedia dello Spetacolo*, e em *Il Trucco e l'Anima*, Turin, Giulio Einaudi editore, 1966, p. 106 (trad. bras., São Paulo, Perspectiva, 1996), ou de Marc Slonim, em *Russian Theater*, p. 182, outros autores julgam duvidosa essa extração. Nina Gourfinkel, por exemplo, em *Vsevolod Meyerhold*, introdução a *Le Théâtre Théâtral*, p. 11, considera surpreendente "a certeza com que Ripellino [...] qualifica o pai de Meierhold de *ebreo tedesco*". Rudnítzki, a quem a bibliografia histórica e crítica a respeito de Meierhold deve um estudo dos mais documentados e completos, não faz, por sua vez, qualquer referência ao fato, nem Béatrice Picon-Vallin, indubitavelmente a mais qualificada pesquisadora ocidental nesse domínio.

Na escola, os progressos de Meierhold foram pouco promissores, tendo levado onze anos para concluir as sete séries do ginásio russo. Mas já nesse período fazia-se notar pelas aptidões musicais, que pôde cultivar em estudos prolongados de piano e violino, e pelo particular interesse que dedicava à arte dos comediantes de província, cujas companhias visitavam Penza em suas *tournées*. Enquanto ginasiano, além de escrever críticas de teatro, deu os primeiros passos como intérprete, representando as figuras de Repetílov, em *A Desgraça de Ter Espírito*, de Griboiêdov, e de Kutêikin, em *O Menor*, de Fonvízin.

Com a morte do pai em 1892, seguiu-se um período de indecisão na vida de Meierhold. Para não servir o exército do Kaiser, pois fora registrado com a nacionalidade alemã, adotou em 1895 a cidadania russa e converteu-se ao cristianismo ortodoxo. Nessa ocasião trocou o triplo prenome pelo de Vsévolod, em homenagem a Vsévolod Gárshin, um contista que se suicidara alguns anos antes e cujos contos o jovem estudante Karl, como sua geração, admirava muito[2], e adaptou o sobrenome para Meierhold, por razões de pronúncia, ao que consta[3]. "Foi a primeira de suas metamorfoses", diz Ripellin[4].

Em agosto de 1895, seguiu para Moscou com o propósito de cursar as ciências do Direito. Mas se o Teatro Máli o fascinava a ponto de empoleirar-se assiduamente na "torrinha" dos estudantes a fim de aplaudir o trabalho de atrizes como Fedótova e Iermolova ou de atores como Sadóvski e sobretudo Lênski, a matéria jurídica não conseguia encantá-lo do mesmo modo. Em 1896, abandonou a faculdade, voltou para Penza, casando-se com Olga Mikháilovna Munt, uma atriz do pequeno teatro local. Aderiu então a uma ideia surgida entre exilados políticos, em cujo rol estava Alexei Rêmizov, escritor que exerceu naqueles anos forte ascendência sobre Meierhold, assim como jovens estudantes e intelectuais da cidade, que pretenderam, na linha dos *naródniki* (populistas) e outros matizes socialistas e liberais da época, formar um Teatro do Povo com o fito de promover a ilustração e elevação das massas populares. No âmbito dessa atividade, interpretou, no verão de 1897 e 1898, vários papéis em peças de Ostróvski, como *A Noiva Pobre* e *A Floresta,* imprimindo aos desempenhos uma feição realista, que copiava de Mikhail Sadóvski e Lênski, do Máli. Aparentemente o público apreciou os dotes do jovem amador e a imprensa local os comentou elogiosamente.

---

2   Ele próprio o afirma nos "Éléments de Biographie" (1921), *Écrits sur le Théâtre*, p. 282, e n. 8, p. 324, *op. cit.*, onde se lê: "Sua energia e suas ideias me inspiram".
3   Tal versão, entretanto, é contestada pela especialista russo-francesa que, na mesma passagem do trabalho já citado, diz que "a prova fonética não se sustenta, pois antes da reforma do filólogo Grot, o *h* alemão era transcrito em russo indiferentemente por *kh* ou por *g*...."
4   *Il Trucco e l'Anima*, p. 106.

Em 1896, Meierhold decidiu preparar-se seriamente para uma carreira no teatro e, retornando a Moscou, enfrentou o exame do Instituto Dramático e Musical mantido pela Sociedade de Filarmonia. Aprovado, passou imediatamente ao segundo curso, onde foi aluno de Nemiróvitch-Dântchenko, que, em *Minha Vida no Teatro Russo*, assim descreveu a atuação de Meierhold[5]:

[...] mas em meus cursos também havia um agudo senso de rivalidade. Isso ocorria porque no último ano existiam vários alunos particularmente talentosos e também porque entre eles se achava Meierhold.

Esse moço, que mais tarde se tornaria diretor famoso, fora prontamente admitido à Filarmonia no curso avançado e desenvolvia considerável atividade nas tarefas escolares, especialmente na direção do trabalho cooperativo. Era um fato nunca visto nas escolas de arte dramática: após cinco realizações preparadas e interpretadas, meus alunos pediram permissão para encenar minha peça, *A Última Vontade,* de maneira quase independente. Pelo que me lembro agora, entreguei toda a apresentação às nove classes e no decurso de um mês esse texto enorme foi montado como espetáculo de início das aulas, que, entre outras coisas, deu grande oportunidade para Olga Kníper sobressair-se. O "líder" do empreendimento foi Meierhold. Recordo-me de outra realização também – a da comédia francesa *Le monde où l'on s'ennuie*, de Pailleron. Meierhold com um colega adornaram o pequeno palco escolar com excelente qualidade de direção e não pequeno engenho mecânico.

Como ator, ele não parecia aluno. Denotava certa dose de experiência e dominava os papéis com inusitada rapidez. Além disso, manejava notável variedade de papéis – desde o trágico de Ivan, o Terrível, até o cômico de um *vaudeville* de um ato com canções. Não lhe foi dado criar qualquer espécie de figuração de um modo especificamente brilhante. Mas era de fato muito inteligente. Tchékhov disse dele (nas *Vidas Solitárias* de Hauptmann): "É muito agradável ouvi-lo, porque se pode acreditar que entende tudo quanto diz". E isso não é algo raro quando um ator desempenha o papel de uma pessoa astuta ou inculta? Meierhold tinha mais consciência do que outros no tocante a Tchékhov-o-poeta.

Em seu exame final, Meierhold interpretou sete personagens diferentes, entre as quais, em *Vassilissa Melêntieva* de Ostróvski, a figura de Ivan, o Terrível.

Quando Dântchenko e Stanislávski criaram, em 1898, o Teatro de Arte de Moscou, o jovem ator, juntamente com Olga Kníper, Moskvin e outros alunos de Dântchenko na Sociedade de Filarmonia passaram a integrar a nova companhia. Meierhold ficou entusiasmado com a perspectiva que se lhe abria:

Tenho a impressão que, embora meus estudos estejam terminados, fui admitido numa Academia de Arte Dramática. Quantas coisas interessantes, originais, novas e inteligentes! Não é talento que Alexêiev tem, não, esse encenador-professor tem gênio. Que rica erudição, que imaginação...,

---

5   *My Life in the Russian Theater*, pp. 122-123.

escreve ele à sua mulher, Olga Mikháilovna, numa carta[6] enviada de Púshkino, a 28 de junho de 1898. O que o atraía especialmente era a capacidade de Stanislávski criar, por meios cênicos, a atmosfera necessária para encenar o repertório moderno.

Trepliov, em *A Gaivota*, de Tchékhov, apresentada sob a direção de Dântchenko; Vassíli Schúiski, em *Czar Fiódor Ivánovitch*, de A. Tolstói; Malvolio, em *A Décima Segunda Noite*, de Shakespeare; Johannes Vorckerat, em *Homens Solitários*, de Hauptmann; Marquês de Forlipopoli, em *La Locandiera*, de Goldoni; Príncipe de Aragão, em *O Mercador de Veneza* (*Shylock,* na montagem de Stanislávski); Ivan, em *A Morte de Ivan, o Terrível*, de A. Tolstói; Barão de Tuzenbach, em *As Três Irmãs*, de Tchékhov – eis algumas das principais personagens que lhe coube encarnar nas quatro temporadas incompletas (1898-1902) em que participou do elenco do Teatro de Arte.

Como ator, Meierhold não logrou impor-se de um modo irrestrito à crítica. Não que lhe faltasse temperamento ou técnica. Mas seu corpo espichado e pernalta, de movimentos bruscos e angulosos, agitava-se nervosamente no palco, numa crispação obstruidora, introduzindo uma nota dissonante, antilírica, no *gestus* do verismo stanislavskiano, em que o intimismo da vivência, a naturalidade da expressão e a harmonia da representação eram os critérios básicos da interpretação. Além disso, esse desempenho febricitante e seco, que convertia as personagens em figuras neurastênicas, doentias ou pedantes, irritadiças, enfastiadas, sem mobilidade espiritual, ressaltava por suas incidências grotescas ou luciferianas, traços que seriam certamente de grande força e proveito num teatro de composição sintética, como o expressionista, por exemplo, e não em um palco naturalista, de exposição mimética e analítica.

Tchékhov, com quem travara amizade em setembro de 1898, durante os ensaios de *A Gaivota* e que era uma espécie de deus votivo de Meierhold nessa ocasião, escreveu, a propósito de sua atuação como Johannes Vorckerat em *Einsame Menschen* (Homens Solitários), de Hauptmann: "Onde no mundo você já viu pessoas jogando-se de um lado para outro, pulando e agarrando a cabeça com as mãos? O sofrimento deveria ser expresso tal como é na própria vida, não pela ação de braços e pernas, mas por um tom de voz ou um olhar; não pela gesticulação, mas por um movimento gracioso. Manifestações espirituais sutis, que são naturais em pessoas cultivadas, deveriam ser expressas exteriormente também. Você vai aduzir considerações de encenação. Mas nenhuma consideração pode justificar a falsidade" (Carta a Olga Kníper, em janeiro de 1900)[7].

6 *Écrits sur le Théâtre*, t. 1, p. 48.
7 Em *Vsevolod Emiliovich Meyerhold: the Pattern of a Master*, William Keeler, tese de mestrado, Universidade da Califórnia.

Meierhold com a família de sua mulher, Olga Munt, c. 1895.

Todavia, cabe pensar que essa qualidade de seu trabalho de ator não era apenas resultado da personalidade de Meierhold[8] somada à crise espiritual em que estava mergulhado e que o levava a julgar a existência como algo sombrio e indigno de qualquer esforço. Na verdade, a profunda insatisfação que chegou mesmo a minar-lhe a saúde, a ponto de obrigá-lo a uma temporada de cura na Crimeia, durante o verão de 1900, era produto também de uma revolta, que começava a avolumar-se em seu íntimo, contra o estilo do Teatro de Arte e sua estrita obediência realista. Em decorrência, *o metteur en scène,* que se achava latente no jovem comediante, incitado talvez pelas próprias irrealizações deste e pelo espírito de indagação intelectual, que era inato em Meierhold, pôs-se a procurar formas de desempenho, induzindo-o a fazer experiências com movimentos estilizados e conformações exageradas de expressão.

Seja como for, é curioso observar que a contestação ao stanislavskismo surge, em Meierhold, pelo menos no início, de duas fontes aparentemente contraditórias. De um lado – como evidenciava o fato de identificar-se de tal modo com Trepliov em seu anseio pungente por uma nova arte que chegou a sentir carnalmente o sofrimento da personagem de Tchékhov, realizando assim paradoxalmente o ideário interpretativo do Teatro de Arte – as influências decadentistas, esteticistas e simbolistas o tornavam especialmente sensível a uma arte cênica que procurasse captar "a quinta-essência da vida[9], dos homens e dos acontecimentos, e, mais ainda, as ideias em seu aspecto eterno, pois a verdadeira forma artística não devia ser configuração externa, imitativa, porém, como a seu modo já declarara o idealismo hegeliano na *Estética,* "o luzir sensível da ideia". De outro lado, seja por efeito de suas concepções políticas e sociais, carregadas de populismo e socialismo pedagógico e artístico, seja porque as bases de sua estética aparentemente elitista residiam no poder irradiante dos símbolos e na capacidade captadora da imaginação, elementos de uma arte altamente abstrata, mas por isso mesmo dotada de maior potencial de universalização, o fato é que a representação realista ou naturalista de Stanislávski pareciam-lhe confinar a experiência teatral ao palco, sem solicitar uma resposta ativa do espectador. "Os espectadores não devem observar, mas participar da peça", pensava ele. Sentia que a plateia não tinha existência real para Stanislávski. O palco do Teatro de Arte de

---

8 A carta de Tchékhov mostra que não é tão infundada, como pretende Nina Gourfinkel (*op. cit.*, no trecho mencionado), a posição de Ripellino, embora não se possa considerar Meierhold um comediante fracassado, mas, sim, um outro tipo de ator, como demonstraria em inúmeras ocasiões no curso de seu trabalho de diretor e ator.

9 A expressão é atribuída por Meierhold a Tchékhov, no diálogo deste com um ator do Teatro de Arte de Moscou. Cf. "The Naturalistic Theater and the Theater of the Mood", *On Meyerhold*, p. 30.

Moscou se lhe afigurava uma sala particular do grande diretor, onde este costumava montar intricadas máquinas realistas, para sua própria satisfação por trás da "quarta parede".

Assim, embora essas ideias não estivessem então totalmente definidas, não é de pasmar que, após algumas hesitações, estimulado por injustiças de que teria sido vítima na reorganização do TAM e, mais ainda, talvez pelo desejo de experimentar a direção em termos próprios, haja decidido sair do elenco do Teatro de Arte, em plena temporada de 1902, quando era mais uma vez apresentada a peça de Tchékhov, *As Três Irmãs*. Meierhold foi substituído por Katchálov e, ao que parece, seu afastamento não foi grandemente lamentado na época, pois há registro inclusive de um incidente mais ou menos violento entre ele e Stanislávski, que teria se recusado a recebê-lo sequer em sua casa, por causa de um diz-que-diz de bastidores envolvendo Dântchenko e que seria de autoria de Meierhold.

* * *

Com Aleksander Koschevérov, trânsfuga como ele do Teatro de Arte, e mais 27 atores, Meierhold, após uma viagem pelo norte da Itália, organizou um grupo que recebeu o nome de Trupe de Artistas Dramáticos Russos, e que se propunha a levar um novo estilo de espetáculo às províncias do Império. Meierhold começou por uma cidade da Crimeia, Kherson, cujo teatro municipal arrendou para a temporada de 1902-1903. A iniciativa era arriscada, pois nem o diretor nem os demais partícipes do elenco dispunham de recursos materiais para financiar as montagens. Tchékhov mesmo se mostra preocupado com a aventura, escrevendo a Olga Kníper:

> Gostaria de encontrar-me com Meierhold e falar-lhe, sustentar seu ânimo; em Kherson não terá uma empreitada fácil. Lá não existe ainda um verdadeiro público de teatro, precisam ainda da barraca de feira. Kherson não é a Rússia e não é a Europa.

Ainda assim, trabalhando com dinheiro emprestado, o jovem encenador tomou o rumo inverso do que era costumeiro entre os elencos provinciais: em vez de um repertório imenso, pois raramente a mesma peça era apresentada duas vezes, escolheu um número reduzido de textos, o que, em caso de fracasso, colocava em risco toda a temporada, e se pôs a ensaiá-los por mais de cinco semanas, o que dobrou o orçamento usual por temporada. As obras escolhidas incluíam, além de *A Gaivota*, *As Três Irmãs* e *Tio Vânia*, de Tchékhov, dramas de Hauptmann e Íbsen. Embora não concordasse teoricamente com Stanislávski, na prática, o estilo das montagens, para não falar do repertório, fazia de sua companhia uma espécie de réplica e sucursal menor do Teatro de Arte. O próprio Meierhold afirmou, anos mais tarde[10]: "Como diretor, comecei imitando servilmente Stanislávski. Na teoria, não aceitava muitos pontos nos métodos de suas primeiras encenações, mas quando eu mesmo me pus a dirigir, segui passivamente suas pegadas. Não o lamento, porque foi uma fase de curta duração; além disso, serviu de excelente escola prática..." Mas se a linha da *mise en scène* não constituíra maior novidade em Moscou, na distante Kherson os espectadores viram-se, com surpresa e agrado, diante de um elenco que atuava como um conjunto organizado e harmônico, em função do que era dito pelas personagens em cena e segundo uma ordem de marcação estudada e coerente. Isso, ao contrário do que acontecia então com as trupes de província, cujos atores declamavam suas tiradas com ademanes exibicionistas, sem se atribular com um relacionamento mais orgânico com os demais intérpretes, nem com o espetáculo como tal. A temporada foi bem sucedida e permitiu que o elenco excursionasse pelas cidades do Sul, na primavera. Em Sebastopol, Meierhold levou pela primeira vez uma peça de Maeterlinck, *A Intrusa*.

Animada com os resultados, a companhia programou uma segunda estada (1903-1904) em Kherson. A direção ficou agora unicamente em mãos de Meierhold que, desde logo, anunciou modificações substanciais na orientação artística do conjunto. Tratava-se de dar representação cênica mais definida às buscas das correntes modernas em arte e, sobretudo, na dramaturgia, que àquela altura já reunia um número ponderável de obras a exigir uma configuração teatral adequada – reputava Meierhold. Para tanto rebatizou o grupo, que passou a chamar-se Confraria do Novo Drama (*Továrischestvo Nóvoi Drâmi*). Além disso, confiou ao simbolista Alexei Rêmizov, a quem continuava ligado, a supervisão literária da trupe. Com ele, escolheu um repertório que compreendia textos de Maeterlinck, Schnitzler, Sudermann e do jovem dramaturgo polonês, de tendência "decadentista", Stanislav Przybyszewski (1869-1927), cuja peça *Neve,* levada a 19 de dezembro de 1903, assinala, segundo alguns autores, o primeiro passo de Meierhold no caminho estilístico de um teatro despojado do lastro verista, como já pedia Briússov[11] em 1902, e de uma encenação não-mimética e não-representacional. Rêmizov descreveu o espetáculo como "uma sinfonia de neve e inverno, de apaziguamento e incontido

10 "Meyerhold Parla", anotações de A. Gladkov, *La Rivoluzione Teatrale*, p. 237.
11 Seu trabalho pioneiro, publicado sob o título de "Verdade Inútil" em *O Mundo da Arte*, exerceu forte impacto sobre as ideias teatrais do jovem diretor, como fica patente em "Presságios Literários do Novo Teatro", artigo que comenta e cita largamente a posição de Briússov e que Meierhold incluiu em seu livro *Do Teatro*, 1912 (cf. *Écrits sur le Théâtre*, t. 1, pp. 105-109). N. Evrêinov em *Histoire du Théâtre Russe*, p. 359, e Dénis Bablet, em *Le Décor du Théâtre*, p. 172, também ligam expressamente a Briússov as origens do "teatro da convenção" meierholdiano.

anelo"[12], mas a qualificação de "sinfonia ultravioleta" talvez encerre, na sua sinestesia, um testemunho mais preciso do estilo da montagem. Data também dessa época, com a união da partitura de Mendelssohn e o texto shakespeariano de *Sonho de uma Noite de Verão*, o início das pesquisas meierholdianas sobre o espetáculo de base musical.

Todavia, no todo, tais tentativas de materializar em termos cênicos uma reação estilística contra o naturalismo do Teatro de Arte produziram resultados bastante modestos e circunscritos, do ponto de vista artístico. Ainda assim, apesar de apupos e assobios em face das invocações evanescentes da musicalidade místico-simbolista em *Neve*, ao fim das quais uma parte da plateia até se recusou a sair da sala, pois, disseram eles "a peça não pode ter terminado, uma vez que ninguém ainda não compreendeu nada"[13], verificou-se que, seja por efeito da temporada anterior ou por tentação da novidade escandalosa, o público favorecera os espetáculos, ao menos a julgar pelo êxito de bilheteria ocorrido. E se a crítica não se sentira tão atraída pelo que lhe foi dado ver, não há dúvida de que, graças aos artigos de Rêmizov para *Vesi,* uma revista moscovita ligada aos simbolistas, essas apresentações ajudaram a difundir o nome de Meierhold nos meios intelectuais russos, principalmente entre os que propugnavam pelas novas tendências em arte.

Era o momento em que tais correntes faziam-se ouvir com crescente nitidez. Desde 1898, com a revista *Mir Isstkutsva* (Mundo da Arte), encabeçada por Serguêi Diaghilev, as ideias estéticas do *fin du siècle* europeu começaram a ser divulgadas com maior intensidade nos círculos artísticos russos, conquistando um auditório interessado, sobretudo entre a nova geração, sob a égide de Dostoiévski, Soloviov, Nietzsche, Bergson, Íbsen e os simbolistas franceses. Os nomes de Balmont, Briússov, Ivánov surgiam com a lufada do "novo vento" na poesia. As telas e as concepções de Benois, Bakst, Golóvin, antecedidos por Serov e Vrubel, destacavam-se cada vez mais nas salas de exposição e discussão, afetando inclusive a cenografia teatral, que foi submetida por eles a transformações importantes, precisamente nesse período, com implicações para o conjunto da arte cênica e não apenas para a ópera ou o balé, onde elas foram primeiro experimentadas. Assim, não é de admirar que em semelhante contexto de ideias e tendências o trabalho do jovem diretor e suas pesquisas teatrais despertassem interesse.

Isso, entretanto, não significa que Meierhold já tivesse encontrado o que procurava. Muito pelo contrário, ainda se achava a meio caminho entre o Teatro de Arte e a efetiva criação simbolista com a encarnação do princípio da "estilização" ou da "convenção consciente" no palco,

---

12 *Vesi* ("Balança"), 1904, *Meyerhold on Theater*, ed. Edward Braun, p. 19.
13 Como registra Nina Gourfinkel, *Le Théâtre Théâtral*, p. 22.

como prova sua temporada seguinte (1904-1905) na capital da Geórgia. Com efeito, em Tiflis, onde lhe fora oferecido um bom contrato no teatro recém-construído pela Sociedade Artística e equipado com palco giratório, mecanismos de elevação de nível no tablado e iluminação moderna, estreou com *As Três Irmãs*.

Aparentemente a montagem deveria traduzir uma visão nova do texto, algo similar àquela de que Meierhold fala numa carta a Tchékhov, em janeiro de 1904, com respeito ao *Jardim das Cerejeiras*, encenado anteriormente em Kherson:

> Vossa peça é abstrata como uma sinfonia de Tchaikóvski. É pelo ouvido que o *régisseur* deve primeiro apreendê-la. No terceiro ato, sobre o fundo de uma estúpida agitação – e é essa agitação que é preciso entender – o Horror penetra insensivelmente as personagens, sem que elas se apercebam do fato: "O cerejal foi vendido". Elas dançam. "Vendido". Elas dançam. E assim até o fim. Quando se lê a peça, o terceiro ato produz uma impressão análoga àquele zunido nas orelhas que o doente, em vosso relato *O Tifo*, julga ouvir. Uma espécie de prurido. Uma alegria na qual se escutam os ruídos da morte. Há nesse ato algo de horrorífico, ao modo de Maeterlinck [...][14].

Vê-se que Meierhold faz uma leitura nitidamente simbolista da peça tchekhoviana, transmutando-a num drama de ressonância mística e ressaltando, num texto considerado por seu autor como uma "comédia"[15], um *rictus* de horror metafísico, que converte as personagens em "máscaras fantasmagóricas" de um mundo em decomposição, cujos sinistros rumores deveriam assaltá-las sob a forma de fatídicos pressentimentos e cujas mefíticas ações deveriam desfazê-las em miasmas trágicos de uma existência absurda. Mas, o princípio musical da construção dramática e até o princípio plástico da estilização cênica, bem como o elemento de grotesco, tão típicos da visão teatral meierholdiana, já surgem aí em germe,

> [...] nessa dança macabra de marionetes em sua barraca de feira [...] com o acompanhamento dissonante, o rangido monótono da orquestra provinciana que ritma o baile dos cadáveres vivos (os pequenos burgueses) [...][16],

ainda assim essa linha de interpretação, ao que parece, não logrou, pelo menos em *As Três Irmãs*, verter-se numa linguagem cênica de fato inovada e inovadora. Pois, segundo escreve um crítico local, se os comentários em circulação criaram no público a expectativa de que

> [...] a Confraria do Novo Drama ia proporcionar-lhe algo de "novo", algo que Tiflis jamais vira antes [...] Quando apresentada, a "nova coisa" tão ansiosamente aguardada, resultou ser sobretudo uma encenação extraordinariamente esmerada da peça,

---

14 *Écrits sur le Théâtre*, t. 1, p. 66.
15 Subtítulo dado por Tchékhov ao texto.
16 "Théâtre Naturaliste et Théâtre d'États d'Âmes", *Écrits sur le Théâtre*, t. 1, p. 98.

com numerosos detalhes menores, todos inspirados pelo desejo de alcançar um efeito máximo de ilusão possível [...]¹⁷

ou seja, de recriação da realidade nos bons termos de Stanislávski.

Esse tom artístico prevaleceu, como tudo leva a crer, durante a temporada inteira na capital da Geórgia. Além de *As Três Irmãs,* o repertório compreendia *O Sino Submerso* e *Schluck e Jau,* de Hauptmann, bem como *Um Inimigo do Povo*, de Íbsen e *Os Veranistas*, de Górki, cuja exibição foi proibida pela polícia. Mas a única tentativa de mostrar um espetáculo mais ousado cenicamente foi uma remontagem de *Neve,* na qual a *mise en scène* sofreu alterações, sendo empastada de cores tão lôbregas que espantaram a crítica e não menos o público, que começou a escassear.

Se, afora *A Liturgia da Beleza,* de Balmont, encenada em Nicoláiev, não houve outras experiências no palco das aventuras provinciais da Confraria do Novo Drama, nesse ano, Meierhold tampouco abandonou os seus projetos de renovação no teatro e, tão logo apareceu uma oportunidade, enveredou novamente pelas vias da pesquisa vanguardista, com o intuito de levar a uma plateia, quiçá melhor armada que a de Tíflis para apreciá-lo esteticamente, a expressão do que entendia por "estilização" e "quinta-essência da vida" na cena dramática. E quem lhe permitiu realizar essa tentativa capital para a evolução de sua obra não foi outro senão Stanislávski.

---

17 *Tiflissi Listok*, Tíflis, 28 de setembro de 1904, p. 2; *On Meyerhold*, p. 18, introdução.

O Estúdio de Stanislávski e Meierhold: O Encontro do Desencontro

Em 1904, o Teatro de Arte encenara uma trilogia de peças de um ato de Maeterlinck, *Os Cegos*, *A Intrusa* e *Interior*, mas a montagem fracassara porque, como o próprio Stanislávski percebera, a linha adotada pela direção não conseguia dar moldagem cênica adequada às abstrações místico-poéticas do "novo drama". Stanislávski começou a perguntar-se, com a sua usual inquietação:

> Meu Deus!... Será possível que nós, artistas do palco, estamos condenados pela materialidade de nossos corpos a exprimir eternamente um grosseiro realismo e nada mais? Será que estamos destinados a não ir mais longe que os realistas foram na pintura, em seu tempo? Será que somos apenas precursores na arte cênica? E o balé e seus melhores expoentes, Taglioni, Pávlova e outros?... Não há aí separação de materialidade do corpo? E os acrobatas que voam como pássaros de um trapézio a outro? Nunca se poderia crer que possuem um corpo. Isso significa que pode haver uma separação do corpo. Ela deve ser descoberta e desenvolvida...[1].

Essas dúvidas e indagações ocorriam numa hora em que a morte de Tchékhov privava o Teatro de Arte de uma das principais fontes de sua originalidade estética e em que a corrente simbolista ganhava foros certos de cidadania na vida artística russa. Em 1904, Aleksandr Blok, a principal força poética da nova escola, publicava a sua primeira coletânea com os *Versos sobre a Belíssima Dama*, Vera Komissarjévskaia abria um teatro próprio em S. Petersburgo e Isadora Duncan

[1] *My Life in Art*, trad. G. Ivánov-Mumjiev, p. 331.

apresentava-se pela primeira vez na Rússia. A procura de uma espiritualidade mais profunda, inclusive no palco, começava a fazer-se em "estúdios" que, evitando a pesada carga da organização teatral vigente, lançavam-se pelas sendas de experimentação cênica, como era o caso do Teatro da Tragédia de Vachkévitch, com sua tentativa de vincular arte e religião, de suscitar um clima de devoção e iluminação interior, através de efeitos especiais de luz, de véus e cortinados a compor sugestões imateriais para espectadores que deveriam acolhê-las em piedosa comunhão e contemplação. Foi então, enquanto se teciam em torno dos anseios da sociedade russa esses fios da arte simbolista do inefável, que Stanislávski e Meierhold voltaram a encontrar-se.

Ambos estavam à espreita de novas formas, com a diferença, conforme as palavras do próprio Stanislávski, de que "eu apenas me empenhava na busca do novo, sem conhecer quaisquer trilhas e meios de alcançá-los, enquanto Meierhold, parecia, já havia descoberto novos caminhos e métodos, mas não os utilizara, em parte por causa de dificuldades materiais e em parte porque seu elenco era fraco. O destino me pôs mais uma vez em contato com o homem que me era mais necessário em minha busca. Decidi ajudar Meierhold em seu novo esforço, que, se me afigurava então, coincidia com o meu"[2]. Isso se deu em 1905.

A julgar pelo "Projeto de uma Nova Companhia Dramática junto ao Teatro de Arte de Moscou"[3] que enviou a Stanislávski em 1904, não podia haver sombra de dúvida quanto aos propósitos inovadores e heterodoxos de Meierhold. Muito embora assegurasse que o novo grupo devia "conservar laços estreitos com seu irmão mais velho, o Teatro de Arte de Moscou"[4], proclamava, uma linha antes, que o novo teatro não devia "imitar" o que já fora realizado, mas, sim, "forjar uma personalidade específica, pois só é bela a arte individualizada", mesmo porque cumpria "ajudar com todas as forças o Teatro de Arte a não perder esse encanto, precisamente o de ser um teatro de vanguarda". Por isso Meierhold se propunha a conduzir "com um fanatismo ardente suas pesquisas relativas à poesia e à mística do novo drama", elaborar "uma disciplina muito severa, não acadêmica e tediosa, nem policial, mas aquela que deve existir entre pioneiros", substituir os atores que haviam deixado ou iriam deixar "os quadros do Teatro de Arte, por atores de um novo tipo, febricitantes, ademais, de energia criadora". Só assim, ao ver de Meierhold, se abriria para o Teatro de Arte uma nova era e este se tornaria de novo um teatro de vanguarda. Ou, mais

---

2 *My Life in Art*, p. 331.
3 "Projet d'une Nouvelle Troupe Dramatique prés le Théâtre d'Art de Moscou", *Écrits...*, t. 1, 1905, pp. 70-73.
4 Todas as citações subsequentes, até o fim do parágrafo, são extraídas do texto supramencionado.

Stanislávski no papel de Satin na peça de M. Górki, **No Fundo,** *1902.*

do que isso, na mística sócio-estética que guiava então o pensamento meierholdiano – um eremitério, uma cela, onde o ator, "sempre um cismático", pudesse "criar na solidão, inflamar-se aos olhos de todos no êxtase da criação" e depois "reintegrar a cela" na vida social, pois "a cela implica não um distanciamento da sociedade, mas a capacidade de erigir o trabalho criador em celebração religiosa"[5].

Os dois responsáveis pelo empreendimento compreenderam que a realização de um programa dessa ordem requeria formas de trabalho para as quais, como acentuou Stanislávski, "não havia lugar no teatro (corriqueiro) com seus espetáculos diários, suas tarefas complexas e seu orçamento estrito. Precisávamos de uma instituição especial, que Meierhold chamou adequadamente de 'estúdio teatral'. Não era nem um teatro plenamente desenvolvido, nem uma escola para principiantes, mas um laboratório para atores mais ou menos maduros"[6].

Nomeado diretor artístico do novo experimento, Meierhold reuniu à sua volta, além de um núcleo de elenco formado por alguns dos melhores atores da companhia que vinha dirigindo, a Confraria do Novo Drama, e por alunos do Teatro de Arte, os cenógrafos Sapúnov, Sudéikin e Uliánov, entre outros, o musicista Iliá Satz, bem como o poeta simbolista Valerii Briússov, a quem foi confiada a direção do setor literário do Teatro-Estúdio.

No primeiro encontro entre os membros do novo grupo, em maio de 1905, os seguintes pontos vieram à baila, como que configurando uma espécie de programa: "As formas contemporâneas da arte dramática sobrevivem a si próprias já faz muito tempo. O espectador moderno exige outros procedimentos técnicos. O Teatro de Arte chegou ao virtuosismo no plano do naturalismo e da simplicidade natural da interpretação. Mas apareceram peças que exigem novas técnicas de encenação e de interpretação. O Teatro-Estúdio deve tender para a renovação da arte dramática por meio de novas formas e novas técnicas de interpretação cênica"[7].

A questão essencial, portanto, era a de descobrir novas formas e procedimentos teatrais que se ajustassem ao estilo e às ideias do novo tipo de drama, ou seja, fundamentalmente, o drama simbolista. Para tanto, os encenadores e cenógrafos se retiraram, por um mês, para a oficina de maquetes do Teatro de Arte[8]. Aí, começaram a moldar os projetos para a montagem das seguintes peças: *A Cavalaria Russa*, de

5   Apesar de seu caráter místico e de estarem ligados a uma proposta muito em voga no meio intelectual da época, a da fusão de arte e religião, essas ideias são por certo a matriz de futuras concepções meierholdianas sobre a socialização do teatro, quando não da vida, ao modo de Evrêinov, ou da sociedade em geral, ao modo de certos radicais do "lefismo", pelo menos do trabalho na fábrica e do lazer proletário.
6   *Op. cit.*, p. 332.
7   "Le Théâtre-Studio", *Écrits sur le Théâtre*, p. 89.
8   Como esclarece o próprio Meierhold, no art. cit., *ibidem*.

Polevói, *Neve*, de Przybyszewski, *O Mercador de Sol*, de Rachilde, *Colega Krompton* e *A Festa da Paz*, de Hauptmann, *A Esfinge*, de Tetmayer, *As Sete Princesas*, de Maeterlinck e *A Mulher na Janela*, de Hofmannsthal.

Mas foi com os trabalhos para *A Morte de Tintagiles*, de Maeterlinck, que, devido à recusa de Sapúnov e Sudéikin de reduzirem suas concepções do cenário ao simples detalhamento tridimensional em gesso, surgiram as primeiras definições cênicas de Meierhold e de seu grupo. Eles levantaram, contra a modelização naturalista em maquete, o projeto estilizado em duas dimensões, com recurso até então desconhecido aos efeitos de cor e luz para objetivos nitidamente pictóricos no palco. Assim, no primeiro ato de *Colega Krompton*, o cenógrafo Deníssov, em vez de construir no cenário um aposento de tamanho natural, com todo o mobiliário e demais pertences, pintou "as manchas de cor mais vivas, mais importantes, características de um ateliê"[9] de pintor.

Esse princípio de estilização, que, para Meierhold, nada tinha a ver com a reprodução fotográfica do estilo de uma época ou de um evento, mas estava indivisivelmente "vinculado à ideia de convenção, generalização e símbolo..."[10], ganhou grande desenvolvimento nos estudos cenográficos que foram efetuados para a planejada montagem da peça de Hauptmann, *Schluck e Jau*. Uliánov conseguiu, nesse caso, em seus esboços, uma síntese altamente funcional e convincente do ponto de vista estético-teatral, afirma[11] o diretor do Teatro-Estúdio, quer no que tange aos elementos de época, quer no tocante aos de gênero, permitindo que o espectador fosse colocado imediatamente no quadro ambiental da peça. Pois, além da concreção visual de um castelo do século XVIII, de um reino em azul e rosa, do *biscuit* e do minueto, criou desde logo a sugestão de um mundo alambicado, ocioso e supérfluo, explorando as possibilidades de acumulação e reiteração do rococó e levando-as, da fantasia ao fantástico, para o limiar do absurdo, pela ostentação desmedida do luxo e da riqueza, enfatizados em objetos descomunais, como o leito da rainha[12]. Diante disso, a simples presença dos dois pobretões, Schluck e Jau, em sua aventura onírico-etílica, produzia de chofre, por contraste, um impacto grotesco, que dava o *leitmotiv* da interpretação, pondo-a a correr pelos trilhos da tragicomédia e da sátira, como pretendia a proposta da encenação meierholdiana.

Mas os objetivos do Teatro-Estúdio não se resumiam no intuito de submeter ao fulcro plástico o conjunto da representação. Na verdade, já então, Meierhold não só prestava culto incondicional ao espírito

9   Cf. art. cit., p. 91.
10 *Ibidem*.
11 *Ibidem*.
12 *Ibidem*.

wagneriano-nietzschiano em que a música era "a maior das artes"[13] e portadora das significações últimas, como subordinava, embora de uma maneira ainda imprecisa, o espetáculo todo a um padrão rítmico-musical, considerado como fato básico na síntese pretendida, devendo-lhe obediência inclusive o desempenho do ator, tanto no gesto quanto na fala. Nesse sentido, são ilustrativas as notas do caderno de direção que Meierhold manteve na época e que prescrevem, para os intérpretes de *A Morte de Tintagiles*, os seguintes princípios:

> 1. Experiência da forma e não de emoções psicológicas isoladas; 2. Um sorriso para tudo; 3. Nunca usar *tremolos*; 4. Ler as linhas como se estivesse oculto em cada frase uma profunda crença numa força onipotente; 5. Firmeza de tom, pois se for borrado soará como elegantemente 'moderno'; 6. Teatro imóvel; 7. Não arrastar o final das palavras. O som deve cair em grande profundidade. Deve ser claramente definido e não tremer no ar; 8. Como um piano. É a razão para não haver vibração; 9. Não falar em rápida tagarelice. Calma épica; 10. Movimentos de Madona.

A atuação especificamente devia integrar-se de tal maneira no fundo cenográfico que o intérprete viesse a perder, por assim dizer, a espessura, convertendo-se numa espécie de massa ou mancha de cor a destacar-se apenas do *décor*. Seu gesto, solene e pausado, isento de tudo o que pudesse perturbar-lhe o desenho rítmico e plástico, cristalizaria a música de uma recitação friamente orgiástica e comporia, com o corpo atuante, uma estatuária cênica que trouxesse, não só pelo dito mas sobretudo pelo não-dito, pelas áreas de sombra e silêncio, os signos conotativos dos mistérios inefáveis. Hieraticamente, qual esculturas ou pinturas de sacerdotes oficiando seus ritos, essas figuras tramariam, em baixos-relevos ou afrescos vivos, no templo teatral perante seus crentes-espectadores, a procissão das tensões e metamorfoses dramáticas[14].

13 "Mot d'Introduction avant la Première de La Mort de Tintagiles à Tiflis", 19 de março de 1908, *Écrits...*, pp. 79-80. Escrito poucos meses depois de terminado o Teatro-Estúdio, o texto consigna com clareza a diretriz estética de Meierhold naquele momento.

14 Por estranho que pareça, precisamente nesse contexto de missa teatral com os turíbulos simbolistas a espalhar seu incenso diante de extáticos devotos em passiva espera de reinos beatíficos, o ativismo inato de Meierhold e seu *engagement* político encontravam força nas vibrações dionisíacas, para manifestar-se significativamente, ditando ao jovem diretor palavras como as que escreveu para a programada estreia de *A Morte de Tintagiles* no Teatro-Estúdio e que pronunciou, com poucas alterações, em 19 de março de 1908, em Tíflis, dizendo: "Tentem, meus senhores e minhas senhoras, revoltar-se com Ygraine, não contra a morte, mas contra o que faz morrer. Então a potência simbólica tomará uma força gigantesca. O que revolta não é a morte, mas aquele que traz a morte consigo. Então, esta ilha, lugar da ação, torna-se a nossa vida. O castelo, lá adiante, que se oculta por trás dessas árvores mortas e mornas, o castelo no fundo planalto, de onde não se veem nem as montanhas azuis, nem o mar, nem o prado do outro lado dos rochedos, esse castelo, são as prisões. Tintagiles é a juventude confiante, bela,

A Morte de Tintagiles, *de Maurice Maeterlinck, ensaiado no Teatro-Estúdio do TAM, 1905. Ilustração para a edição russa da peça.*

Mas estava escrito que o Teatro-Estúdio não celebraria publicamente os mistérios de Dioniso. Apesar do interesse da imprensa moscovita em torno da nova companhia, que devia estrear em outubro de 1905, e do entusiasmo que os ensaios parciais provocaram em todos aqueles que puderam assistir a eles, inclusive Górki e Stanislávski, o projeto em sua íntegra não ultrapassou a fase dos ensaios gerais de *A Morte de Tintagiles, Schluck e Jau* e algumas peças de um ato[15]. Os motivos que induziram à liquidação do estúdio da Rua Povarskaia são assim expostos pelo diretor do Teatro de Arte:

> Depois de vê-los [os ensaios] tudo se tornou claro. Os jovens e inexperientes atores passaram no exame público, com a ajuda do diretor de cena, em excertos, mas quando tentaram representar em tramas de grande conteúdo interior e sutil configuração de personagem, e de uma forma irrealística, mostraram que eram infantilmente desamparados. O talentoso diretor de cena [Meierhold] procurou salvar os atores com seu trabalho. Em suas mãos, eles eram apenas barro com o qual moldou seus interessantes grupos e *mises en scène,* para realizar suas ideias. Mas, com intérpretes carentes de técnica de desempenho, o diretor de cena só conseguiu demonstrar suas ideias, princípios, buscas. Não havia nada que pudesse dar-lhes vida. E, sem isso, todos os interessantes planos do estúdio converteram-se em seca teoria, em fórmula científica. Convenci-me de que havia um grande abismo entre os sonhos do diretor de cena e sua realização, que o teatro se destina acima de tudo ao ator e não pode existir sem ele, e que uma nova arte necessita de novos atores com nova técnica. Não havia tais atores no estúdio, e percebi que ele estava condenado a malograr abjetamente. A única saída era criar um estúdio para diretores de cena e seu trabalho de encenação. Mas na época eu estava interessado em diretores de cena apenas na medida em que pudessem auxiliar a criatividade dos atores, em vez de ocultar as faltas dos atores. O estúdio de diretores de cena, por maravilhoso que pudesse ser, não respondia às minhas necessidades e sonhos, especialmente porque eu estava ficando cada vez mais desapontado com o trabalho de artistas, em tela, em pinturas, em papelão, nos meios externos da montagem e na parafernália da direção de cena. Todas as minhas esperanças prendiam-se ao ator e à construção de um sólido fundamento para a sua engenhosidade e técnica. Era perigoso abrir o estúdio, perigoso por causa da própria ideia devido à qual fora organizado. Uma boa ideia, mal apresentada, morre. Além disso, a Revolução de 1905 irrompera e Moscou não tinha tempo para o teatro. A abertura do novo empreendimento foi adiada. Se eu retardasse o desenlace, não poderia liquidar o estúdio pagando a todo mundo, de maneira que fui forçado a fechá-lo às pressas[16].

Meierhold, em seu balanço das atividades do Teatro-Estúdio, confirma um dos pontos essenciais do alegado por Stanislávski, pois declara que

> ideal e pura. E Alguém mata impiedosamente esses magníficos jovens. As irmãs, as mães, as crianças estendem para o céu suas mãozinhas fracas, imploram clemência, perdão, libertação. Em vão, em vão. Ninguém quer escutar, ninguém quer saber. Em nossa ilha gemem e perecem também milhares de seres tão jovens, tão magníficos quanto Tintagiles". "Mot d'Introduction...", *Écrits...,* p. 90.

15 Cf. Stanislávski, *op. cit.,* p. 336.
16 *Idem, ibidem.*

[...] se os projetos não foram totalmente realizados, foi porque o elenco do Teatro-Estúdio havia sido composto antes de maio (momento da brusca mudança, da ruptura com a tradição Meininger), e porque era formado, em sua maior parte, de alunos dos cursos cênicos do Teatro de Arte. Depois de maio, isto é, no momento preciso em que o encenador começou os ensaios, tornou-se evidente que, para satisfazer as novas exigências do Teatro-Estúdio, havia necessidade de outro material, mais flexível e menos familiarizado com os encantos de um teatro já bem determinado. O Teatro-Estúdio não tinha elenco..[17]

Entretanto, o aspecto nodal da questão e do impasse que sobreveio talvez se recorte mais incisivamente no seguinte episódio narrado pelo cenógrafo Uliánov, ao descrever, em suas memórias, o ensaio geral de *A Morte de Tintagiles*:

> Semi-obscuridade sobre o palco. Apenas as silhuetas das pessoas são visíveis. O cenário é plano sem bastidores, pende quase diante do proscênio. Isso é novo, e nova é também a fala rítmica dos atores, tal como ela vem do palco. A ação se desenvolve lentamente; é como se o tempo tivesse parado. De repente, um grito de Stanislávski: "Luz!" Um tremor percorre o teatro, barulho, confusão. Sudéikin e Sapúnov saltam de seus lugares bradando objeções. A voz de Stanislávski: "A plateia não pode suportar a escuridão no palco por muito tempo, os espectadores precisam ver os rostos dos atores". Sudéikin e Sapúnov: "Mas o cenário foi feito para a semiobscuridade, ele perde todo o sentido artístico na luz!". Faz-se de novo silêncio, resta apenas a batida da fala medida dos atores. Mas tão logo a luz foi acesa o cenário todo ficou estragado. Os vários elementos foram desintegrados, os cenários e as figuras foram separados[18].

Na verdade, torna-se visível que não foram arranhões superficiais, do tipo tão frequente nas companhias teatrais e entre susceptibilidades artísticas competitivas, nem mesmo desacordos sobre o trabalho dos intérpretes e a qualidade de seu desempenho, porém divergências básicas sobre a natureza do teatro e da obra cênica que se interpuseram entre as aspirações inovadoras de Stanislávski, sempre a gravitar na esfera da representação mimética, por mais longe que fosse em sua pesquisa de arte no domínio do imaginário, e as concepções efetivamente revolucionárias, voltadas para a invocação cênica de "realidades" afastadas até então do palco, que Meierhold e seu grupo no Teatro-Estúdio começaram a pôr em cena. Entre a exposição ao natural da vida do homem e a iluminação simbólica de seu mundo não podia haver conciliação estética e composição teatral satisfatórias, mormente naquele momento em que o simbolismo no teatro lutava para estabelecer sua originalidade e amplitude artísticas, justamente por contraposição ao naturalismo. O rompimento era inevitável.

* * *

---

17 "Théâtre-Studio", *Écrits...*, p. 90.
18 Marjorie L. Hoover, *Meyerhold, The Art of Conscious Theater*, p. 27.

O desaparecimento prematuro do Teatro-Estúdio impediu que as tendências atuantes em seu tablado fossem desenvolvidas e levadas a todas as suas consequências lógicas. O próprio Briússov, numa análise da contribuição das experiências do conjunto para a formulação de uma nova teatralidade, disse:

> No Teatro-Estúdio, tentou-se em muitos sentidos romper com o realismo da cena contemporânea e tomar audaciosamente a convenção como princípio da arte teatral. Os movimentos deram a parte mais bela à plástica do que à imitação da realidade, e certos grupos pareciam afrescos de Pompeia reproduzidos em quadros vivos. Os cenários não se inquietavam com todas as exigências da realidade, os quartos não tinham teto, as colunas do castelo estavam rodeadas de espécies de lianas etc. O diálogo ressoava sempre sobre o fundo de música, arrastando a alma do ouvinte para o mundo do drama de Maeterlinck. Mas, de outro lado, o hábito das tradições do palco permanecia muito sensível, assim como o longo aprendizado no Teatro de Arte. Os atores estudavam os gestos convencionais com que sonhavam os pré-rafaelitas, mas nas entonações se esforçavam, como antes, em atingir a verdade do diálogo, queriam que suas vozes transmitissem a paixão e as emoções tais como elas são expressas na vida. O cenário era convencional em seu conjunto, mas permanecia nitidamente realista nos detalhes. Lá onde terminava o trabalho do encenador começava o desempenho comum do ator, e percebia-se logo que os intérpretes eram maus e não tinham formação autêntica, nem temperamento. O Teatro-Estúdio provava a todos que dele se aproximavam que não se devia reconstruir um teatro sobre fundamentos antigos. Ou se devia prosseguir a construção Antoine-Stanislávski, ou então se devia recomeçar tudo pela base[19].

Ainda assim, na tentativa de revelar o diálogo interior do novo drama por meio da música e do ritmo do movimento plástico, retraduzindo-o em conjuntos cênicos dispostos à maneira dos baixos-relevos e afrescos, Meierhold definiu não só importantes elementos de seu estilo pessoal de direção, modos de formar que através de todas as fases e transformações reapareceriam caracteristicamente, sob diferentes roupagens, em sua obra de encenador. Mas a experiência do Teatro-Estúdio teve também outro alcance de grande significação no contexto da história das correntes e das ideias na arte cênica moderna. Com efeito, foi em função de suas pesquisas que começou a articular-se efetivamente, no palco russo, a linguagem do simbolismo, ao mesmo tempo que, no esforço para enformá-la, com tudo quanto ela propunha como sugestão, mistério, poesia, apreensão existencial, abertura formal e comunicação do inefável, iniciava-se a grande época da estilização e do esteticismo do teatro teatral russo.

---

19 Citado por Meierhold em "Théâtre-Studio", *Écrits...*, pp. 92-93.

Um Encenador de Iluminações Simbolistas: Meierhold

> Este ano, alguma coisa de novo germinou em minha alma, algo que deitará ramos, produzirá frutos que amadurecerão e minha vida florescerá de forma luxuriante e bela [...] O fracasso do Estúdio foi a minha salvação, porque não era isso, de maneira alguma, que eu queria. Somente agora me dou conta de que a morte do Estúdio foi uma sorte [...][1],

escreve Meierhold à sua mulher, em 31 de janeiro de 1906. Pouco antes, apesar da tentativa feita por Stanislávski a fim de retê-lo[2], deixara Moscou e o Teatro de Arte pela segunda e última vez[3].

Dirigindo-se a S. Petersburgo, então capital do Império Russo, começa a frequentar os saraus de Viatchesláv Ivánov. *Chef de fille* e um dos principais teóricos do simbolismo russo, reunia ele, na "Torre", um apartamento no alto de um grande edifício, intelectuais e artistas empenhados nas buscas da "nova arte". Àquela altura, discutia-se nesse

---

1 *Écrits sur le Théatre*, p. 76.
2 K. Alexêiev propôs que Meierhold voltasse a interpretar o papel de Trepliov, na reencenação de *A Gaivota*, então em curso no TAM. Seria "uma espécie de ponte" para reconduzi-lo à companhia. Mas a frieza de Dântchenko, bem como de seus antigos companheiros de elenco acabaram por vencer sua indecisão inicial, ditando-lhe a recusa final do convite.
3 Não será essa, porém, a última vez que colaborará com Stanislávski, pois em 1938, quando o teatro de Meierhold foi fechado por Stálin e o diretor "formalista" caiu em desgraça, o velho mestre-encenador surpreendeu os meios artísticos soviéticos convidando Meierhold, um de seus mais ferrenhos adversários no que tange às concepções sobre a estética do teatro, para assistente no Teatro de Ópera.

grupo e nos círculos simbolistas em geral, que o naturalismo e o psicologismo estavam esgotados como propostas de arte dramática, tendo atentado contra sua essência ao tornarem espectador e ator estranhos entre si e ao fazerem o teatro perder sua significação social, e que era chegada a hora de converter em realidade um palco de *pathos* trágico e transcendência mística, que "revivesse o espírito de Dioniso num drama ritualístico comunal"[4], que tornasse o espectador ativo copartícipe da representação e produzisse, não propriamente espetáculos, mas criação conjunta, visão "pública". Porém, mesmo num plano mais estritamente teatral e artístico, um empreendimento voltado para uma estética cênica puramente simbolista envolvia grandes riscos, pois, nesse domínio, tudo estava por fazer, pelo menos em termos de uma cristalização mais definida e profunda de uma linguagem teatral adequada, a despeito de tudo o que fora encetado e realizado no Ocidente, desde Paul Fort, Lugné-Poe e do próprio Max Reinhardt. Como disse G. Tchulkóv, um dos que quiseram levar à prática as ideias dos simbolistas russos no campo da arte dramática,

[...] faltava alguém do teatro que ousasse assumir os riscos da iniciativa. E naqueles anos só havia um diretor que estava sonhando com uma revolução no teatro. Era o meu velho conhecido, V. E. Meierhold[5].

E de fato, os dois, Meierhold e Tchulkóv, esboçaram o projeto de uma teatro que seria chamado *As Tochas*. Numa conferência convocada para debater o programa do grupo, ficou entendido, ao que tudo indica, que o elemento místico era base, não só de uma procura de iluminação religiosa, de elevação das almas encenantes (atores-espectadores) ao universo de contemplações sublimes, mas também de um chamado à vida, de um mergulho na plenitude patética do protesto e do engajamento sociais.

Górki tomou parte nas discussões [...] Com evidente concordância, Meierhold recordou as principais teses de sua intervenção: "A. M. Peschkov [Górki]: Natureza rebelde... Os mais amplos princípios. O teatro tem de ser democrático. *Pathos*". L. Sulerjítzki, que esteve em S. Petersburgo na época, foi tão tomado por esses planos que ele, com Meierhold, chegou a viajar até Iasnaia Poliana a fim de pedir a Leão Tolstói uma peça para *As Tochas*"[6].

Contudo, nenhum dos promotores do conjunto conseguiu convencer os eventuais patrocinadores da importância de sua concretização. As tochas não puderam ser acesas...

---

4 Edward Braun, *The Theatre of Meyerhold*, p. 53.
5 K. Rudnítzki, *Meyerhold, The Director*, p. 77.
6 *Idem*, p. 78.

Meierhold, na falta de alternativa, por certo, voltou a Tiflis, no início de 1906, a fim de reativar a Confraria do Novo Drama. Na capital georgiana, onde o grupo permaneceu cerca de um mês, tentou sobretudo agradar o público, encenando ao modo tradicional várias peças, entre as quais duas de tema especificamente judaico, *Os Judeus*, de Tchírikov, que lhe deu inclusive problemas com a polícia local, por causa das cruas cenas de *pogrom*[7], e *A Caminho de Sion*, de Scholem Asch. Mas, se em nenhuma delas, nem mesmo em *Tio Vânia* e *O Jardim das Cerejeiras*, de Tchékhov, nem em *Filhos do Sol*, de Górki, oferecia algo que fosse muito além do estilo e da abordagem realistas do Teatro de Arte de Moscou, tampouco deixava inteiramente no esquecimento as pesquisas cênicas que o interessavam, voltando à carga, nesse particular, principalmente com *A Morte de Tintagiles*.

Sua apresentação em Tiflis só retoma umas poucas coisas do projeto da mesma peça para o Teatro-Estúdio. O texto de Maeterlinck foi montado num quadro cênico de gaze, atrás do qual ocorria a ação, emoldurado de pano verde-escuro. A música de Iliá Satz era tocada numa harmônica.

> Os trajes, escreveu Meierhold, eram de cores brilhantes, como no Estúdio. Em consequência, a montagem toda teve que ser executada, não no estilo dos Primitivos, mas nas cores das pinturas de Böcklin[8]. A semelhança com Böcklin era tão nítida que todo mundo, absolutamente, a notava. Isso não era ideal para mim, mas valioso por sua coerência.

Na verdade, a fórmula adotada não se limitava ao pintor alemão, pois se as sugestões da paisagem vinham de Böcklin, as das poses eram calcadas em Botticelli. Mas o trabalho dos intérpretes não se compôs, segundo parece, com tão artísticas fontes de inspiração... Pois, em irritado comentário, o próprio diretor o considerou "pálido, sem entusiasmo, seco, técnico". O público tampouco apreciou o desempenho dos atores e da peça como um todo.

---

7 "O teatro sempre lotava com essa peça. A cena do *pogrom*, tal como mostrada por Meierhold, era especialmente popular. 'A cena ocorria em escuridão absoluta e silêncio quase total no palco', lembra-se V. Podgórni, que trabalhou com Meierhold em Tiflis. 'Somente alguns sons de trás dos cenários, uma bulha distante, indicando que havia um clima intranquilo na cidade. E só no último momento, quando os desordeiros irrompiam, um forte estampido fecha a cena do *pogrom*'". K. Rudnítzki, *Meyerhold, The Director*, p. 79.

8 Natural da Basileia, Arnold Böcklin (1827-1901) desenvolveu uma pintura ligada em boa parte à arte pós-romântica alemã e, em certos aspectos, à vertente simbolista do *fin de siècle*. *A Ilha dos Mortos*, cujo título não teria sido dado pelo próprio artista, foi visto por seu autor como um "quadro de sonho", tendo despertado o entusiasmo do poeta Stefan George. O fantástico e o sobrenatural, assim como uma forte carga literária e teatral, repontam na obra de Böcklin. Registre-se ainda que ele e Wagner, apesar de apresentarem muitos elementos de um credo comum a ambos, não conseguiram entender-se a respeito da *mise en scène* de *O Anel dos Nibelungos*.

Meierhold e Vera Komissarjévskaia. Charge de A. Liubímov, 1907.

Caricatura de Vera Komissarjévskaia no papel de Hedda Gabler encenado na estreia de seu teatro em São Petersburgo, 1906.

De Tiflis, no mesmo ano, Meierhold seguiu com o elenco para Poltava, onde montou um conjunto de obras dramáticas que estavam mais próximas de suas preocupações e em cujo contexto pôde levar à frente, pelo menos em alguns textos, experiências diretamente relacionadas com tais interesses estéticos. *Espectros*, de Íbsen, *O Milagre de Santo Antônio*, de Maeterlinck, *Caim*, de Óssip Dimov, *O Grito da Vida* e *Cacatua Verde*, de A. Schnitzler, são as peças que, dentre outras levadas então, se fizeram notar como realizações marcadas por uma incorporação mais expressiva das propostas inovadoras.

É a unidade de lugar que sublinhamos em *Os Espectros* e em *Caim* (nesta última, contrariando as indicações cênicas dadas pelo autor). Nós representamos essas peças sem cortina. Foi o equipamento excepcionalmente cômodo do palco do Teatro de Poltava, onde efetuei durante o verão de 1906 uma série de experiências retomadas em seguida (em novas variantes) no Teatro V. F. Komissarjévskaia e mais tarde no Teatro Alexandrínski (*Don Juan*), que nos permitiu recorrer a essa técnica. No Teatro de Poltava, a rampa se desmonta com facilidade, o local destinado à orquestra aparece astuciosamente recoberto por um estrado ao nível do palco. O tablado assim formado constitui um proscênio que avança fortemente para a sala[9].

Graças à supressão da cortina, o espectador está permanentemente colocado diante do exclusivo cenário da ação. Isso permite conservar e alimentar melhor a impressão precisa que o drama suscita, observou o jornal *Poltávski Raboótnik* (1906) – segundo registra o próprio Meierhold[10].

* * *

Mas, Meierhold, mesmo àquela altura, não se restringiu ao espaço formalmente reservado à cena, envolvendo na ação encenante, além do tablado, a sala da plateia e o edifício teatral em conjunto, tomados como âmbitos integrantes da realização cênica. Sua imaginação, aparentemente, já estava em busca de totalizações teatrais que ultrapassassem as limitações do palco "artístico" tradicional e o isolamento da obra dramática na pura exibição visual do espetáculo apolíneo.

Em todo caso, no que tange às suas concepções de teatro, é certo que era movido especialmente pelo impacto que sobre ele exercera a leitura da obra de Georg Fuchs, *O Palco do Futuro* (1904). O livro punha em relevo ideias que Meierhold e os poetas simbolistas do círculo da Torre haviam promovido ou pressentido. Pregava, por exemplo, na esteira da visão nietzschiana, a reconsagração do encontro teatral entre atores e espectadores aos espíritos da celebração orgiástica no ritual festivo do espetáculo cênico; sua comunhão vital poderia entregá-los àquele tipo de vivência que é, para Fuchs, enquanto

---

9   Edward Braun, *op. cit.*, p. 56.
10 *Écrits sur...*, t. I, p. 216.

experiência humana compartilhada, a *fons vitae* do drama, o qual não se perfaz nem no livro nem no palco, mas no auditório, na mente de cada um na plateia e do público em conjunto, comunicando-lhes, como que pelo transe de mística revelação estética, o significado universal da existência individual. Afora essa filosofia da arte dramática e essa maneira de ver o seu *modus operandi*, bem como a função essencial de suas obras, os aspectos que falavam muito de perto a Meierhold, nas ideias do encenador alemão, eram sem dúvida as propostas de caráter especificamente teatral. Partindo da consideração de que "Em virtude de sua origem, o ator e o espectador, o palco e o auditório, não são opostos um ao outro, mas formam uma unidade"[11], um pensamento que fulcra o seu projeto de renovação da cena moderna[12], Fuchs quer reconstruí-la, arquiteto que é, como espaço interativo e integrativo de um novo anfiteatro. Em seu palco, disposto em vários níveis de configuração plástica e dramática, o proscênio deve ser o lugar de eleição do jogo cênico, na medida em que o desempenho interpretativo é concebido como movimento rítmico do corpo humano no espaço, segundo as lições do balé e do teatro oriental, para compor as figuras contracenantes, contra um fundo raso, em verdadeiros baixos-relevos coreográficos da ação dramática[13].

* * *

Em termos dessas concepções e das pesquisas de linguagem teatral por elas desencadeadas, Poltava deve ser considerada, no percurso de Meierhold nesse ano de 1906, como uma espécie de antepalco do trabalho que ele iria desenvolver a seguir na companhia de Vera Komissarjévskaia em S. Petersburgo. Intérprete consagrada de algumas das principais figuras femininas levadas à cena russa pela dramaturgia de Tchékhov e Íbsen, entre outros, a atriz deixara em 1902 o elenco imperial do Alexandrínski, do qual era um dos grandes nomes, para formar seu próprio conjunto onde pudesse interpretar papéis mais sintonizados com sua sensibilidade dramática e promover um repertório menos penhorado à tradição oficial. Mas, nos três anos seguintes, até 1906, os espetáculos da trupe pouco corresponderam aos propósitos inovadores almejados por sua mentora. Na verdade, não excederam em quase nada o corte verista do Teatro de Arte, sem contar todavia com a mesma unidade de orientação, eficácia de organização e conjugação

---

11 Edward Braun, *op. cit.*, p. 55.
12 E que é retomado e desenvolvido no segundo livro de Fuchs, *Die Revolution des Theathers* ("A Revolução do Teatro"), 1908.
13 Curiosamente, Fuchs tenta superar aqui, com uma solução inversa, a contradição flagrante, que seria indigitada mais tarde por Appia, entre o caráter tridimensional do corpo do ator e a bidimensionalidade cenográfica então imperante.

de *ensemble*. Ainda assim, a artista não se deu por vencida. Saindo de uma sala em que se apresentara durante as duas temporadas anteriores, instalou-se numa antiga casa de opereta e farsa, reformando-a de alto a baixo de modo a imprimir-lhe o padrão de sobriedade e elegância compatível com os sublimes ideais estéticos da companhia e, para cuja difícil concretização acabava de convidar[14] o despontante corifeu do Novo Drama, Meierhold.

O encontro entre os dois, diretor e intérprete, foi caracterizado como o da capacidade de despertar entusiasmo e a capacidade de entusiasmar-se[15]. Mais do que isso, o ideário de ambos naquele momento parecia convergir à perfeição. Pois se ali estava, de um lado, um encenador, que recusando-se a tomar a plausibilidade mimética da ação e a ilusão de realidade na moldura cênica como condições fundantes da representação teatral, atrevia-se a propor uma decidida reelaboração formal da pesada materialidade do palco e do corpo do ator, precisamente a partir de seus elementos inerentes, para o resgate de sua expressividade poético-dramática no tablado e de seu poder de conjuração cênica das vicissitudes da alma na sondagem existencial e na transcendência espiritual, que a arte simbolista anelava comunicar; de outro lado, ali estava uma atriz disposta a entregar-se sem restrições, até com o sacrifício de padrões pessoais de desempenho que eram parte de sua têmpera estilística e perfaziam seu reconhecido perfil artístico, à arriscada tentativa de estabelecer um repertório em que a nova linguagem do drama poético se revestisse da devida corporeidade espetacular e resultasse em espetáculo efetivo de um teatro da poeticidade e da espiritualidade.

Mas, como se veria nas duas temporadas seguintes, se esse himeneu de aspirações artísticas que se pretendia votado a uma entrega incondicional aos mais altos numes do teatro no altar do simbolismo[16], chegou a produzir pelo menos quatro obras (*Irmã Beatriz, Barraca de Feira, O Casamento de Zobeida* e *A Vitória da Morte*) condizentes com tais anseios, ele não lograria ajustar intransponíveis diferenças de temperamento em seus celebrantes e uni-los mais do que por um ano (1906-1907) no labor de criação conjunta, estando irremediavelmente fadado ao fracasso, no dizer de Rudnítzki:

> Muita gente advertiu Komissarjévskaia contra uma aliança com Meierhold. As sementes do conflito estavam nessa união desde o início. A atriz, fundamentalmente incapaz de completa subordinação à vontade do diretor, estava contratando um diretor ainda menos preparado naquele momento a conceder aos atores até mesmo uma

---

14 Na verdade, esse era o segundo convite de Vera Komissarjévskaia a Meierhold para que dirigisse suas interpretações. A primeira, em 1903, não foi aceita pelo *régisseur*.
15 K. Rudnítzki, *op. cit.*, p. 82.
16 *Ibidem*.

liberdade relativa. A atriz, de uma propensão essencialmente lírica, estava vinculando seu destino a um diretor para quem o lirismo, como ficou claro mais tarde, era essencialmente anátema. A atriz altamente sensível, apaixonada, estava expressando uma disposição de trabalhar com um diretor que exigia o mais exato cálculo e reprodução da inteira encenação...[17]

Seja como for, a tentativa foi levada à frente e a relação entre os dois evoluiu, por três etapas, até o seu desfecho: a inicial, em que domina o entendimento e, numa sucessão de seis montagens, a busca simbolista nesse teatro vai ao extremo e se traduz em duas realizações cênicas marcantes (*Irmã Beatriz,* de Maeterlinck, e *Barraca de Feira,* de Blok); a segunda, em que o ambiente começa a deteriorar-se por desavenças com o irmão de Vera, Fiódor, mas que assiste, em quatro espetáculos, à encenação de peças da época sobre temas da vida social e que assinala, além de um êxito de caráter simbolista (*O Casamento de Zobeida,* de Hofmannstahl), um primeiro contato com a visão dramática de feitio expressionista (*A Vida de Homem*, de Andrêiev); a terceira, em que a exacerbação do conflito, uma verdadeira guerra nos bastidores pelo poder de representação no proscênio, conduz à ruptura final, é constituída por três montagens – uma que parece acentuar o interesse pela emergente dramaturgia do expressionismo e pelos textos de vanguarda (*O Despertar da Primavera*, de Wedekind), e duas outras (*Pelléas e Mélisande*, de Maeterlinck, e *A Vitória da Morte*, de Sologub), que retomam a produção simbolista numa espécie de adeus à aliança experimental Meierhold-Komissarjêvskaia com o fito de encenar esse repertório, mas ao mesmo tempo dando-lhe um remate estimulante, pelo sucesso da peça de Sologub.

A récita inaugural do Teatro Dramático de Vera Komissarjévskaia deu-se a 10 de novembro de 1906, com *Hedda Gabler*. Pode-se indagar, com alguma surpresa, quais foram as razões dessa escolha, que não parece ter sido ditada por critérios unicamente programáticos. É verdade que o dramaturgo norueguês havia enveredado, em sua última fase de criação, por uma forma de expressão dramática que, carregada de elementos simbólicos, veio a ser designada, em geral, como "simbolista". Mas, a rigor, não se deveria incluir tal produção no rol do simbolismo teatral no senso estrito, e muito menos *Hedda Gabler*, um texto de cunho preponderantemente realista[18], em que os maiores provedores da tensão existencial e do conflito dramático entre inserção social e aspiração

---

17 Andréi Biely, avaliando esse projeto, escreve em 1907: "O objeto desse teatro é emprestar aos dramas simbolistas de hoje um quadro cênico conveniente"; "Le Théâtre Symboliste", em Cl. Amiard-Chevrel, *Les Symbolistes Russes et le Théâtre*, p. 159.

18 Na criação ibseniana, *Solness, o Construtor, Pequeno Eyevolf, João Gabriel Borkmann, Quando Despertamos os Mortos* são tidos como os que representam de um modo mais incisivo a vertente simbolista desse autor.

Cena de A Irmã Beatriz, *de M. Maeterlinck. Direção de Meirhold para a Companhia de Vera Komissarjévskaia em seu teatro de São Petersburgo, 1906.*

Vera Komissarjévskaia no papel de Irmã Beatriz.

A Barraca de Feira, de Aleksandr Blok. Figurino para a Colombina, em desenho de N. Nikolai Sapúnov, para a mise en scène de Meierhold.

Caricatura da cena de Meierhold com os Místicos, em A Barraca de Feira, *no teatro de Vera Komissarjévskaia, 1906.*

Terceira versão de Meierhold para A Barraca de Feira, *apresentada por seu Estúdio, em São Petersburgo, 1914.*

pessoal são a análise psicológica e de *milieu*. Assim sendo, não é descabido supor que para elegê-lo como espetáculo de estreia pesaram outras considerações, das quais talvez não fossem menores o renome do autor, sua forte presença no repertório dos palcos ditos "avançados" na época e a adequação do papel ao trabalho da atriz principal e dona da companhia, intérprete aliás experimentada e consagrada do teatro ibseniano. Mesmo assim, cumpre reconhecer que essa remontagem, refugando o paradigma puramente mimético de representação da obra, transcrevendo em música da alma o jogo interpretativo das inquietações e das emoções das personagens e conotando-o em remessas sinestésicas de cor e forma, fazia gala de uma singularidade cênica que se constituía, a seu modo, em manifesto da nova visão. Sob a *régie* de Meierhold, coadjuvada pelos cenários de Sapúnov e trajes de Miliotti, a peça foi "relida" e "estilizada" em moldes de um drama poético simbolista.

A descrição feita por P. Iartzev, supervisor literário do conjunto e assistente de direção nessa montagem, oferece uma ideia mais concreta das inovações postas em cena e dos efeitos que deveriam surtir a fim de agenciar, na economia cênica da peça, as concepções estéticas da *mise en scène*:

> O teatro optou por empregar um único pano de fundo como cenário, quer representacional ou simplesmente decorativo. Os costumes, em vez de serem autênticos em termos naturalistas, são concebidos de modo a harmonizarem-se, enquanto massas de cor, com o fundo, e a oferecerem uma síntese do estilo do período e da sociedade em questão, do ponto de vista subjetivo de seu desenhista e da representação externamente simplificada da natureza interna da personagem. Por exemplo, em *Hedda Gabler*, a roupa de Tesman não corresponde a nenhuma moda definida; embora recordando em algo os anos de 1820, também lembra os dias de hoje. Mas, dando a Tesman um paletó solto com ombros caídos, uma gravata exageradamente larga, e amplas calças a afilar agudamente para os fundilhos, o figurinista, Vassíli Miliotti, procurou expressar a essência do "Tesmanismo", e isso foi acentuado pelo diretor na maneira como Tesman é posto a mover-se e na posição que ocupa na composição geral. Para harmonizar com as cores da tela de fundo, pintada por Sapúnov, Milliotti vestiu Tesman de cinza-escuro. As paredes, os reposteiros e o céu (visto através de ampla janela bordada de hera) são em azul-claro. As cores dos trajes combinam-se harmonicamente entre si e com o fundo: verde (Hedda), marrom (Loevborg), rosa-pálido (Thea), cinza-escuro (Brack). A mesa no centro, os pufes e o longo e estreito divã, encostados na parede, sob a tapeçaria, estão todos revestidos de um tecido mosqueado de ouro para dar a aparência de brocado. Uma enorme poltrona à esquerda do palco apresenta-se inteiramente coberta de uma pele branca, sendo a mesma pele usada para cobrir parcialmente o divã; um grande piano branco projeta-se por trás da cortina à direita do palco, e, dele pendente, vê-se o mesmo pano azul e ouro.

> Atrás da cortina à esquerda do palco, vislumbra-se a silhueta de um enorme vaso verde cingido de hera e disposto sobre um pedestal também coberto de tecido azul e ouro. Por trás, presume-se que se encontre a estufa para a cena entre Hedda e Tesman, quando Hedda queima o manuscrito de Loevborg. A estufa é sugerida por um clarão avermelhado que aparece no momento apropriado.

Defronte ao divã há uma mesa baixa e quadrada, com uma gaveta, na qual Hedda esconde o manuscrito. Sobre ela, Loevborg e Brack depositam seus chapéus e vê-se aí um estojo verde contendo as pistolas, quando ele não se encontra na mesa grande.

Nos pequenos vasos brancos e verdes sobre o piano e a mesa, e no vaso grande sobre o pedestal, há flores, na maior parte crisântemos brancos. Mais crisântemos aparecem nas dobras da pele que se estende sobre o dorso da poltrona. O assoalho está coberto de tecido cinza-chumbo, com um fino rendilhado em azul e ouro. O céu aparece pintado num pano separado, atrás da janela recortada: há um céu diurno e um céu noturno com estrelas friamente cintilantes (para o Quarto Ato).

O palco compreende longa e estreita faixa, com 33 pés de largura e onze de profundidade, mais alta do que o costumeiro plano do tablado e tão próximo quanto possível da ribalta. A iluminação vem da ribalta e do alto.

Esse estranho aposento, se de fato é um aposento, não se parece em nada à antiquada vila da mulher do General Falk. Qual o significado desse cenário que dá a impressão de vasta e retrocedente extensão em azul-gelo, mas que na realidade não se parece com coisa alguma? Por que estão ambos os lados (onde devia haver portas – ou nada, se lhes cumpre sugerir que continuam fora do palco) forrados de cortinas rendadas de ouro, entre as quais os atores efetuam suas saídas e entradas? A vida é realmente assim? Foi isso que Íbsen escreveu?

A vida não é assim e não foi isto que Íbsen escreveu. *Hedda Gabler*, no palco do Teatro Dramático, aparece *estilizada*. A meta é revelar a peça ao espectador, com o emprego de novos meios de apresentação, pouco conhecidos, a fim de criar a impressão (mas apenas a *impressão*) de vasta extensão retrocedente, em azul-gelo. Hedda é visualizada em tons azuis, gélidos, contra um dourado fundo outonal. Em vez do outono ser pintado fora da janela onde se divisa o céu azul, ele é sugerido pelas tintas em azul-pálido na tapeçaria, nas colgaduras e nas cortinas. O teatro está tentando dar expressão primitiva, purificada, ao que percebe por trás da peça de Íbsen: uma Hedda fria, régia, outonal.

Precisamente os mesmos objetivos são adotados na encenação efetiva da peça (o trabalho do diretor com os atores). Rejeitando a autenticidade, a costumeira "parecença com a vida", o teatro procura submeter o espectador à sua própria inspiração, adotando um método de encenação abertamente móvel, estilizado, com um mínimo de mimo e gesto, com as emoções ocultas, e manifestadas externamente apenas por um breve brilho dos olhos ou um sorriso fugaz.

O largo palco, com sua largura enfatizada pela falta de profundidade, é especialmente adequado para amplos arranjos espaçados, e o diretor tira plena vantagem disso fazendo com que duas personagens conversem de lados opostos do palco (a abertura da cena entre Hedda e Loevborg no Terceiro Ato), sentando Thea, Hedda e Loevborg apartados um do outro no segundo ato. Às vezes (sobretudo no último exemplo) pode parecer que haja pouca justificação para tanto, mas isso decorre da tentativa do diretor de criar uma impressão geral de fria majestade. A enorme poltrona coberta de pele branca tem o sentido de uma espécie de trono. O espectador deve associar Hedda ao seu trono e levar embora, na sua lembrança, essa impressão combinada.

Brack está associado ao pedestal que sustenta o vaso grande. Ele se acha sentado junto dele, com uma perna cruzada sobre a outra, e com as mãos presas em torno do joelho, mantendo os olhos fixados em Hedda em todo o decurso da aguda e cintilante batalha de falas espirituosas. Lembra a postura de um fauno. É certo que ele se movimenta pelo palco e ocupa outras posições (como Hedda e as demais personagens), mas a pose é a de um fauno por causa do pedestal que lhe é associado – assim como o trono é associado a Hedda.

A mesa serve de pedestal às figuras imobilizadas que o teatro procura imprimir na memória do espectador. Quando Loevborg apresenta o manuscrito, no Segundo Ato, está em pé ao lado do reposteiro, perto de Hedda e Tesman; Brack encontra-se junto à cortina à esquerda do palco; o centro do palco (a mesa) está vazio.

A fim de passar os olhos pelo massudo manuscrito de maneira mais confortável, Loevborg adianta-se para pousá-lo sobre a mesa e, após as palavras, "Aqui estou eu todo", recai em pensativo silêncio, volta a endireitar-se e coloca a mão sobre o manuscrito aberto. Depois de alguns minutos de pausa, começa a virar as páginas, explicando a obra a Tesman, que agora se lhe juntou. Mas, nos poucos segundos de imobilidade, Loevberg e o manuscrito imprimiram-se no espírito do espectador, e ele terá um inquieto pressentimento da significação das palavras proferidas, de como Loevborg realmente é, o que o une ao manuscrito e que relação tem com a tragédia de Hedda.

A primeira cena entre Loevborg e Hedda também ocorre à mesa. Durante toda a cena, eles ficam sentados lado a lado, tensos e imóveis, olhando fixamente à frente. Suas palavras pausadas, inquietantes, caem ritmicamente dos lábios, que parecem secos e frios. Diante deles, há dois copos e uma chama queima na poncheira (Íbsen estipula ponche frio norueguês). Nem uma vez sequer, durante toda essa longa cena, alteram a direção do olhar ou a pose. Somente na frase "Então você tem sede de vida!", Loevborg esboça um movimento violento em direção a Hedda, e nesse ponto a cena chega a uma conclusão abrupta.

Falando em termos realistas, é inconcebível que Hedda e Loevborg devam representar a cena dessa maneira, que alguma vez duas pessoas reais e vivas possam conversar assim. O espectador ouve as frases como se dirigidas diretamente a ele; à sua frente, vê o tempo todo os rostos de Hedda e Loevborg, observa as mínimas mudanças de expressão; por trás do monótono diálogo, sente o oculto diálogo interior de pressentimentos e emoções que não podem ter expressão em meras palavras. O espectador pode esquecer as palavras efetivas trocadas entre Hedda e Loevborg, mas não pode possivelmente esquecer a impressão geral que a cena cria[19].

O registro não deixa dúvida. Regido pelo princípio da harmonia e da sinestesia, surge no palco um tipo de teatro no qual a plasmação diretorial é dominante, e a tal ponto, lê-se na crítica da época, que ela teria, por assim dizer, "engessado", na sua moldagem plástica, rítmica, gestual e verbal, o desempenho de Vera, a quem coubera evidentemente o papel-título. Meierhold, com esse viés, teria construído uma Hedda Gabler que não apenas se insurgia contra o modo de vida medíocre de seu meio burguês em que as aspirações de uma personalidade superior estiolavam, como o autor a concebera, mas uma "heroína do espírito", sedenta de beleza, que frustrada nos anelos mais altos de sua alma execrava toda a existência na sua realidade prosaica, como o encenador veio a transfigurá-la. Ela seria muito mais sua criatura do que a de Íbsen e, nessa medida, transcenderia em tudo aos recortes psicológicos e sociais com que as interpretações da Komissarjévskaia, mesmo se interiorizadas por seu "temperamento lírico", a haviam incorporado até então.

---

19 Meierhold, "O Teatre"; transcrito e traduzido por Edward Braun, *Meyerhold on Theatre*, pp. 65-68; também in *La Rivoluzione Teatrale*, pp. 137-140.

Calorosamente aplaudido na *soirée* do ensaio geral, esse bom prenúncio, no entanto, não se confirmou na sequência das apresentações. Em que pese o entusiasmo de alguns, como Iúri Beliáev ("A experiência com *Hedda Gabler* assombra por sua ousadia...")[20], as reações do público e as da crítica, em particular, foram bastante frias, quando não indignadas. Uma dessas vozes, por exemplo, a de Kugel, cujas apreciações pouco complacentes acompanham as produções de Meierhold de então, observava, com visível preconceito:

> A imaginação idealista do senhor Meierhold se recusa a nos mostrar um samovar; ela admite, no entanto, xícaras de chá. Essa classificação dos objetos, que até as xícaras e os pires pertenceriam ao teatro idealista, ao passo que com o samovar dependeriam do teatro realista, me parece simbólica da audácia do encenador[21].

Por uma percepção oposta, mas não menos restritiva, o poeta Blok, que decerto não era indiferente às buscas da escola do simbolismo cênico, escreve:

> *Hedda Gabler*, peça encenada para a abertura, transmitiu apenas emoções infelizes: Íbsen não foi entendido, ou ao menos não foi realizado – nem pelo artista que pintou um cenário excepcionalmente bonito, que, entretanto, não estava de maneira alguma ligado a Ibsen, nem pelo diretor que limitou [o trabalho] dos atores por uma parede de madeira e um palco estreito, nem pelos próprios atores, que não entenderam que a tragédia de Hedda era a ausência de tragédia.[22]

Vale ressaltar que, na maior parte desses comentários críticos, a carga principal das objeções é lançada sobre o diretor[23]. Ele é acusado de sufocar tudo sob o peso da *mise en scène* e chega-se a compará-lo a um vampiro (figura, aliás, muito ao gosto do imaginário simbolista...) que suga o sangue da atuação.

Boa parte da abordagem formal que se afigurou rígida e estática, como tratamento de gesto, modulação de fala, composição de grupo e ritmo cênico em *Hedda Gabler*, mostrou-se apropriada como princípio e de irrecusável eficácia teatral ao ser transposta para a *Irmã Beatriz*, de

20 Marjorie L. Hoover, *op. cit.*, p. 35.
21 Gérard Abensour, *Vsévolod Meyerhold*, pp. 122-123.
22 K. Rudnítzki, *op. cit.*, p. 89.
23 É verdade que houve também opiniões de outro jaez. Assim, a atriz do mesmo grupo, Vera Vereg(u)ina viu no desempenho dos intérpretes a causa do desacerto da encenação. Diz ela: "A Komissarjévskaia não fez do papel um sucesso. Ela não logrou conjurar a imagem da 'donzela de gelo' [...] Suas mãos frágeis, movimentos suavemente fatigados, seu tom de voz melancólico não se adequavam à imagem da heroína de Íbsen. A Komissarjévskaia não comunicava o coquetismo irônico de Hedda; faltava um matiz essencial de malícia. Brávitch, embora fosse um ótimo ator, não conseguiu representar Brack. Meierhold queria que o diálogo entre Hedda e Brack fosse como um duelo com fagulhas voando, quando em algumas das falas de Brack havia um toque de lamentação"; Marjorie L. Hoover, *op. cit.*, p. 35.

Maeterlinck, estreada em 22 de novembro de 1906. O intervalo entre as duas realizações foi de cerca de um mês, durante o qual a companhia também levou ao palco, sem maior sucesso, outra encenação simbolista de uma peça realista de Simeon Iuchkévitch, sobre a tragédia de uma família judaica que é tragada pela voragem da cidade grande.

Em *Irmã Beatriz*, com *décors* de Sudéikin e música de Liadov, Meierhold armou os quadros cênicos de um auto devocional, um *miracle* tecido de lenda e poesia. Nessa história de uma freira que, no arrebatamento da paixão por um jovem príncipe, foge do convento sem que sua ausência seja notada, pois a Virgem a substitui, a arte do encenador e dos intérpretes combinaram um requinte estilístico *fin de siècle* e uma singeleza de imaginária medieval numa sucessão de retábulos da espiritualidade estética e religiosa, levando o Teatro Dramático a concretizar pela primeira vez um trabalho que correspondia plenamente à sua aspiração programática.

Como se lê no próprio Meierhold, que menciona a esse propósito observações de M. Volóschin e P. Iartzev na imprensa da época, a linha essencial do espetáculo estava na síntese e assumia as seguintes formas:

> Um muro gótico onde as pedras esverdeadas e lilases se mesclam com os tons cinzentos e cintilam fracamente com prata-pálida e ouro-velho [...] As Irmãs em vestes azul-acinzentadas e, na cabeça, com toucas simples a emoldurar-lhes as faces arredondadas [...] Elas compõem um só grupo e entoam em rítmico uníssono as palavras: "A Madona desapareceu! A estátua foi roubada. As paredes hão de vingar o roubo!" Na cena do êxtase de Beatriz no Segundo Ato, as Irmãs entrelaçam-se e depois separam-se, prostram-se nas lajes da capela e unem-se no grito jubiloso: "Santa Irmã Beatriz!" No preciso momento em que o coro atrás da cena e o repicar dos sinos silenciam, as Irmãs caem de joelhos numa fila única e volvem suas cabeças para a capela. Dos degraus desce a Madona, vestida no hábito de Beatriz e segurando nas mãos a jarra de ouro. Simultaneamente, do outro lado aparecem três jovens peregrinos, com semblantes que lembram figuras de Vrubel, vestidos de marrom e segurando nas mãos longos cajados; eles caem de joelhos, com as mãos estendidas sobre suas cabeças [...] Lentamente, aos acordes de um órgão, a Madona cruza o palco e, quando se aproxima das Irmãs, estas curvam as cabeças. Detendo-se diante dos peregrinos, ela ergue a jarra sobre suas mãos estendidas. Numa abertura recortada, que sugere os portões do convento, encontra-se um grupo de mendigos, num conjunto cerrado, estando os da frente ajoelhados, com as mãos erguidas em súplica. Quando a Madona se volta para eles, levantando as mãos em bênção e revelando por baixo do manto de Beatriz o vestuário da Madona, os mendigos esboçam um gesto primitivo de ingênuo pasmo, alçando os braços com as palmas das mãos voltadas para a frente. No Terceiro Ato, a disposição das Irmãs que seguram Beatriz agonizante lembra o motivo da "descida cruz" na pintura dos Primitivos [...][24]

Por essas descrições e indicações críticas, evidencia-se que a encenação transcriou o texto no palco, integrando polifonicamente quatro

---

24 V. Meyerhold, *in La Rivoluzione Teatrale*, pp. 146-147; também Edward Braun, *Meyerhold on Theatre*, pp. 69-70.

parâmetros[25], a saber: enquadramento pictórico-estilístico do contexto baseado em elementos colhidos na pintura dos inícios da Renascença (Giotto, Fra Angélico, entre outros) e na composição gótica de referenciais arquitetônicos; agrupamentos corais inspirados em parte no teatro antigo e, em parte, nos coros medievais das igrejas e dos conventos, formando conjuntos, por assim dizer, estatuários; organizações rítmicas da movimentação, em função da qual se articula a dicção, quer nas relações antifônicas dos grupos com o corifeu (no caso, a própria protagonista no papel de Beatriz-Madona), quer nas falas puramente individuais; depreende-se desse terceiro o quarto parâmetro, isto é, que toda a estruturação da peça foi de caráter musical, ficando seus efeitos na dependência tanto do diapasão rítmico quanto da sonorização em geral e da modulação de voz dos intérpretes. Todo esse complexo, empenhado não apenas em externar os elementos da obra e seu universo de imagens e ideias, mas em criar uma pulsação capaz de induzir a plateia a uma espécie de contemplação extática e colocá-la, por essa via, não menos diante do que dentro do clima místico e poético do drama, chegou a integrar-se seja pela correspondência harmônica dos signos visuais e sonoros propostos, seja pela bem-sucedida incorporação gestual e sensível que Vera Komissarjévskaia lhe infundiu com sua "emoção lírica", apoiada na simbiose com os grupos (religiosos, mendicantes e populares) que faziam fluir o diálogo das almas no fervor da prece e no anseio da graça beatífica.

De Lunatchárski a Blok, incluindo Kugel, houve inusual convergência de opiniões sobre a *Irmã Beatriz* – o sopro de um milagre perpassara o palco e, sobretudo na cena dos pobres, tocara os espectadores. Que milagre? Da arte? Da fé? Da redenção social? Na Rússia daqueles anos, após o malogro da revolução de 1905, provavelmente de todas essas fontes de uma esperança de salvação moral, religiosa e política. Meierhold era, sem dúvida, um de seus crentes mais ardorosos e, na sua união artística com a não menos votiva atriz, fez dessa montagem do Teatro Dramático um porta-voz desses anseios de liberdade.

A dramaturgia de Maeterlinck, tida por muitos como inviável no palco, era pois tão representável como outra qualquer, sempre que enformada numa linguagem cênica correspondente à sua delicada textura poética cravejada de simbolizações transcendentes. Foi o que Meierhold conseguiu na sua montagem de *Irmã Beatriz*, tendo chegado assim, no tocante ao drama simbolista, a cenificar validamente uma de suas vertentes menos dúcteis ou quiçá mais resistentes a uma

---

25 "Ritmos de plasticidade, ritmos de diálogos. Fala salmodiada e movimentos lentos. Unidade musical. Base musical nos diálogos e nos movimentos dos atores. Baixos-relevos, grupos de escultura ... Mistério ... A vantagem da proximidade da rampa", são alguns dos princípios anotados pelo diretor em sua cópia do texto. K. Rudnítzki, *op. cit.*, p. 101.

representação condizentemente materializada no palco, quer dizer, a do lirismo teatral idealista e místico do chamado "maeterlinckianismo". Se bem que esse envolvimento haja perdurado no período em que permaneceu na trupe e se tenha traduzido aí em outras obras do repertório por ela exibido, como é o caso de *O Milagre de Santo Antônio*, apresentado a 30 de dezembro de 1906, o trabalho que desempenhou um papel seminal na evolução da arte de seu diretor, foi justamente a peça que fazia par com a do dramaturgo belga, *Balagántchik* (A Barraca de Feira), de Aleksandr Blok.

Não era esse o primeiro texto de um simbolista russo levado até então por Meierhold[26], mas sem dúvida foi o mais importante. Escrito a pedido de G. Tchulkóv para as *Tochas*, a partir de um poema homônimo publicado anteriormente pelo autor, formou, com *A Desconhecida* e *O Rei na Praça*, a tríade de peças curtas compostas em 1906 e editadas em 1908 sob o título de *Teatro Lírico*, designação que talvez convenha menos à *Barraca de Feira*, onde lirismo e ironia romântica em forma de grotesco contraponteiam, do que à tentativa do poeta de superar o subjetivismo de seu estro com a objetividade da expressão teatral.

O enredo desse jogo profundamente poético e ao mesmo tempo calculadamente cênico é muito simples na sua concisão formal e, no entanto, bastante complexo no seu universo de referência. Em essência, trata-se de uma "farsa trágica" ou de uma "paródia existencial" que pode ser resumida assim: à abertura, num diálogo de expectativa fatídica, os Místicos, (*"de ambos sexos, em sobrecasacas e vestidos elegantes; mais tarde, com máscaras e em trajes mascarados"*) estabelecem um clima de mistério e ameaça, que contraposto à figura de Pierrô, entregue ao seu devaneio amoroso, projeta desde logo sua própria contrafação crítica. Entretecido de drama lírico e arlequinada titeresca, ela vai se desenvolvendo em torno de três focos centrais: a morte (entrevista pelos Místicos "maeterlinckianos" na donzela da foice/trança[27], duplo da Colombina), o amor/vida (Pierrô, Colombina e Arlequim, no eterno triângulo da *Commedia dell'Arte*, mas pelo viés romântico, e os três casais de enamorados), a arte, a do teatro (as personagens, nos seus respectivos papéis; o Autor, o palhaço, a barraca de feira, na função de marcar e desmascarar a intrincada relação entre peça e cena) – como se vê, uma mescla bem dosada, para os efeitos tragicômicos perseguidos pelo dramaturgo, entre dramaticidade simbolista e ludicidade farsesca.

---

26 Segundo o quadro de peças, edições e encenações que Claudine Amiard-Chevrel apresenta, em *Les Symbolistes Russes et le Théâtre*, pp. 257-259, trata-se inclusive da primeira montagem, pelo menos de maior envergadura, de obra dramática russa dessa escola.

27 Em russo, a mesma palavra designa uma "trança" e uma "foice" e Blok aproveita-se desse duplo sentido.

Meierhold em figurino de Pierrô. Desenho de Nikolai Ulianov.

Na verdade, e não é por outro motivo que a obra foi dedicada a Meierhold, Blok promove aqui uma discussão e uma crítica de sua própria produção literário-dramática e a do teatro de Maeterlinck, bem como sobre os problemas entre o escrito e o encenado na linguagem teatral do simbolismo. O diretor do Teatro Dramático sentiu logo, mesmo que não pudesse antever a extensão do fato, que a peça ia na trilha de suas buscas. E deu ao texto um tratamento, em que pela primeira vez nessa fase trocou o proscênio pelo palco em profundidade como área de atuação, a pintura por um dispositivo arquitetônico (a própria barraca), o que ensejou o teatro dentro do teatro, com o poder de desdramatização nele implícito e no grotesco por aí introduzido, embora o próprio *régisseur* tomasse a si o papel do Pierrô apaixonado, com o qual, segundo parece, sentia tal afinidade que não só lhe imprimiu um desempenho considerado brilhante[28], como posou para um conhecido retrato seu, que pode ser tomado como uma espécie de ícone de seu ideário teatral na época.

Seja como for, o seu fazer cênico começava a entrar por um atalho cuja exploração se iniciou com a montagem de *Balagántchik*, e as formas que despontam nesse espetáculo podem ser vislumbradas a partir da descrição feita por Meierhold mesmo, em seu livro *Do Teatro*:

> O palco inteiro está forrado nas laterais e no fundo com telas azuis; essa extensão de azul serve para dar um plano de fundo assim como para refletir a cor dos cenários do pequeno teatro de barraca de feira erguido no palco. Essa barraca tem o seu próprio tablado, cortina, caixa do ponto e abertura de proscênio. Em vez de serem disfarçadas pelos limites convencionais, as bambolinas, juntamente com todas as cordas e fios de arame do forro, são visíveis ao público; quando o cenário todo é puxado para cima na barraca, os espectadores no teatro efetivo assistem ao processo.
>
> Em frente da barraca, a área cênica adjacente à ribalta permanece livre. É aqui que o "Autor" aparece para servir de intermediário entre o público e os acontecimentos representados no interior da barraca.
>
> A ação começa a um sinal dado num grande tambor; a música soa e o público vê o ponto arrastar-se para dentro de sua caixa e acender uma vela; a cortina da barraca ergue-se e revela um cenário em forma de caixa com portas à esquerda e no centro do palco, e uma janela à direita. Em paralelo à ribalta há uma longa mesa, atrás da qual estão sentados os "Místicos"; junto à janela encontra-se uma mesa redonda com vaso de gerânios e uma esguia cadeira dourada onde Pierrô está sentado. Arlequim sai de sob a mesa dos Místicos e faz sua primeira entrada em cena. Quando o "Autor" vem correndo ao proscênio, sua tirada é bruscamente bloqueada por alguém escondido nas coxias, que o puxa pelas abas de sua casaca; verifica-se que ele está amarrado com uma corda para evitar que interrompa o solene curso dos acontecimentos no palco. Na Segunda Cena, "o desanimado Pierrô está sentado num banco, no meio do palco"; atrás dele, há um pedestal que

---

28 "Ele representou qual um virtuose, com uma arte incomparável, como um músico mestre de seu instrumento. Atrás do som cavo de suas palavras, sentia-se trespassar uma autêntica tristeza [...] Pierrô dava a impressão de um homem a escutar a canção saída de seu coração [...]", relata V.Vereg(u)ina.

sustenta uma estátua de Eros. Quando Pierrô termina o seu longo solilóquio, o banco, a estátua e o cenário todo são arrebatados para o alto, e, em seu lugar, um vestíbulo tradicional em colunada é baixado. Na cena, onde figuras mascaradas aparecem aos brados de "Tochas", surgem, de ambas as coxias, as mãos dos assistentes de cena segurando fogos da Bengala acesos sobre bastões de ferro.

"Todas as personagens estão restringidas a seus próprios gestos típicos: Pierrô, por exemplo, sempre suspira e agita os braços de igual maneira"[29].

Não se pode dizer que a apresentação tenha granjeado aprovação unânime. Era inusitada na forma e no conteúdo, se não provocadoramente polêmica na sua proposta dramatúrgico-cênica e na pauta de suas várias camadas de significação. Uma peça que evoluía mais por justaposição simbólica do que por sucessão causal na exposição de seus objetos dramáticos, um teatro quase de metateatro, com algo de pirandelliano por antecipação, punha em xeque os critérios de valor artístico vigentes, ainda arrimados na estética das relações harmônicas, até para a maioria dos simbolistas russos. O público dividiu-se, tanto na noite de estreia como nas récitas que se seguiram. Palmas e vaias opunham, a cada dia, as manifestações apaixonadas dos que admiravam e dos que repudiavam o espetáculo.

Todos os que assistiram a essa *première* lembram-se da excitação veemente que dominou a sala, a agitação que ocorreu nas poltronas das primeiras fileiras após os últimos acordes da música lancinante, impetuosa, conturbada e voluptuosa de Kusmin e quando a cortina foi baixada, dividindo os espectadores do mundo mágico e misterioso em que o poeta Pierrô viveu e cantou. Nunca antes nem desde então vi tão irrestrita oposição e deleite numa sala de teatro [...][30]

A viva impressão de G. Tchulkóv – que inscreve apenas a componente lírica da pesquisa meierholdiana na *Barraca de Feira* – encontra ampla corroboração em outros comentários, como o do crítico Serguêi Auslender:

A plateia estava em reboliço como numa efetiva batalha. Sérios e respeitáveis cidadãos estavam prontos a chegar às vias de fato; assobios e berros de raiva alternavam-se com uivos penetrantes que transmitiam um misto de fervor, desafio, ira e desespero: "Blok – Sapúnov – Kuzmin – M-e-i-e-r-h-o-l-d, B-r-a-v-o-o..." E ali, diante de toda essa comoção, radiante como um esplêndido monumento, em sua severa casaca preta e com um maço de lírios brancos, estava Aleksandr Aleksandrovitch Blok, com os profundos olhos azuis a refletir tristeza e torcida diversão. E a seu lado Pierrô, encolhido e enrolado como se desprovido de ossos, desincorporado como um espectro, agitando as longas mangas de seu comisolão solto[31].

A crônica da imprensa, no entanto, mostrou-se menos cindida. Quase em uníssono, condenou, quando não zombou, do que lhe fora

29 Vsévolod Meyerhold, in *La Rivoluzione Teatrale*, p. 149.
30 K. Rudnítzki, *op. cit.*, p. 109.
31 Edward Braun, *The Theatre of Meyerhold*, p. 72.

dado ver. Confusão e estranheza, apego a padrões firmados e preconceito em face do novo se fazem sentir nessa postura. Kugel, por exemplo, escreveu:

> *A Barraca de Feira* do sr. Blok é uma montagem muito estranha que tem a pretensão de ser levemente fantástica. A "farsa" está destinada evidentemente a representar o mundo; a figura de Pierrô – o papel do homem como tolo. Isso deveria ser entendido, mas não o é porque os símbolos, símiles, alegorias e alusões apresentados pelo autor são de tal modo indefinidos, vagos, que a imagem obtida é de uma espécie de dança de flocos de neve. [E isso leva o articulista a considerar que os realizadores quiseram] divertir-se com uma alegoria simbolista à custa do público [que, por sua vez] tinha todo o direito de ficar com raiva[32].

Quão pouco tais restrições críticas e o clima de contestação e controvérsia calaram no espírito de Meierhold e, como impacto, no encaminhamento de seu trabalho de criação, pode ser depreendido da observação que fez mais tarde, em seu ensaio sobre a teatralidade e sua recepção pelo público:

> O que importa se parte dos espectadores vaiou Blok e seus atores? O teatro era teatro. E talvez essa circunstância mesma, ou seja, que o público se atreveu a assobiar tão histericamente constitui a melhor prova de que esse fato marcou o estabelecimento de uma atitude em face da montagem como uma apresentação de teatro[33].

O encenador, quaisquer que tenham sido seus sentimentos no momento da manifestação, converte o controvertido evento numa confirmação da razão de ser da proposta cênica que, aliás, *a posteriori*, define para ele, e agora com clareza, o sentido artístico essencial de sua pesquisa, o teatro teatral, ao mesmo tempo que expõe, para nós, que não somos seus contemporâneos, um traço que se tornou marcante de sua personalidade e de sua carreira – a disposição de aceitar desafios...

Mas, no contexto do Teatro Dramático e de seu programa simbolista, *A Barraca de Feira* não determinou propriamente um desvio de rota ou uma revisão de linha e muito menos um novo caminho. Basicamente, Meierhold manteve-se nos limites de seu compromisso programático com a Komissarjévskaia; e seu experimentalismo vanguardista, ainda em amadurecimento, não ultrapassou no principal esse campo de pesquisa, apesar de suas arrojadas inovações cenográficas e interpretativas a cada *mise en scène*, e de sua abertura para a peça expressionista, com *A Vida de Homem,* de Andrêiev (um espetáculo que teve grande sucesso de público), e *O Despertar da Primavera*, de Wedekind.

---

32 K. Rudnítzki, *op. cit.*, p. 110.
33 Essa consideração aparece no ensaio de Meierhold sobre "O Teatro de Feira" (1912).

Nesse sentido, vale lembrar que, acusado de exceder-se na experimentação e de promover um teatro titeresco, calcado numa estilização mortal para a criatividade do jogo interpretativo dos atores, sem maior conteúdo humano e dramático, Meierhold rebateu as críticas asseverando que sua grande preocupação era pôr em cena o trágico no homem de hoje (um dos *leitmotive* do "drama lírico" simbolista) e em função dele escolhera o repertório de autores levado pela trupe. Mas se a discussão no "conselho artístico" da companhia, reunido por causa do modo como *Pelléas e Mélisande*, de Maeterlinck, fora dirigida, levou o encenador a encarecer, por um lado, o seu comprometimento com o temário dramatúrgico do simbolismo, mesmo pelo viés expressionista, também lhe permitiu, por outro, reafirmar seu engajamento no experimental para a articulação da representação no palco. Assim, além de indicar que, na verdade, estava dando continuidade às pesquisas artísticas iniciadas no *Teatro-Estúdio* em Moscou, declara que, agora, depois de haver-se debruçado sobre a questão do estilo primitivo, a exemplo dos pintores de vanguarda, passava a uma nova etapa, centrada nos problemas do volume e do espaço à volta do corpo do ator.

A Vitória da Morte, do poeta simbolista russo Fiódor Sologub, foi a última tentativa feita por Meierhold a fim de salvar sua parceria com a atriz e seu grupo. Para tanto, concordou não só em renunciar ao projeto de montar *O Espírito da Terra*, de Wedekind, – uma peça que "santifica"[34] os instintos e dramatiza o martírio da carne sob o aguilhão de uma moral pervertida, contrapondo-se, pois, em tudo ao bordado dos sentimentos etéreos das almas diáfanas invocadas pela cena simbolista – cuja carga expressionista provocara o veto de Vera. Mais do que isso, porém, o *régisseur*, tido como a própria encarnação do despotismo da encenação, dispôs-se a retomar um estilo que havia deixado para trás, desenvolvendo a ação na profundidade do espaço cênico, atrevendo-se apenas a acrescentar um *hanamichi*, um "caminho das flores" japonês, para buscar a relação com a plateia. Mas de nada adiantou seu esforço, nem mesmo a boa recepção do espetáculo[35], pois três dias após a estreia recebeu da mentora do Teatro Dramático a seguinte carta:

34 Como escreve A. Rosenfeld, *História da Literatura e do Teatro Alemães*, São Paulo, Prespectiva, Editora da Unicamp, Edusp, 1993, p. 139.

35 "Meierhold encenou *A Vitória da Morte* como um homem completamente desorientado. Aqui havia de tudo – uma tentativa malograda de dar aos atores as poses plásticas de tragédia antiga, a multidão de Meininger, a risada do Teatro de Arte de Moscou, uma dicção rítmica como a que ouvimos quando Fiódor Kusmitch [Sologub] recita monólogos de suas peças, e os inevitáveis gestos e mímica pitorescos de quase todos os participantes. Tudo isto agradou o público e satisfez inteiramente os críticos dos jornais de Petersburgo, que praticamente a uma voz anunciaram que Meierhold por fim tomara "juízo", pois retornara às velhas formas. "Estive presente ao ensaio geral e disse que tudo do começo ao fim estava mal. Não tive força para ir ao espetáculo, minha alma sentia-se

Meierhold visto por vários caricaturistas, 1915-1916.

Nos últimos dias, Vsévolod Emílievitch, tenho pensado muito, e cheguei à profunda certeza de que você e eu vemos o teatro de maneira diferente, e o que você procura eu não procuro. O caminho que leva ao teatro de marionetes é o que você seguiu o tempo todo, com exceção daquelas montagens em que você combinou os princípios do "velho" teatro com os princípios do teatro de marionetes, como, por exemplo, em *A Comédia do Amor* e *A Vitória da Morte*. Para o meu grande pesar, só compreendi isso plenamente nos últimos dias, depois de longa reflexão. Estou olhando o futuro diretamente nos olhos e digo que não podemos trilhar esse caminho juntos. Esse caminho é o seu mas não o meu, e em resposta à sua declaração na última sessão de nosso conselho artístico – "talvez eu devesse deixar este teatro" – eu digo agora: "Sim, você precisa deixá-lo". Portanto, não posso mais considerá-lo meu parceiro, e eu pedi a K. V. Brávitch que informasse à companhia e lhe explicasse toda a situação, porque não desejo que as pessoas que trabalham comigo trabalhem de olhos fechados[36].

V. Komissarjévskaia

opressa", escreveu Vera a Briússov, um dia após estreia, evidenciando que nada mais a faria voltar atrás – sua decisão já estava tomada; K. Rudnítzki, *op. cit.*, p. 124.

36 As traduções desse texto no Ocidente diferem ligeiramente na redação, mas coincidem em todas as passagens essenciais.

O Teatro da Teatralidade: Meierhold

Na arte da encenação, Stanislávski teve vários discípulos cuja contribuição artística marcou época na cena russa e rasgou sendas para o movimento teatral moderno. É o caso de Sulerjítzki, Boleslávski, Mikhail Tchékhov, Mardjánov e, sem dúvida, o de Vakhtângov. Nenhum, porém, superou, na força de contestação e no efeito de seminação, Meierhold, o "anjo rebelde", o crítico feroz do naturalismo do Teatro de Arte e o precursor, na *mise en scène*, de concepções, procedimentos e realizações que fecundaram não só a revolucionária explosão teatral dos anos de 1920 na ribalta soviética, como todo o vanguardismo cênico no Ocidente, em diferentes desdobramentos até os nossos dias. Houve quem o chamasse de "Picasso do teatro" e não foi sem razão. Como no pintor espanhol, poder-se-ia apontar no encenador russo uma incessante busca renovadora, um domínio magistral dos recursos artísticos específicos, um voo imaginativo dos mais audazes, um arrojo formal sem paralelo e uma produtividade vulcânica sempre centrada nos pontos nevrálgicos do processo estético e do debate ideológico. Nas quatro principais fases em que, após os primeiros passos no palco stanislavskiano, desenvolveu-se, *grosso modo*, o trabalho de Meierhold como diretor com definições próprias, a simbolista, a esteticista, a construtivista e a sintética, todas permeadas de um constante fermento experimentalista, o espírito do questionamento e da descoberta encarnou-se num gênio correspondente em termos de movimentação e plasmação da obra dramática enquanto espetáculo teatral.

Em cada uma dessas etapas, que são, por sua vez, desdobráveis ou cujas ramificações se interpenetram, Meierhold explorou, por via intelectual e crítica não menos do que pela experimentação técnica e artística, as possibilidades das ideias-tendências que acionavam e direcionavam a sua atividade criadora. Em nenhum momento a expressão de seu pensamento teatral se reduz exclusivamente à linguagem da realização cênica, ainda que sempre culmine nela. O discurso teórico e a análise crítica são-lhe desde o início um instrumento e, cada vez mais, um ingrediente indispensável. Assim, não é de admirar que, enquanto paladino das "novas formas" simbolistas, haja defendido com grande ardor não só a função seminal do texto dramático, o que é compreensível na perspectiva teatral da época e no quadro da estética do simbolismo, mas também a do texto crítico como tal. Meierhold diz mesmo, taxativamente, em "Presságios de um Novo Teatro":

> Li em alguma parte que *a cena cria a literatura*. É falso. Se a cena exerce alguma influência sobre a literatura, é antes retardando sua evolução, pois engendra imitadores da tendência dominante. É ela [a literatura] que sempre tomou a iniciativa quando se tratou de quebrar os antigos moldes dramáticos... A literatura sugere o teatro não só na pessoa dos dramaturgos que oferecem modelos novos que exigem processos novos, mas também na dos *críticos* que condenam as formas antigas [...]

Como se vê, já a essa altura tem ele plena consciência do papel das metalinguagens na plasmação criadora e inovadora das correntes, dos estilos e das obras de teatro, isto é, das linguagens-objeto.

De outra parte, cabe ressaltar que precisamente no contexto do ensaio supracitado Meierhold não está interessado apenas em problemas gerais de arte dramática, de como em essência ela se articula e se exprime enquanto modo de formar. Seu debate no campo da estética cênica prende-se aí, e visceralmente, a uma questão específica, que é um dos principais focos do movimento teatral russo naquele momento e da atividade de Meierhold como encenador. Trata-se da busca de elementos para colocar efetivamente em cena, com fala intrínseca e imagem própria, o drama simbolista, cuja poética constituía uma recusa formal dos padrões reinantes no palco realista com suas imutáveis fidelidades miméticas, mesmo quando levadas às profundezas da interioridade psicológica e aos requintes das caracterizações sócio-históricas, como nas representações do Teatro de Arte de Moscou. Na verdade, é exatamente aí que se encontra o paradigma do que o "Novo Teatro" precisa negar e superar, para fazer-se entender como proposta.

Compreende-se, pois, que Meierhold censure o Teatro de Arte por não conceder ao espectador "o dom de sonhar e até a capacidade de entender as palavras inteligentes proferidas no tablado". Daí o esmiuçamento analítico empreendido pela direção na sua exposição e transmissão das peças, o que torna os diálogos ibsenianos, por exemplo, e as construções dramáticas do dramaturgo norueguês, "cansativos, arrastados e doutrinários..." Além disso, no caso particular do repertório montado por Stanislávski e Dântchenko, ele aponta para uma contradição fundamental, que é a coabitação de um teatro naturalista puro, que busca incessantemente a quarta parede, a minúcia da reprodução, o verismo extremado, e o teatro tchekhoviano, do estado de alma, da subjetivação levada a um ponto que, por sua própria natureza sutil e tonal, só poderia encontrar uma tradução adequada na música dos símbolos e se oporia fundamentalmente à acumulação detalhista, à cópia fotográfica.

Mas, tanto quanto Tchékhov, o que está em causa nessa campanha contra a exposição analítica já é a necessidade de uma síntese simplificadora para atender, por correspondência plástica, à vibração anímica e à compacidade sígnica da poesia dramática "decadentista"- simbolista e, em especial, à simplicidade intensa das composições teatrais de Maeterlinck. Com tal fim, Meierhold reivindica uma *mise en scène* capaz de "deixar à imaginação do espectador a liberdade de completar o que não foi dito", de desvelar, através de uma forma tensa, estática, mas prenhe, com palavras pronunciadas a meio-tom, a margem secreta, a essência etérea, a alma inefável, do drama simbolista. Teatro imóvel, o mínimo de ação devia permitir-lhe o máximo de tensão e o diálogo externo lhe serviria para sugerir as réplicas silenciosas do diálogo interno. Seria uma captação corpórea, vital, ao mesmo tempo que vibrátil e musical, a remeter, por sinestesia artística do sensível ao simbólico, aos sentidos intangíveis da espiritualidade.

Observe-se que, homem de teatro, inteiramente voltado para sua realização "em ato", isto é, como fenômeno artístico materializado em cena, Meierhold coloca na corporeidade géstica um dos principais degraus da "escada de Jacó" para atingir a intimidade ou a altitude da visão e revelação do espiritual. A palavra, diz ele, não é na obra dramática um instrumento bastante poderoso para expressar o universo do "além" interior ou superior. Cumpre acrescentar-lhe a gestualidade para lhe dar a devida forma significante. De um lado, as personagens quando falam,

[...] fazem gestos, assumem atitudes, baixam os olhos de uma maneira que não corresponde ao que dizem e que permite definir suas relações recíprocas [...]

De outro, muita coisa do que não dizem ou do que é indizível exprime-se em posturas corporais, faciais e gestuais que revelam linhas de força, vetores de sentidos e portadores de alusões, que falam a linguagem do não-verbalizável, em seus diferentes níveis, e se constituem em verdadeiros emblemas da significação. No repertório do corpo e do gesto, portanto, o ator encontra não só os meios de *desenhar* plasticamente a personagem, como de sugerir e configurar os movimentos que permitem o mergulho do espectador na intimidade do drama.

Mistério-Bufo, *de Vladímir Maiakóvski. Teatro R.S.F.S.R. n. 1, segunda versão de Meierhold. Maquete do cenário nas apresentações de 1924-1925.*

Clemenceau.

Figurinos para o Mistério-Bufo, *segunda versão.*

O Diabo.   *O Menchevique.*

Mais ainda: é preciso, para a devida recriação no imaginário de quem assiste à representação, que a palavra e o gesto obedeçam cada qual ao seu ritmo próprio, nem sempre coincidente um com o outro. As imagens assim moldadas, dispostas simetricamente, como nas pinturas de ícones ou na sua estatuária, seguem em seu fluxo um princípio de rigorosa composição e não de aleatória acumulação, subordinando-se ao movimento rítmico das linhas, à consonância musical das manchas de cor ou das massas escultóricas. O cenário deve obedecer ao mesmo princípio icônico, visando não a diluir, mas a concentrar e a concretizar o movimento do ator e o essencial de seu desempenho cujo produto, de outra parte, visto pelo efeito externo de sua configuração, deve ser, na sua substantivação hierático-simbólica, a da arte do alto-relevo e da estatuária.

A partir daí Meierhold chega ao teatro da "convenção consciente", onde a rampa é abolida e o palco desce ao nível da orquestra, onde o espectador é considerado, juntamente com o autor, o encenador e o ator, o quarto criador do espetáculo, embora o faça desmistificado, consciente em todo momento de que o ator representa, assim como este não esquece por um só instante que está compondo um quadro no palco e, como o pintor ou o escultor, dispondo plástica e ritmicamente no espaço cênico a sua tela ou as linhas e as massas da corporificação teatral expressiva e significativa. Tais elementos, plásticos, musicais, poéticos, simbólicos, nada têm a ver, enfatiza Meierhold em 1907, com a tentativa de encantar ilusoriamente a realidade:

> A técnica da convenção consciente luta contra o processo da ilusão. O novo teatro não tem o que fazer com a ilusão, esse sonho apolíneo [...]

É, pois, na concretude fenomenal da manifestação dionisíaca que ele pretende encontrar a fonte renovadora de uma arte cênica cujo acento principal, no entanto, deve recair na composição, estilo, forma, ritmo, movimento, saltação (dança mímica, pantomima), arquitetura.

A proposta meierholdiana do primado da "convenção" não se esgota no esteticismo de uma formalização radical da cena dramática. Já no período anterior à guerra de 1914, os elementos desse empenho receberam o acréscimo do princípio do grotesco como o outro operador essencial de uma nova teatralidade. Ele permitiria superar o esquematismo em que toda estilização extremada incide e recriar, como sínteses específicas, pela contraposição grotesca, representações plenas da existência humana, de suas contradições básicas, sem o acúmulo de detalhes. Sua intervenção impediria a bela composição de tornar--se sentimental, proporcionando meios, não só plásticos, para abordar a quotidianidade chã do inédito para além de sua aparência imediata e aprofundá-lo a ponto de ele deixar de parecer natural, no sentido mais chão.

O grotesco busca o supranatural, sintetiza a quinta-essência dos contrários, cria a imagem do fenômeno. Assim, impele o espectador a tentar decifrar o enigma do inconcebível,

diz o encenador de *Balagántchik* (Barraca de Feira), de Blok, peça cuja montagem constituiu uma aplicação modelar desse princípio. Aliás, independentemente da formulação e emprego meierholdianos, e talvez por uma concomitância estética ligada às tendências comuns da arte modernista então em afloramento, o grotesco iria fazer fortuna, em diferentes moldagens, não só na cena simbolista, como na expressionista e, inclusive, na brechtiana. Por outro lado, e no que toca ao *Grotesco no Teatro* e sua abrangência nos termos de Meierhold, é extremamente significativo o que ele declara na conclusão de seu ensaio:

[...] a natureza particular do fantástico se imporá na representação; a alegria de viver se afirmará no cômico assim como no trágico; o demonismo aparecerá na ironia, e o tragicômico no quotidiano; aspiramos à inverossimilhança combinada às alusões misteriosas, às substituições e transformações; a tendência é afastar o sentimental do romântico; no real, a dissonância, erigida em harmoniosa beleza, sobrepujará o corriqueiro.

A questão não se resume, como se verifica acima, em trazer para a forma, pela forma, o informe. Isso vai por si, desde que se convoca o grotesco. Meierhold, porém, vê nele um recurso rearmonizador, capaz de propiciar uma nova epifania do belo. Deve-se procurar no simbolismo, é certo, o impulso para tal leitura. Mas há também nesta, no serviço positivo que ela atribui ao grotesco, em vez da negatividade que lhe é imputada em geral, um claro impacto da ideologia política do *régisseur* e de seu horizonte de expectativas revolucionárias. Assim, na busca dos elementos da incorporação sintética, da convenção representacional, da forma estilizada e da animação grotesca, tão visíveis nessas considerações teóricas de Meierhold, afloram componentes e definem-se traços de seu modo de formar, operadores da poética e da estética desse criador de teatro, que não podem ser circunscritos à tendência em que estava engajado na época. Metamorfoseados, metidos no macacão proletário do ideal de uma nova sociedade, reportarão desde logo em *Mistério-Bufo*, de Maiakóvski, peça levada em 1918 (na primeira versão; a segunda é de 1921) e na qual "o esteta dos palcos imperiais" estreia, por assim dizer, no "teatro da Revolução", bem como nas montagens construtivistas e sintéticas, em todo o período soviético de Meierhold.

* * *

Sequências de exercícios de biomecânica em desenhos de V.V. Lutse, 1922.

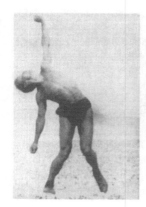  

Exercícios de biomecânica fotografado por Lee Strasberg, 1934.

Projeto de Liubov Popova para o unicenário construtivista de O Corno Magnifico, *de Fernand Crommelinck. Encenação de Meierhold, 1922.*

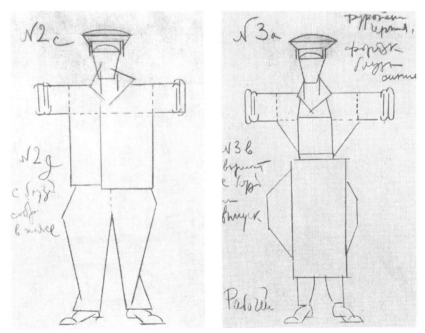

Desenhos para a prozodejda, *o "macacão" que todos os atores deviam usar no teatro do* agit-prop, *desenvolvido por Meierhold.*

Cena de O Corno Magnífico, *com Maria Babanova, Igor Ilinski e Vassíli Zaichikov; todos os três estão vestidos com a* prozodejda, *como uniforme e roupa de cena.*

Um esboço construtivista do cenário para O Corno Magnífico.

A Morte de Tarelkin, *de Sukhovo-Kobilin, na encenação de 1922 por Meierhold, com o cenário construtivista simplificado que foi concebido por Varvara Stepanova. Note-se no palco, em "macacão", os gestos e posturas claunescos e o uso magistral do dispositivo cênico para composições de grupo.*

Meierhold em perspectiva vanguardista por I. Rabichev, 1922.

Meierhold dirigindo um ensaio.

Gárin, Meierhold e Zinaida Raikh durante o ensaio de A Batalha Decisiva, *de V. Vischnévski. TIM, Moscou, 1931.*

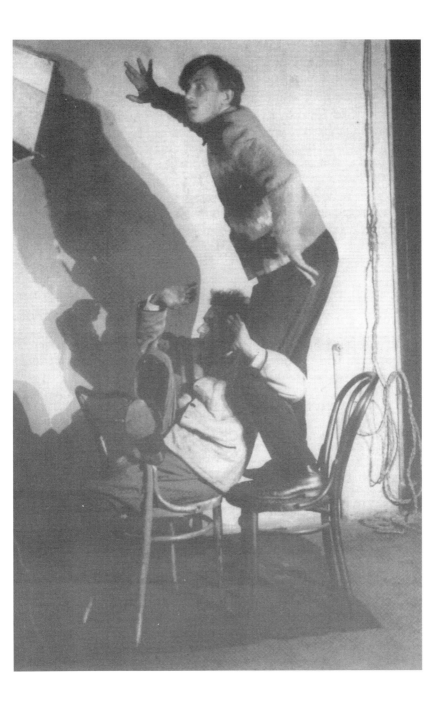

Meierhold e Erast Gárin prefigurando posturas para "a cena muda" de O Inspetor Geral.

Em 1920, Meierhold é posto à testa da Seção Teatral do Comissariado da Instrução Pública e do Teatro R.S.F.S.R. nº 1. A partir dessas duas posições, proclama o assim chamado Outubro Teatral, movimento que combate todos os vestígios do passado e propugna a politização absoluta da arte dramática. Considera então que

> Na atualidade, dois teatros apenas são possíveis: 1º) o teatro proletário, ativo, promotor da futura cultura da jovem classe que subiu ao poder; 2º) o que se designa por teatro profissional.

Meierhold define-se evidentemente pelo primeiro, mesmo porque o segundo, tal como se apresenta, se lhe afigura um absurdo, sobretudo na sua pretendida imparcialidade:

> [...] ninguém, inclusive o ator, nunca é apolítico nem associal; cada um de nós é produto de seu meio, cujas linhas de força determinam a natureza do ator em suas variações individuais, sociais e históricas.

Não obstante, Meierhold não encara a cena do proletariado apenas como um teatro de peças revolucionárias, mas a investe da tarefa de empreender uma reinterpretação, na linha marxista-comunista, do repertório geral. Não vê por que excluir de seu tablado, por exemplo, a *Salomé*, de Oscar Wilde, ou o *Hamlet*, de Shakespeare.

> Tudo – diz ele – é uma questão de interpretação. O intérprete de *Salomé* se inspirará de um modo involuntário na Corte dos Romanof para expressar a sensualidade perversa de sua personagem. Da mesma maneira, o ator que desempenhar o papel de Herodes se afastará do afetado e alambicado floreado da linha estetizante do Kámerni (Taírov), para apresentar a figura de um déspota sensual. Quanto a Iokhanan, ele troará como verdadeiro revolucionário, demolidor dessa sociedade corrompida.

E foi com esse espírito que Meierhold encenou *As Auroras*, de Verhaeren.

Meierhold ingressa efetivamente, com esse trabalho, na etapa mais inventiva e inovadora de sua carreira artística após 1917. Embora não tenha chegado ainda plenamente às formulações construtivo-grotescas e biomecânicas de seu vanguardismo político-estético no teatro, já então estabelece um princípio, que será básico para tudo quanto irá fazer em seguida.

> Toda recriação de uma obra – diz ele – tem direito à existência, desde que seja produto de uma imperiosa necessidade interna. Do mesmo modo, a recomposição de *As Auroras* nos é imposta pela encomenda social que nos passou o espectador de hoje.

E é em nome da finalidade socioestrutural que condena agora a velharia desusada que se chama "rampa", a qual "mantém obstinadamente essa outra velharia teatral, o ilusionismo pequeno-burguês", pois não se deve esquecer "que o alcance do proscênio e da orquestra está longe de se limitar ao lado técnico". Contudo, a indicação inequívoca do sentido da evolução de Meierhold vem da seguinte consideração:

> Quanto à decoração, nada temos a fazer com as imagens do museu "estético". Voltando-nos para Picasso e Tátlin, temos a ver com temperamentos que se nos aparentam [...] *Nós construímos*, e eles também constróem. Para nós, a feitura é bem mais importante do que os belos desenhos, os floreados ou as cores. Longe de nós o burguês bem-estar pictórico! O espectador de hoje exige *cartazes*! Ele precisa de materiais palpáveis, ele precisa do jogo dos volumes e das superfícies! Em suma, nós e eles nos evadimos da gaiola cênica para áreas de jogo *aberto* e multiforme. Deixando as alegrias do pincel, nossos artistas se armarão do machado, do martelo e da picareta para talhar os ornamentos cênicos nos materiais oferecidos pela natureza!

E essas palavras não correspondem apenas a um manifesto estético, pois Meierhold converteu de fato a peça do poeta simbolista belga, uma projeção visionária da luta de classes e da revolução social das massas, num cenário de "agitação e propaganda", num palanque de comício, e mais ainda, num verdadeiro cartaz da vanguarda modernista. Sobre um palco despojado de tudo o que era tradicional, ergueram--se enormes cubos, revestidos de tela, em cores cinza-prata. Um conjunto de cordas em leque foi por ele disposto das pranchas até o teto. Encimando o palco, dois círculos, um dourado e outro vermelho, e um triângulo de ferro, pintado de branco, punham sob a égide de suas precisas e rigorosas linhas geométricas todo o espaço cênico, embaixo, e o jogo dramático que nele se desenvolveria. Os atores, sem maquilagem, envergando roupas de pano, também cinza-prata, declamavam, do alto dos cubos, solenes monólogos que tinham resposta na salmodia de um coro oculto na orquestra.

> Era – escreve Angelo Maria Ripellino – uma estranha mistura, onde o futurismo do *décor* se erguia ao lado de reminiscências do teatro grego e a plástica estatuária, ao lado da estética simbolista.

Um passo à frente veio a ser dado com a segunda *mise en scène* do *Mistério-Bufo*, de Maiakóvski. Não só porque, peça escrita por um poeta que estava na crista literária e política dos eventos então em curso, ela vinha ao encontro de um teatro militante e partidário, isto é, com um repertório engajado, mas também porque, pode-se afirmar, em Maiakóvski encontrava Meierhold *o seu* dramaturgo, se é que jamais teve algum. Encenador e poeta comungavam então, *lato sensu*, do mesmo vanguardismo político e estético. Maiakóvski, um dos pregoeiros e *performers* mais conspícuos da corrente cubo-futurista, de sua religião do dinamismo e da renovação modernista, totalmente empenhado no Outubro artístico, disposto a pôr sua pena a serviço dessa causa, dizia do *Mistério-Bufo*:

É a nossa grande revolução condensada graças ao verso e à ação teatral. Mistério é o que a revolução tem de grande, Bufo é o que ela tem de ridículo. Os versos da peça são palavras de ordem de comícios, gritos da rua, a linguagem dos jornais. Sua ação é o movimento da multidão, o choque das classes, a luta das ideias – o mundo em miniatura representado em um circo.

Ora, é precisamente com vistas a esses elementos que se desenvolvem então as buscas de Meierhold quanto ao enquadramento de suas montagens, todas elas focadas num teatro de participação, de renovação, de crítica satírica capaz de delinear aberta e berrantemente posições e definições. Sua antiga tentação do grotesco, que já se manifestara antes de maneira tão criativa, tem aí, um campo por excelência, com as melhores condições textuais para dar largas a seu gênio sério-burlesco, tanto mais quanto essa tentação, o tragicômico levado ao extremo, é também a de Maiakóvski, sobretudo na cena. Tudo quanto ele escreveu sob essa forma utiliza o grotesco como o grande demiurgo da desmistificação, da caracterização incisiva, da redução, ou melhor, da superação das pequenas sutilezas, das miudezas psicológicas, por meio de ícones e simbolismos de largo espectro representativo, capazes de englobar e configurar grupos e envolvimentos coletivos. Por outro lado, a isso correspondem também, se é que se pode distinguir uma coisa da outra, tendências igualmente afins na estruturação da forma. Com efeito, o *Mistério-Bufo*, na sua veloz sucessão de cenas em que cada uma compõe um quadro distinto, na sua íntima relação com o teatro de feira e de bonecos, nas suas personagens-máscaras, no seu jogo mordente de palavras, trocadilhos e artifícios fonéticos, na sua vivacidade clownesca, na sua mistura de sagrado e burlesco dentro do contexto da modernidade objetual e dinâmica, continha todos ou quase todos os ingredientes que atraíam na época a teatralidade meierholdiana, inclusive o plasticismo futurista. Daí por que, ao assistir à peça de Maiakóvski na segunda versão de Meierhold, pôde um testemunho contemporâneo dizer:

> Sentia-se no *Mistério-Bufo* o início de um teatro novo. A impressão causada nos espectadores foi enorme. Muitos riam às gargalhadas e sem o menor esforço, felizes com os gracejos incisivos e muitas vezes inesperados e, o que era então inédito, com as experiências e palavras trazidas da vida soviética para o palco. E era justamente o que provocava a indignação daqueles dentre o público hostis à Revolução, a Maiakóvski, à arte nova. A luta entre as duas forças não se desenrolava apenas no palco, mas também na plateia... Lembro-me que, às vezes, ficava impressionado com uma nova passagem, um novo dito espirituoso que não constava das representações anteriores; eram "intercalações" de atualidades com as quais Maiakóvski renovava de tempo em tempo o espetáculo [...] O debate engendrado pelo *Mistério-Bufo* ia em crescendo na sala, nas palestras e nos escritórios, transformando-se numa discussão geral sobre a nova arte. O imprevisto das formas literárias e cênicas levantava contra Maiakóvski alguns dos que deveriam susten-tá-lo.

Duas cenas de O Inspetor Geral, *de Gógol, na encenação que é considerada a melhor criação teatral de Meierhold, 1926. Em destaque, Erast Gárin no papel do suposto inspetor, Khlestakov.*

Maria Babanova como Polina em Um Posto Lucrativo, *de Ostróvski, levado por Meierhold em 1923.*

Zinaida Raikh na figura da Mulher Fosforescente, personagem de Os Banhos, *de Vladímir Maiakóvski, que o Teatro Meierhold encenou em 1930.*

Dispositivo cênico e cena final de Os Banhos.

Programa-cartaz para a noite de estreia de Bubus, o Professor, *de A. Faiko, no TIM, 1925.*

Meierhold e Maiakóvski vistos pelos Kukriniksi, 1929.

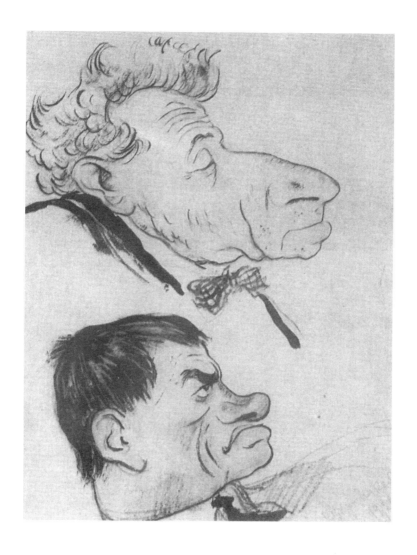

Meierhold e Zinaida Raikh, Berlim, 1932.

E não só contra o dramaturgo, mas também contra o *régisseur*. A oposição, manifesta ou velada, seja pelo crescente repúdio ao encenador, seja pela violenta rejeição que antecedeu o ulterior endeusamento – fossilizador – do poeta, constituiu-se numa maré montante nos meios políticos e artísticos que, sustentando paradoxalmente posturas por vezes ultramontanas, desconfiavam da suposta gratuidade e da efetiva liberdade das pesquisas formais. Tal reação iria acentuar-se ainda mais, quando a mão de ferro do stalinismo começou a abater-se, a partir do fim da década de vinte, sobre o mundo intelectual soviético. Meierhold iria pagar caro por sua radicalidade crítica e por seu "esquerdismo" estético. Quanto a Maiakóvski, já que morrera em tempo, optou-se por elevá-lo à categoria que, sem dúvida, consubstancia a própria antítese de tudo quanto o poeta fez e almejou: a de vate oficial...!

Bem outras porém eram, na primeira metade dos anos vinte, as perspectivas que pareciam rasgar-se para o processamento das artes no seu todo e do teatro em particular, no contexto soviético. Assim, quanto à produção encenante de Meierhold, o que se manifestara já de maneira bastante clara na peça de Verhaeren e na de Maiakóvski assumiu forma mais definida em *Le Cocu Magnifique* (O Corno Magnífico), de Crommelinck. Levado em 1922, com notável brilho inventivo, o espetáculo concretizou alguns dos princípios básicos do construtivismo a serviço do "produtivismo" em cena: composições em linhas articuladas em três dimensões; ritmos visuais determinados por efeitos cuja natureza não procedia nem da pintura nem da escultura; inclusão no dispositivo unicamente de partes constitutivas de caráter "ativo", necessárias ao trabalho do ator. A fim de marcar o fluxo do tempo, por seu decurso real, o acompanhamento musical foi substituído por um conjunto de rodas que giravam no decorrer da ação e que, pintadas de diferentes cores, projetavam o fundo cinético da representação.

Concebido como parte de uma efetiva linha de montagem industrial, cada elemento da produção teatral devia ser de natureza dinâmica e funcional, não havendo lugar para nenhum actante passivo e de caráter simplesmente representativo ou decorativo. Assim sendo, era evidente que a indumentária não poderia manter-se em seu feitio tradicional. Devia exercer uma nova "tarefa" e assumir o aspecto de sua efetiva função. Daí a adoção do uniforme de trabalho do ator, a *prozodejda*: calça e blusa ou macacão operários, somados a acessórios determinados pelas necessidades de cada papel e de seu desempenho.

Mas a *prozodejda* também revestia um segundo objetivo, que se situava além da caixa cênica como tal. Pois a ação revolucionária empreendida por Meierhold no seu teatro incorporava igualmente o projeto – que era por certo o da ideologia artística do construtivismo e do *Lef* – de chegar ao espetáculo inteiramente extrateatral, com a abolição do palco tradicional, da decoração e do costume, para converter a representação num jogo teatral, uma espécie de antecessor da peça didática brechtiana, desenvolvido, talvez nos intervalos e nas horas de folga do pessoal, no próprio local de trabalho, com cenários e acessórios inventados na hora. A proposta visava, entre outras coisas, permitir, em vez da idealização da ociosidade e do parasitismo que distinguiria, a seu ver, a cultura artística da sociedade burguesa, o desvendamento da estética do processo de trabalho industrial, base da realização racional dos gestos e esforços, na produção social assim como na teatral.

Assim, com a vestimenta do proletário e a motivação ideológica assumida em seu nome, num cenário de plataformas, escadas, planos inclinados, somados a rodas, braços de moinho em movimento, desenvolvia-se a performance do ator em *Le Cocu Magnifique*. Para tanto, precisão e racionalização eram primordiais. Cada gesto, cada dobra do corpo devia obedecer a um desenho exato, pois se a forma é justa, afirmava Meierhold, as entonações e as emoções também hão de sê-lo. Nesse caso, tratava-se de atuar primeiro fisicamente e não de sentir primeiro psicologicamente, como pretendia Stanislávski, cuja concepção básica era, nesse particular, exatamente inversa. Para Meierhold, tratava-se de dominar, mediante o seu princípio, as leis da movimentação do ator no espaço cênico por meio de experiências relativas a esquemas de exercícios corporais e processo de desempenho. O problema estava em regulamentar exatamente a presença do ator-artista no palco. Na prática, com o concurso da ginástica, da plástica e da acrobacia, procurava desenvolver o exato golpe de vista, a calcular seus movimentos, a racionalizá-los e a coordená-los com os demais. Isso, somado a outros procedimentos, desembaraçou os atores, permitiu-lhes dominar melhor, e ritmicamente, o espaço que se lhes oferecia e a intensificar seu poder de expressão. Vemos, pois, que o essencial, na biomecânica, é chegar pelo caráter *racional* e *natural* dos movimentos, não a um maneirismo, porém à estilização expressiva, em que, sob o império da autoconsciência corporal, do autoespelho, o ator constrói a máscara de seu papel ou, nos termos de Meierhold: assume uma pose triste para sentir tristeza, mas isso, em primeira instância, através do pensamento, ou seja, primeiro o comediante pensa, depois assume, ao ditado de um ato de vontade imediatamente traduzido em reflexo corporal. Esse papel atribuído ao ator e a seu pensar mostra muito bem que, longe de encartá-lo como um boneco e deixá-lo inane nas mãos do diretor, Meierhold o via e o trabalhava como um ser racional desenvolvendo inteligentemente uma ação tanto coletiva quanto individual.

O principal desígnio porém desse ator instrumental, cuja técnica está inteiramente a serviço da função, que deve dar a seu desempenho os músculos da necessidade reflexa, é a de revelar a natureza objetivamente "essencial", e não subjetivamente "íntima" de sua personagem. E para desenhar a pertinência e as implicações sociais de um papel, dois recursos são tidos como fundamentais: a pré-atuação, isto é, a pantomima que sugere, como no teatro japonês e chinês, a ideia da personagem a ser encarnada e prepara, mediante tal antecipação, a linha do desenvolvimento posterior; e a atuação inversa, em que o intérprete interrompe sua representação da personagem e dirige-se diretamente ao público, lembrando-lhe que não deve deixar-se iludir, mistificar, pelo que ele, desempenhante, encarna, pois ator e espectador são cúmplices do jogo. Esses recursos são mobilizados a fim de "agitar", ensinar, doutrinar, propagar. O teatro converte-se, assim, numa praça bem aparelhada de comício e o ator no tribuno que desenvolve por seus meios a sua mensagem.

Mas, construtivismo, biomecânica e todo o repertório de pregões vanguardeiros que balizaram a atividade de Meierhold nesses anos não constituíam somente nomeações ideológicas, referências estético-críticas ou gírias de ofício, requintes verbais de virtuosismo especializado. Manejados por uma força criativa como a do encenador de *Le Cocu*, transmutaram-se numa sucessão de obras cênicas em que, se não faltaram os fogos dos achados "geniais", as piruetas do desejo de embasbacar e os passes da busca de originalidade, tampouco faltou unidade de visão e temperamento de um grande diretor. E o próprio Meierhold não ficou paralisado em seus princípios. Sem renegá-los, reelaborou-os constantemente, na medida em que se encaminhava para sua derradeira fase de encenação verdadeiramente criadora, que foi a sintética.

Se no estilo puramente construtivista *A Floresta*, de Ostróvski, foi o ponto culminante, na sintética é em *O Inspetor*, de Gógol, que se consubstanciam não apenas os interesses mais recentes, como o cinema, de onde tira a técnica da decupagem empregada no remanejamento do texto, mas tudo quanto esse infatigável pesquisador-criador havia investigado e encontrado desde o início de sua carreira, no Teatro de Arte. Retomando os elementos hoffmanescos, grotescos, expressionistas, moldou-os, não com a geométrica sobriedade construtivista, mas com um nababesco luxo barroco de decoração e efeitos de som e cor: costumes faustosos, móveis de acaju, cristais, candelabros de ouro, quadros de época, iluminação filtrada e meia-luz, valsas de Glinka, misturadas a romanças antigas e canções modernas. O cenário formava um semicírculo onde se abriam quinze portas. Quatro episódios somente ocupavam toda a extensão dessas paredes. Os outros desenrolavam-se, como nos primeiros planos cinematográficos, sobre uma plataforma inclinada, que avançava da penumbra da porta central, com mobília, acessórios e atores. O trabalho dos intérpretes inspirava-se em filmes de Keaton, Chaplin e Cruze, mas os elementos de *music-hall*, circo e teatro de feira tendiam sobretudo para a marcação e o simbolismo titerescos. Tudo isso para dar um grande afresco da Rússia da época de Nicolau I, cujas sombras fantasmais pareciam reprojetadas pelos clarões da Revolução para um novo teatro de terror e farsa no jogo das estruturas do poder...

Projeto para o edifício do TIM, por Meierhold, Mikhail Barkhin e Serguêi Vakhtângov, 1932. Vista geral e projeção axonométrica.

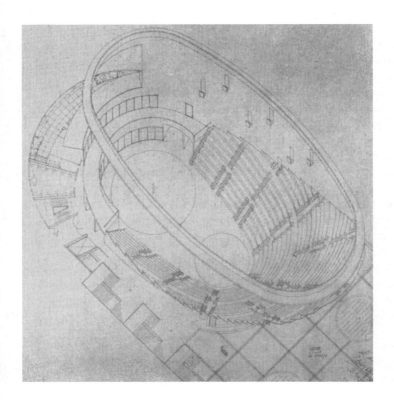

Meierhold em visita às obras do novo edifício para o TIM, 1934.

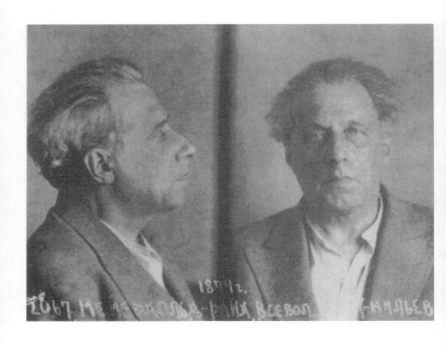

Meierhold, depois de preso, em fotografia para a ficha da "investigação criminal", 1939.

Stanislávski-Meierhold:
Uma Relação Antitética

A história do teatro moderno tem um de seus eixos na relação antitética Stanislávski-Meierhold. Não que tudo se concentre ao seu redor, mas o repertório de preocupações, tendências e soluções que revestiu a vida de cada um desses dois diretores engloba boa parte dos problemas, discussões e opções que caracterizaram o processo da modernidade teatral em sua época e que em certos pontos essenciais continuaram até hoje na mesa do debate estético que permeia a criação cênica.

Esse fato histórico e artístico prende-se evidentemente à circunstância da contemporaneidade de suas carreiras: Konstatin Alexêiev Stanislávski (1863-1938) era onze anos mais velho do que Vsévolod Meierhold (1874-1940). Mais do que isso, porém, importa o vínculo de trabalho e a interação que se estabeleceu entre eles a partir de 1898, quando da fundação do Teatro de Arte de Moscou por Stanislávski e Dântchenko. Desde então, nos sucessivos encontros e desencontros que assinalam o curso de suas concepções e realizações dramáticas, as buscas de um novo teatro no âmbito russo – e não apenas nele – adquirem os nomes polarizantes de Stanislávski e Meierhold, que passarão cada vez mais a encarná-las efetiva e simbolicamente.

Nesse contexto, quatro momentos merecem destaque:

Primeiro, o aprendizado de Meierhold com Dântchenko no Instituto Dramático e Musical da Sociedade de Filarmonia de Moscou e, sobretudo, com Stanislávski no Teatro de Arte de Moscou (TAM), em cujo elenco trabalhou como ator até 1902;

Segundo, a tentativa conjunta de Stanislávski e Meierhold com o objetivo de desenvolver a linguagem cênica do simbolismo no Teatro--Estúdio (1904-1905);

Terceiro, as contraposições entre os dois artistas e seus modos de pensar o teatro, que se aguçam a partir das definições simbolistas de Meierhold (1906-1908) e de suas pesquisas vanguardistas como Doutor Dapertutto, em face das primeiras formulações do Método por Stanislávski, contraposições que percorrem como polêmica estética a maior parte dos períodos esteticista (1908-1917), construtivista e sintético (1920-1930) de Meierhold e do percurso em paralelo do mestre do Teatro de Arte, que se processa em termos do aprofundamento de seu sistema e do código realista, mas também, por intermédio de seus desdobramentos nos vários estúdios experimentais, sob a égide de Stanislávski, porém, às vezes, com fortes impactos meierholdianos (Vakhtângov);

E o quarto momento, que se poderia denominar de o Reencontro da Morte, pois compreende o período que começa com o fechamento do Gostim (teatro de Meierhold) em 1937, e a surpreendente guarida que lhe dá o suposto guia espiritual da cena "stalinista", período que vai até o falecimento de Stanislávski (1938) e o fuzilamento de Meierhold em 1940.

Poderia servir de epígrafe ou, se se quiser, de epitáfio, a esse longo processo de relacionamento de dois temperamentos artísticos excepcionais e opostos quer psicológica quer estilisticamente, um introvertido e compreensivo, o outro explosivo, exclusivista e radical, a observação que Stanislávski teria feito, pouco antes de morrer: "Cuidem de Meierhold, ele é o meu único herdeiro no teatro, aqui ou em qualquer outro lugar".

Sem querer propor que Meierhold foi a Canossa penitenciar-se de suas concepções nesse derradeiro encontro com seu velho mestre, entremeado, como se sabe, por prolongadas conversas sobre as respectivas posições estéticas, sem que delas tenha transpirado qualquer indício de harmonização ou submissão, um corte transversal dos quatro momentos acima mencionados permite discernir nas personalidades artísticas dos dois encenadores os seguintes pontos de aproximação:

1. Uma paixão sem limites pelo teatro e uma entrega total à sua realização como uma espécie de ato de fé religioso ou partidário, dentro das respectivas *weltanschaungen*;

2. Uma procura infatigável da perfeição artística no palco, seja na construção, seja na desconstrução de suas convenções, seja na incorporação orgânica ou na exposição formal das ações interpretativas;

3. A experimentação de estúdio, laboratório ou ateliê, como princípio e via fundamentais para a realização da verdade cênica;

4. A criação teatral como produto do trabalho do ator e diretor,

em que pese as diferenças de abordagem em relação ao trato dessas funções (tanto Stanislávski quanto Meierhold eram atores e diretores);

5. A fundamentação do espetáculo e do nervo da representação na corporeidade psicofísica e sígnica do intérprete, mesmo que encarem esse fato com sinais trocados e enfoques antagônicos;

6. Respeito ao papel estruturante do texto e intervenção na operacionalização de sua textualidade, em função não só da interpretação de sua poética essencial como de sua expressão e materialização cênicas;

7. A reflexão teórica e crítica como metalinguagem – indispensável componente energético do fazer teatral;

8. A preocupação, nos seus termos específicos, com a natureza da recepção e da resposta do público: um, segundo um ilusionismo totalizador e anticonvencional, que absorveria dentro da quarta parede o espectador como sensibilidade e não apenas o deixaria fora como *voyeur*; e o outro, em termos de um antiilusionismo que une o palco à plateia pela nua apresentação da teatralidade em suas reais convenções cênicas, isto é, como um teatro condicional (*uslóvnyi*);

9. A consciência, conforme os respectivos enfoques, de que o teatro não é um produto estético e lúdico de consumo passivo, porém desempenha um papel ativo na formação de opiniões e tem missões políticas, culturais e ideológicas junto ao público, mesmo que Stanislávski pregue até certo momento uma cena apolítica, e que Meierhold pratique, ao contrário do que prega, durante esse mesmo período, um teatro totalmente apolítico e até mais esteticista.

Ainda assim, as diferenças que separavam o ideário e a atuação desses dois homens não eram menores. Embora Meierhold tenha conservado durante toda a vida uma atitude de consideração por seu mestre, inclusive no auge de suas discordâncias, sentindo nele uma inquietação e uma autenticidade artísticas semelhantes às suas, como indicam as cartas que escreveu juntamente com Golóvin, em 1912, de apoio a Konstatin Alexêiev, a propósito de uma crise no TAM, e até o seu artigo, de parceria com Bebútov, sobre *A Solidão de Stanislávski*, publicado em 1921, tais fatos não alteram substancialmente, ao que parece, sua posição crítica em face das propostas stanislavskianas tidas por ele como naturalistas. De outro lado, inclusive nos momentos de maior contato e interesse pelas inovações de seu aluno, o mestre não deu mostras de renunciar à sua visão negativa diante da teatralidade formalista, a despeito do que se diz sobre a influência da biomecânica na adoção do método das ações físicas para o trabalho do ator, que é para Stanislávski uma propedêutica à criação da personagem e não um meio de estilização do papel, e sobre suas inclusões de elementos sintéticos nas montagens de Gógol, Molière, afora as operísticas.

Na verdade, entre esses dois criadores da cena moderna, coloca-se, além das particularidades das inclinações pessoais, uma diversidade intransponível no modo de se relacionarem com o fenômeno teatral e a realização da obra cênica. Ambos são promotores de um Teatro Total, mas um persegue esse absoluto teatral pela via da representação mimética (do interior para o exterior) e o outro, pela via da apresentação formal (do exterior para o interior). Pois, enquanto para Stanislávski o signo no teatro é um ponto de chegada de um processo de representação que, embora baseado na mímese da vida, deve germinar e amadurecer no interior de seus agentes, e vai portanto de dentro para fora, da emoção, da memória afetiva e da imaginação para a razão e enformação da re-produção, tendo marcadamente um caráter indicial e icônico, em Meierhold ele é preferencialmente simbólico e icônico, sendo sua operação desenvolvida de fora para dentro, da razão para a emoção, por uma operação fundamentalmente intelectual e imaginativa a compor atos e figuras emblemáticas, quer em termos estáticos (alto-relevo, estatuária, hieratismo pictórico, tipologia psicológica e cultural ao modo da *Commedia dell'Arte*, da farsa popular e das máscaras sociais), quer em termos dinâmicos (figurações circenses, biomecanicismo, exercícios atléticos, montagens de atrações e *agit-prop*).

Isso não quer dizer que Stanislávski se exima de moldar simbolismos, mesmo em encenações como o *Jardim das Cerejeiras*, de Tchékhov, nem que Meierhold dispense na *Mascarada*, de Lérmontov (1917), ou na *Dama das Camélias*, de Dumas Filho (1934), caracterizações psicológicas e vibrações líricas. Todavia, o princípio que rege a obra stanislavskiana é no essencial analítico, cumulativo, caminhando para sintetizações relativas por via impressionista ou tonal, com tênues cristalizações simbólicas; e o que vai dominar a composição meierholdiana, nas suas várias metamorfoses pré e pós-Revolução, é o princípio da síntese, irradiando-se da imagem plástica, da pose como *gestus*, do desenho rítmico e do recitativo poético para a conotação mística, poética ou musical, sobretudo em certas fases, e, em outras, para a denotação ideológica e política, quando não se concretiza no violento esgar do grotesco metafísico – *A Barraca de Feira*, de Blok – ou da crítica sócio-existencial (*O Inspetor Geral*, de Gógol).

Por outro lado, a estética de Stanislávski não pode conciliar-se com o grotesco como tal. Ela o aceita apenas na medida em que, por via explícita ou implícita, consegue reabsorvê-lo em projeções re-harmonizantes no plano da artisticidade ou da eticidade. Não é o que sucede com Meierhold. Polêmico, engajado, não teme levar o grotesco a extremos que ultrapassam a relatividade das coisas humanas. Usa-o quase sem modulações, rebatendo-o apenas por integrações estéticas, quer nas peças onde procura as espiritualidades metafísicas da linguagem simbolistas, quer nas peças onde desfecha suas bofetadas ao filisteísmo dos *aparátchiki* ou onde agita os cartazes e as palavras de ordem do comício materialista proletário.

* * *

Assim, se nos espetáculos de Stanislávski prevalece ainda, apesar de tudo, o belo equilíbrio de uma quase ordenação clássica com um acento decadentista, às vezes, nas grandes montagens de Meierhold, excetuando-se o construtivismo estrito de algumas poucas (*As Auroras*, de Verhaeren e o *Corno Magnífico*, de Crommelinck), o barroco, o preciosismo, o *art nouveau* e as sínteses estilísticas de base cubo-construtivista com mesclas expressionistas quase *pop* engendram, antes, uma polifonia do esplendor desmedido, da visualidade plástica, do requinte e ostentação levados ao rebrilho irônico e grotesco, que nas suas reverberações dissonantes produz os efeitos de estranhamento do qual falam os Formalistas russos e até os do alheamento e alienação brechtianos. Trata-se, para o diretor de *A Floresta*, de Ostróvski, não de aludir, mas de ofuscar, não de encantar pela proporção, mas de espantar pela desproporção e contraposição. Com isso, naturalmente, o realismo verossímil de Stanislávski, que mantém seus contornos veristas mesmo quando carregado da poesia dos estados d'alma e/ ou dos protestos de consciência, é substituído por um ultrarrealismo, em que a ironia ou a sátira cortam fundo, encenando um teatro quase da crueldade nos termos de Artaud (que abominará o teatralismo...), inclusive a pretexto do "realismo socialista".

Se para o mestre da vivência o indivíduo psicológico e social é o centro de todas as coisas, para o mestre da biomecânica essa centralidade é deslocada para uma trans-individualidade dos poderes inefáveis ou das forças físicas ou de produção, ainda que na fase pós-revolucionária assumam a feição de personagens representativos e de heróis capazes de modificar as coisas e influir nos processos por sua atuação. De todo modo, o centro gravitacional do organicamente humano é descentrado e sua representação torna-se, em boa parte, excêntrica. Daí o recurso à função mecânico-biológica, à psicologia reflexológica, ao produtivismo taylorista, aos aparelhos construtivistas nas montagens francamente vanguardistas e até nas recomposições pseudorrealistas. Essa transferência de pólo, que coloca Meierhold em posição diametralmente antagônica à de Stanislávski, sobretudo no auge de sua carreira nos anos vinte, pode remeter, em certos aspectos, ao teatro de marionetes de Kleist. Não que o encenador russo persiga o ideal romântico da graça pela abolição adâmica da consciência, mesmo que seja certo ter ele sofrido forte impacto do romantismo alemão, tanto na versão simbolista quanto na impregnação hoffmanesca. Mas, é também visível, por outro lado, que algo do automatismo titeresco é posto na cena condicional (*uslóvnyi*) a serviço não só de um marxismo cubo-futurista ou "lefista", na linha de Maiakóvski, porém de uma teatralidade ao modo de Gordon Craig, isto é, que busca na atuação da supermarionete o ideal do trabalho do ator e a possibilidade da realização no palco da obra de arte.

Konstantin Stanislávski.

Vsevólod Meierhold.

* * *

A essa altura devo deter as comparações, tanto mais quanto as diferenças até aqui apresentadas, não menos do que as semelhanças, não pretendem esgotar o repertório das relações geradas pela dialética estética e histórica da criação teatral desses dois inovadores da cena moderna. Na verdade, seria fácil invocar muitos outros embricamentos positivos e negativos de estilo, de procedimentos e produção artística. Não é o caso de fazê-lo aqui, no contexto desta breve reflexão sobre o tema, mesmo porque o seu exame mais exaustivo demandaria não um artigo ou um ensaio, porém um livro. Provam-no os escritos teatrais de ambos os diretores e sobre eles. Por exemplo, os textos de Meierhold na edição francesa de Béatrice Picon-Vallin perfazem quatro volumes com mais de 1.200 páginas, e os principais escritos de Stanislávski, como *A Preparação do Ator*, *A Criação do Papel*, *A Construção da Personagem* somam novecentas páginas, às quais cumpre aditar seiscentas de *A Minha Vida na Arte*, duzentas de *O Legado de Stanislavski* e as 374 escritas com seu aluno Pavel Rumiantsev em *Stanislawsky on Opera*, afora a correspondência e a vastíssima bibliografia crítica que se espalha por vários países em várias línguas, desde o monumental *Meyerhold, the Director*, de Konstantin Rudnítzki e o não menos impressionante *Meyerhold*, de Béatrice Picon-Vallin ou *Le Théâtre Artistique de Moscou*, de Claudine Amiard-Chévrel, até os indispensáveis estudos de David Magarshak, Nina Gourfinkel, Angelo Maria Ripellino, Elena Polyakova, Edward Braun, além dos recentes volumes sobre *Le Siècle de Stanislavsky* ou a importante autobiografia de Nemírovitch-Dântchenko, *My Life in the Russian Theater*, e as obras de Maria Knabel, Marjorie L. Hoover, Norris Hougton, Gérard Abensour, para mencionar apenas alguns trabalhos conhecidos ou disponíveis no Ocidente e na expectativa da numerosa messe que deverá vir na esteira das transformações havidas na Rússia.

* * *

Mas antes de encerrar, não seria demais insistir, talvez, que tanto Stanislávski quanto Meierhold, ao trabalharem com suas respectivas poéticas, correspondentes aos seus impulsos íntimos e aos seus modos característicos de fazer teatro, exprimem em essência, com privilégio de uma delas, quer do ponto de vista estrutural, quer formal, duas verdades opostas mas não excludentes, que envolvem a própria natureza da criação teatral e sua dupla moldagem, implícita em toda obra dramático-cênica, a da interioridade e a da exterioridade.

O jogo entre essas duas fontes é constitutivo no teatro, na medida em que o teatro é uma arte da representação que se atualiza somente no corpo do ator. Ou seja, os elementos da vida psicológica, social, cultural etc., constituem contextos que, mesmo fixados em um texto, só adquirem efetiva textualização quando fazem o discurso do gesto e da palavra do intérprete no intérprete.

Daí a constante reaparição no curso da História do Teatro e das poéticas de suas formas e estilos, do problema da emoção e da razão, traduzidas em imagens cênicas, sob os diferentes nomes e enfoques que assumiram na teatralidade de cada época, mas sobretudo na modernidade.

Parte II
Um Novo Teatro

Um Novo Teatro: Stanislávski

Se o Teatro de Arte de Moscou, na fase em que foi o principal pólo criativo da arte cênica russa, realizou por vezes incursões no campo da experimentação vanguardista e não foi indiferente à dramaturgia simbolista, levando ao palco algumas de suas principais peças, não há dúvida que em essência permaneceu fiel aos princípios da "realidade autêntica", nos quais Stanislávski e Nemiróvitch-Dântchenko, desde o início de sua empreitada artística, se apoiaram implícita e explicitamente e com os quais levaram o Teatro de Arte, do verismo histórico e sociológico, para a autenticidade psicológica, da visão à emoção verdadeira, da mímese externa à interna (*perejivanie*), como diz o próprio Stanislávski[1]. Nessas condições, exigindo do ator palavras, gestos, atitudes, entonações, ou seja, o conjunto dos elementos que se combinam na expressão teatral como representação sincera e realmente autoexpressiva, não é de admirar que vissem no *coup de théâtre*, no truque cênico, no teatro de feira, de variedades, no *boulevard* e, sobretudo, nos clichês do espetáculo convencional e comercial as manifestações de um artifício e não de uma arte, do histrionismo mecânico e não da interpretação sensível. Sem desconhecer a importância e a "realidade" da "realização", isto é, da materialização cênica, procuravam reduzir ao mínimo a dependência desta em relação aos jogos grosseiros, à tipologia vulgar e aos recursos enganosos da tradição teatral, bem como da exteriorização audiovisual no palco, de

---

1. Cf. *My Life in Art*, p. 266.

um modo geral, centrando-a na vivência do ator, acorde básico em torno do qual se deveriam organizar a expressão corporal, a dicção e os demais elementos da "atuação". Nesse sentido, opunham-se à "convenção" e à "teatralidade", que, justamente naqueles anos, passaram a significar algo mais do que a ganga gestual e os signos desgastados, o *kitsch* cênico do teatro comercial.

Com efeito, o movimento artístico da época propunha-se, entre outras coisas, a depurar cada uma das artes de tudo o que não lhe fosse específico, que fosse vegetação contrabandeada de outros domínios, e cultivar os valores próprios e formais da pintura, escultura, poesia, música, etc. Assim sendo, torna-se compreensível que a preocupação com a natureza e o âmbito do que se chama "teatro" tenha surgido igualmente em cena e se cristalizasse na tentativa de restituir à arte teatral as condições de uma existência *per se*, ou seja, de sua franca "teatralidade".

Essa tendência, que já era nítida no Ocidente através de Craig, Fuchs, Appia, Reinhardt, Copeau, e que de certo modo encontrara eco nos cuidados cenográficos e no zelo diretorial de muitas montagens do Teatro de Arte de Moscou, fez-se sentir de início, na Rússia, também pelo papel crescente que as artes plásticas começaram a exercer principalmente nas encenações operísticas e de balé.

Diaghilev e O Mundo da Arte no Teatro

Na verdade, não é por acaso que Serguêi ou Serge Diaghilev (1872-1929) foi quem revelou ao mundo europeu a riqueza, não só do balé, com o qual o seu nome ficou ligado, mas ainda da ópera e da pintura russas. De certo modo, ele já havia desempenhado, em seu país natal, função inversa. E foi esse trabalho, pelo alcance que teve na evolução estética e na produção artística, que provavelmente lhe permitiu constituir-se no mediador adequado da arte russa de seu tempo, tanto mais quanto era um dos principais responsáveis, ao menos no plano teórico e crítico, pelas feições que ela assumira e que ele iria apresentar.

Em 1898, Diaghilev e um grupo de amigos artistas e interessados nas artes lançaram uma revista denominada *Mir Iskustva* (O Mundo da Arte). Era algo inteiramente novo na Rússia. Luxuosamente editada, com encartes em papel *couché* e ilustrações no texto, ocupava-se, com exclusão da poesia e da prosa de ficção, de arte antiga e moderna, pintura, arquitetura, música, ensaística e crítica literárias, filosofia e teatro. Em face do academismo e do naturalismo, o novo órgão, que deu abrigo a escritores simbolistas como Briússov, Sologub e Blok, e que em seu artigo de abertura proclamava a existência de "um novo clima e novas ideias", descerrou, antes de mais nada, uma ampla janela para a Europa, introduzindo o leitor russo na produção e nas discussões crítico-estéticas que se processavam no Ocidente e que, sob o nome de impressionismo, pós-impressionismo, pontilhismo, fauvismo, cubismo e, mesmo, expressionismo, deram orientação inusitada e revolucionária à arte moderna. O passado nacional

Serguêi Diaghilev, por Valentin Serov, c. 1900.

Leon Bakst, c. 1890.

Alexandre Benois, retrato feito por Leon Bakst, c. 1895.

russo também foi objeto de buscas apaixonadas. Estudiosos e pintores ligados a *O Mundo da Arte* efetuaram importantes descobertas no domínio da arte religiosa, sobretudo a do ícone, e na da pintura do século XVIII, contribuindo para a revalorização dessas produções. Mas a ação da revista encabeçada por Diaghilev estende-se muito além do plano intelectual e erudito ou das belas edições de monografias e livros ilustrados, que tanto incentivaram a criação gráfica e o desenho na Rússia. Na música, por exemplo, foram eles o foco de irradiação do *dernier cri* europeu, de Wagner a Debussy, seja pela divulgação crítica das ideias e tendências, seja pela divulgação artística dos compositores mesmos, que eram executados em concertos organizados por Alfred Nurok e Walter Nouvel, dois integrantes desse círculo. A lufada renovadora que daí resultou pode ser medida pelas criações de compositores como Rachmáninov, Stravínski e Prokófiev, cujas raízes estéticas e musicais nutriram-se direta ou indiretamente nesse ambiente.

Contudo, foi na pintura que o influxo de *O Mundo da Arte* tornou-se logo sensível. Ligadas desde o início especialmente ao movimento das artes plásticas, a publicação e, mais ainda, as exposições preparadas por Diaghilev e seus companheiros, alguns dos quais eram pintores, como Benois, Golóvin, Bakst, deram origem, se não a uma filosofia estética ou a uma escola artística, ao menos a uma corrente de afinidades, a uma comunhão de gostos, que se definia sobretudo por uma consciência de recusa – recusa do provincianismo, do relaxamento na execução e da substituição dos valores artísticos pelos éticos. Nesse sentido, assumiram o caráter histórico de uma reação contra a geração dos Errantes, isto é, a dos nacionalistas-realistas, como Iliá Repin (1844-1930), que, sob o impacto das ideias críticas de Tchernitchévski ("A realidade é mais bela do que a representação na arte"), Dobroliúbov e Nekrássov, pregou a subordinação do estético e ficcional ao social e real. Sem que os artistas sensibilizados pelo *Mundo da Arte* fossem necessariamente sequazes da "arte pela arte", cultivavam, como em parte os simbolistas, mesmo sob o forte influxo do *Art Nouveau* e seu esteticismo, a arte como forma de experiência mística, meio através do qual a beleza podia ser de algum modo invocada, expressa e comunicada. Duas tendências, *grosso modo*, consignadas como escola de Moscou e Petersburgo, representaram, a primeira pelo acento dado à cor e a segunda à linha, o trabalho criativo do referido movimento na pintura. Benois, Simov, Golóvin, Bakst, de um lado, e Serov, Vrubel, ambos mais velhos, Miliútin, Sapúnov, bem como, a partir de 1906, os jovens líderes da futura vanguarda, Lariónov e Gontcharova, de outro.

Mas não menos relevante foi o papel do grupo de *O Mundo da Arte* no teatro, particularmente na ópera e no balé. É como se seus projetos estéticos encontrassem aí uma forma de consubstanciação perfeita e integrada, realizando, num meio em que cada gesto é passível de ser entrosado com um padrão musical, onde a vestimenta, o cenário e o intérprete-cantor e principalmente o intérprete-bailarino, compõem-se numa unidade e harmonia audiovisual, o ideal ou antes a *visio* da "vida convertida em arte".

Não há dúvida que o impulso no sentido de se procurar nas artes plásticas, principalmente na pintura, elementos de um novo e mais artístico enfoque cênico não nascera unicamente no seio de *O Mundo da Arte*, posto que, no início da década de 1890, Paul Fort e, mais ainda, Lugné-Poe, este no teatro L'Oeuvre, já haviam mobilizado a participação da pintura com uma função nova, independente, de caráter plástico-poético, no espetáculo simbolista, e que, em 1882, e mais tarde, em 1896, Mamôntov recorrera, para as *féeries* operísticas que montava em sua mansão, à cenografia de Vasnetzov, Vrubel e Koróvin. No âmbito russo, a magnificência das montagens de Mamôntov causou tamanha impressão no público que os Teatros Imperiais tentaram seguir-lhe logo o exemplo, dando novo brilho às encenações musicais e de balé, o que se acentuou sobremaneira a partir do momento em que a influência de *O Mundo da Arte* se fez sentir na direção desses teatros, com a indicação de Filosófov e Diaghilev para ocuparem neles postos oficiais.

No palco dramático, essa influência demorou muito para tornar-se ponderável, visto que o Teatro de Arte de Moscou, o grande fator da arte cênica russa da época, pela natureza de seu compromisso naturalista, concentrava sua atenção na autenticidade dos objetos, mobílias e trajes e na substituição da ilusão óptica pelas construções realistas, com janelas, portas, colunas e arcos verdadeiros. Uma certa amenização poética desse rígido apego à reprodução do real surgiu nas encenações das peças de Tchékhov, onde Simov, o cenógrafo da casa, nas suas famosas maquetes, além de telão de fundo pintado, imprimiu um toque impressionista ao conjunto, no intuito de ajudar a criar a "atmosfera" que Stanislávski e Dântchenko tanto procuravam. Mas foi somente após 1905 e o trabalho de Meierhold no Teatro-Estúdio, então criado, que o Teatro de Arte se abriu mais, porém não de todo, ao processo cenográfico de estilização e simbolização, fato que coincidiu com as incursões mais ousadas do conjunto moscovita na dramaturgia e mesmo na direção simbolistas, em cujo contexto cabe situar também a relação com Gordon Craig.

A essa altura, porém, o grupo de *O Mundo da Arte* já alcançara uma posição dominante na moldagem cênica russa: Golóvin, Deníssov, Sapúnov, Sudéikin, Bakst, Dobujínski, Benois e outros ditavam, com seus cenários, costumes, maquilagem e experimentos, o tom não só dos Teatros Imperiais, como de numerosos palcos privados, em S. Petersburgo e Moscou, na esteira de uma nova geração de diretores e intérpretes teatrais.

Scherazade, desenho de Paul Iribe, capa da revista de Jean Cocteau.

Ballets Russes. *Nijínski como o Fauno em* L'Après-midi d'un Faune, *desenho de Leon Bakst para capa de revista, 1912.*

Ballets Russes. *Desenho de Leon Bakst para o programa oficial do Deus Azul, 1912.*

Tamara Karsavina e Mikhail Fokine em O Pássaro de Fogo, *de Stravinski, 1910.*

Nijínksi dançando Scherazade *no papel de o Escravo de Ouro, 1910.*

Cortina criada por Picasso para o balé Parade, *levado por Diaghilev, 1917.*

Dançarinas russas. *Desenho de Picasso, 1919.*

Aleksandr Golóvin (1863-1930) foi, indubitavelmente, o primeiro e um dos principais expoentes da tendência figurativista do movimento de *O Mundo da Arte* na cenografia russa. Desde seus primeiros trabalhos para o Bolschoi de Moscou, 1899-1900, onde colaborou com Koróvin nos cenários de *O Lago do Cisne*, de Tchaikóvski, *Russlan e Ludmila*, de Glinka, *Demônio*, de Anton Rubinstein, distinguiu-se por uma orientação impressionista que, influenciada sobretudo pela pintura de cavalete, rejeitava soluções gráficas e se desenvolvia pictoricamente através de um vivo senso de cor. No seu primeiro grande sucesso, a *Pskovitianka* (A Mocinha de Pskov), de Rímski-Kórsakov, aflorou o gosto de Golóvin pelas composições faustosas e pelos ambientes sugestivos, onde o pincel, ainda que infenso à tridimensionalidade do cenário arquitetônico, cria com violência primitiva e refinamento precioso uma atmosfera de *féerie* oriental. Após 1908, no período em que colaborou com Meierhold – em *Às Portas do Reino*, de Hamsun, *Orfeu e Eurídice*, de Glück, *Don Juan*, de Molière, *A Tempestade*, de Ostróvski, e *Mascarada*, de Lérmontov – e com os *Ballets Russes*, de Diaghilev – em *Boris Godunov*, *Ivan, o Terrível* (como foi rebatizada a *Pskovitianka*) e *O Pássaro de Fogo* – seus trabalhos passaram a apresentar uma nota de estilização, que em certos momentos beira o decorativismo e, em outros, chega, numa correspondência simbolista com a música, a sugestões de pronunciada teatralidade.

Outro nome que assinala essa explosão plástica nas artes teatrais russas é o de Aleksandr Benois (1876-1960), pintor, escritor, esteta, que organizou, com Bakst, Koróvin e outros, o círculo de artistas de onde emergiu *O Mundo da Arte*. Em 1903, criou os cenários para *O Crepúsculo dos Deuses*, levado pelo Teatro Mariínski de S. Petersburgo, bem como para *O Pavilhão de Armida* e *Les Sylphides*, na primeira temporada dos *Ballets Russes* em Paris, em 1909, tendo colaborado no ano anterior com Golóvin, para a apresentação que Diaghilev fez da ópera *Boris Godunov*, cantada por Chaliápin. *Giselle*, em 1910, e *Petrúschka*, em 1911, são as contribuições subsequentes desse artista para os espetáculos de Diaghilev. Aí, seu *design* cenográfico e de costumes estilizados e altamente requintados, unindo a graça francesa do século XVIII com o esplendor oriental, o senso de equilíbrio e proporção de "ocidental com alma russa", constituiu um elemento importante no encanto exercido por esses espetáculos que, na decoração, indumentária, libreto e coreografia, estabeleceram, no gênero, padrões de um nível nunca visto até então e que revolucionaram os métodos da encenação.

Um artista não menos importante no contexto de *O Mundo da Arte* e das produções de Diaghilev foi Leon Bakst (1866-1924). Um fausto de Mil e uma Noites, uma efusão de coloridos e tons ofuscantes infundiram em seus cenários e roupagens as cintilações de uma riqueza bárbara, de um orientalismo luxuriante. *Scherazade*, 1910, com sua magnificência sensual, *Dáfnis e Cloe*, 1911, são alguns dos êxitos pictóricos de seu barroquismo bizantino e de seu exotismo fauvista, os quais marcaram época na arte do balé, a cujo serviço pôs, também em termos de direção teatral, a sua aguda compreensão da unidade da arte do espetáculo.

Se esses artistas ajudaram, não só na cenografia, a levar os *Ballets Russes* – cujo corpo de bailarinos reuniu, com Nijínski, Karsávina, Fokine e outros, uma qualidade de execução raramente igualada – à cristalização de uma excelência artística que se tornou lendária, nem por isso Diaghilev ficou preso a eles, de maneira exclusiva. Assim como na música, um certo pendor eclético e o senso da obra de arte como tal, que pode ter configuração em quaisquer horizontes estéticos, inclusive nos mais iconoclastas para a época, lhe permitiu chegar mais tarde a Stravínski, Ravel, Prokófiev, tendo partido sobretudo de Rímski-Kórsakov e Mussórgski; de igual modo, nas concepções plásticas de suas apresentações de balé não se ateve unicamente à visão de *O Mundo da Arte*. Cubistas, futuristas e surrealistas, seja da Escola de Paris, com Picasso, Braque, Leger, Matisse, Miró, Max Ernst, Juan Gris, seja do raionismo e cubofuturismo russos, com Natália Gontcharova (*Le Coq d'Or*, 1914) e Mikhail Lariónov (*Le Conte Russe*, 1916; *Chout*, 1921 etc.) encontraram expressão em seus balés. No caso dos pintores da vanguarda modernista russa, o fato é bastante indicativo, na medida em que os dois nomes acima invocados eram, na época, figuras de proa do movimento de renovação plástica e suas experiências, no teatro, ligavam-se exclusivamente a trabalhos com Meierhold e Taírov, diretores que se situavam sem dúvida no mesmo contexto estético.

Uma Assembleia de Crentes na Religião de Stanislávski

A busca de novas formas cênicas e, sobretudo, a experiência com textos que não se enquadravam bem no Teatro de Arte levaram Stanislávski a criar um laboratório de pesquisa, o Teatro-Estúdio, sob a direção de Meierhold. Entretanto, o desacordo estético entre esses dois diretores era, principalmente àquela altura, insuperável, motivo pelo qual a tentativa foi encerrada de maneira abrupta. Mas Stanislávski não renunciou à ideia de estabelecer, ao lado do elenco oficial mas em conexão com ele, um grupo experimental. Suas inquietações como artista de teatro e sua busca da verdade (e não só da naturalidade) estética, espiritual, psicológica e humana na obra teatral impeliam-no constantemente nesse sentido. Assim, em 1911, quando quis pôr à prova de uma forma rigorosa e cabal as reflexões que haviam amadurecido em seu espírito sobre a arte da representação cênica e o método de atuação, levando à frente a aplicação do "sistema", iniciada com tanto êxito em 1909, na encenação de *Um Mês no Campo*, de Turguêniev, voltou a cogitar da formação de um pequeno estúdio dessa natureza. Tanto mais quanto, embora Nemiróvitch-Dântchenko, seu companheiro na direção da trupe moscovita, e o *ensemble* de intérpretes do Teatro de Arte se houvessem rendido já então às concepções stanislavskianas e tivessem inclusive começado a utilizar a "técnica interior", ou partes dela, em montagens como *Cadáver Vivo*, de Tolstói, ou *Os Irmãos Karamázov*, de Dostoiévski, a primeira com *régie* de Stanislávski e a outra com a de Dântchenko, a proposta se defrontava com dois problemas de difícil solução naquele momento.

Pois, não somente a complexidade e os compromissos de uma grande companhia teatral, como era o Teatro de Arte de Moscou, se constituíam em outros tantos empecilhos para uma atividade de pesquisa e experimentação detidas e pormenorizadas, mas também a resistência, declarada ou surda, que muitos atores opunham (e continuariam a opor) ao se verem – nomes já consagrados, com estilo ou *modus faciendi* próprios no desempenho e conscientes de seu valor, habituados a alcançar os efeitos artísticos desejados por vias mais empíricas e menos exigentes – a efetuar de repente exercícios de estreantes, muitas vezes ao arrepio da prática cênica, para não falar da tradição e do que supunham ser de bom senso.

Mas a esses fatores juntou-se igualmente uma sugestão de Górki, feita em Capri, em 1910, que calara no espírito de Stanislávski. Tratava-se da criação de um ateliê, com jovens atores, para desenvolver um teatro da improvisação. Uma espécie de *canevas*, um cenário à maneira da *Commedia dell'Arte*, que inspirara, aliás, o projeto todo e era objeto do maior interesse entre os principais renovadores do teatro russo de então[1], seria a contribuição inicial do dramaturgo do grupo. Providos de um esboço de enredo e das personagens, os comediantes se poriam a trabalhar, cada qual aprofundando a sua parte através da técnica do improviso e podendo aferir os resultados com os companheiros de elenco, aos quais competiria, além de contracenar, criticar e complementar as elaborações dos intérpretes. "Isso, escreveu Górki, tornaria as personagens mais vivas e reais e sugeriria como cada uma deveria comportar-se em face das outras e qual poderia ser o seu papel no argumento da peça, pois a presença de personagens firmemente delineadas tem inevitavelmente que levar a uma espécies de choque dramático entre elas." Vale salientar que a proposta insistia na necessidade de conceder-se aos atores plena liberdade para a configuração das partes, ficando ao diretor apenas a incumbência de evitar o uso inconsciente de situações ou expressões "literárias" ou o inflamento desmesurado da importância de cada papel, para fins de exibicionismo pessoal. Mas, uma vez efetuados os ajustes necessários e adequadamente integrados os desempenhos-personagens numa tessitura dramática, emergiria um texto teatral que teria todas as condições de subsistir cenicamente, sobretudo depois de aperfeiçoado e rematado durante os ensaios, cabendo ao dramaturgo, apenas então, o eventual trabalho de lhe dar uma última demão no acabamento.

Para Stanislávski, naquela época, a ideia vinha ao encontro de algumas de suas preocupações em vários planos.

---

1 Basta lembrar que justamente nesse período Meierhold, Komissarjévski, Evrêinov e Miklaschévski e, pouco depois, Taírov, Vakhtângov e Radlov dedicaram particular atenção à *Commedia dell'Arte*, tentando pôr a sua lição teatral a serviço do palco moderno e sua teatralidade.

Leonid Andrêiev, Leopold Sulerjítzki e Maxim Górki. Três presenças artísticas marcantes na história do TAM.

Mikhail Tchékhov, um dos mais famosos expoentes da arte do Primeiro Estúdio, no papel de Érico, na encenação da peça de Strindberg, Érico XIV, por Vakhtângov.

Na linha artística e do repertório, se se levar em conta as palavras que Sulerjítzki lhe atribui, em carta a Górki: "O Teatro de Arte [teria dito Stanislávski] não tem mais do que viver. Está sendo sustentado em seu alto nível atual, artificialmente. Encontrava-se vivo somente quando Tchékhov e Górki escreviam para ele. Não há novos autores teatrais e dentro de um ou dois anos nosso teatro não mais será capaz de manter seu elevado padrão. É tempo de pôr um fim nele e começar um novo, em linhas populares". Ora, a criação coletiva por um teatro da improvisação podia ser o instrumento dessa renovação do repertório, e justamente no sentido de uma arte mais aberta ao povo, o que fora de certo modo, desde o início, ainda que na prática irrealizado, pelo menos com a amplidão pretendida, um dos objetivos programáticos do Teatro de Arte de Moscou.

Por outro lado, no plano do trabalho do ator e da criação da personagem no palco, a sugestão de Górki oferecia não só um meio já comprovado para libertar o desempenho do lastro da artificialidade ou das convenções, impulsionando poderosamente no sentido da expressão espontânea e flexível da interpretação teatral, meta permanente das pesquisas de Stanislávski, mas também vinha a calhar de maneira especial com respeito a uma dificuldade importante com que se deparava o "sistema" naqueles dias, na medida em que apontava para um recurso capaz de superar a relutância dos atores em efetuar os exercícios relativos aos diferentes elementos do "método" de Stanislávski.

Assim, se da proposta de Górki, que não parou de escrever sobre o assunto a Konstantin Alexêiev, nada foi concretizado no âmbito do próprio elenco do Teatro de Arte, a ideia mesma serviu indubitavelmente para duas coisas: introduzir a improvisação a ser efetuada pelo ator com respeito a uma dada situação dramática como componente vital da teoria stanislavskiana da atuação e estimular fortemente a criação do Primeiro Estúdio, em cuja ideologia artística permaneceu por muito tempo o vestígio dessa origem.

* * *

Coube a Leopold Sulerjítzki (1872-1916), um dos mais brilhantes discípulos de Stanislávski, a missão de organizar uma ramificação especificamente experimental do Teatro de Arte de Moscou. Personalidade incomum sob muitos pontos de vista, seus talentos eram tão variados como suas aventuras e inquietações. Pintor que se mostrava dotado para esse domínio de criação, cantor a quem Chaliápin incitara a dedicar-se à arte do canto, bailarino que entusiasmou Isadora Duncan, autor de contos e relatos que foram louvados por Górki, foi também estudante de pintura, arquitetura e escultura expulso da escola de Belas-Artes por agitação subversiva, ativista do movimento revolucionário, objetante de consciência encarcerado em fortaleza caucasiana, vagamundo, pintor de paredes, aguadeiro e marinheiro de longo curso. Amigo de Tolstói, a cujas doutrinas se convertera sem aceitá-las rigidamente, dirigiu a pedido deste a transferência para o Canadá de uma seita perseguida pelo governo czarista, a dos Dukhobors[2], permanecendo dois anos no Novo Mundo, para depois voltar à Rússia sem um vintém no bolso. Relacionou-se então com Tchékhov e Górki, por cujo intermédio acabou aproximando-se do Teatro de Arte de Moscou, onde se interessou pela "verdade" do palco, tornando-se, por fim, colaborador íntimo de Stanislávski, de 1905 até 1916, quando morreu. Idealista com elevados objetivos morais e estéticos, procurava a verdade e a inspiração artísticas na comunhão com a natureza, na simplicidade de vida e no amor atuante. Via no teatro um meio de unir as pessoas e provocar emoções autênticas, o que explica de certo modo seu entusiasmo pelo "sistema" de Stanislávski, independentemente do apego e do respeito que devotava ao mestre do Teatro de Arte. Na realidade, na medida em que enxergava na arte teatral um meio para uma missão ética, considerava o "método" como uma *via* não só para uma elevação individual, mas ainda para uma fraternidade ou ordem espiritual de atores dispostos a sacrificar-se pela arte e "sustentar a fé no homem desse nosso tempo terrivelmente cruel". Mas, não obstante essa busca quase religiosa de uma espiritualidade sublime, não era um compungido santarrão. Sempre disposto à brincadeira e à alegria, era antes, como Lunatchárski o definiu, um "santo palhaço".

No Teatro de Arte, Sulerjítzki, graças a suas múltiplas aptidões, capacidade de organização e disposição para o trabalho, tornou-se como que um factótum de Stanislávski, livrando-o das extenuantes tarefas materiais das encenações. Mas o próprio fato de lhe ter sido creditado oficialmente, ao lado de Stanislávski, a autoria de montagens como *O Drama da Vida*, de Hamsun, *A Vida de Homem*, de Andrêiev, *O Pássaro Azul*, de Maeterlinck, todas elas produções onde o TAM procurou novas formas cênicas para representar textos simbolistas ou de forte teor poético, e de ter sido incumbido de coadjuvar Gordon Craig na realização do *Hamlet*, indica que Sulerjítzki não desempenhava na companhia moscovita apenas o papel de simples assistente de direção e pau-pra-toda-obra de seu mestre. Interlocutor preferido numa das fases mais delicadas do processo de crise e descoberta, de reflexão crítica e experimentação artística que envolveu a maturação do pensamento teatral de Stanislávski, o diálogo e a colaboração entre ambos se entreteceu, nesses anos, de maneira quase indestrinçável.

Sulerjítzki foi um dos primeiros missionários do "sistema", em cuja formulação e sobretudo em cujos ideais há muito de seu espírito ou, como disse Iúri Javádski, um discípulo de Vakhtângov no Primeiro

---

2   Uma seita surgida na Rússia Central e Meridional, em meados do século XVIII, e que pregava um "Cristianismo Espiritual".

Estúdio e posteriormente um dos mais significativos diretores soviéticos: "Talvez o 'sistema' de Stanislávski jamais viesse à existência sem Sulerjítzki e sua ingênua paixão por Tolstói, filosofia hinduísta e Ioga, seu vivo senso de realidade, seu extraordinário talento pedagógico e seu profundo entendimento dos seres e da vida humanos. Sulerjítzki influenciou enormemente Stanislávski, quando este estava elaborando o seu 'sistema'..." De uma certa maneira, tanto ele quanto Konstantin Alexêiev partilhavam então de um tolstoismo teatral consubstanciado numa religião do teatro que deveria ser também um teatro da religião, num nexo humanístico dos mais amplos – desembocadura comum para muitas outras espiritualizações "positivistas"...

Assim sendo, não é de admirar que esse apóstolo do "sistema", cuja pregação começara por volta de 1909 numa escola particular de arte dramática, a de Adaschev, um ator do TAM, acolhesse com entusiasmo a proposta que Stanislávski lhe fez, com a aprovação de Dântchenko, para que formasse e dirigisse uma espécie de escola e laboratório do "sistema", que seria o Primeiro Estúdio do Teatro de Arte de Moscou. Os membros do elenco foram recrutados entre jovens atores e atrizes que haviam estudado com Adaschev e estavam ligados ao Teatro de Arte. Todos eles se dispunham a prosseguir na pesquisa e no desenvolvimento das concepções stanislavskianas. Vakhtângov, que logo se tornou um dos professores e orientadores do conjunto, Mikhail Tchékhov, sobrinho de escritor e que seria o principal ator do Primeiro Estúdio na década de 1920 e uma das grandes expressões do teatro russo e da arte do desempenho cênico[3], Serafima Birman, Nikolai Kolin, Richard Boleslávski, Boris Schuschkévitch são alguns dos que compuseram aquilo que Mikhail Tchékhov chamou de "uma assembleia de crentes na religião de Stanislávski".

No fim de janeiro de 1913, o Estúdio apresentou sua primeira realização. Perante um público selecionado, em que se achavam Benois, Stanislávski, Dântchenko e os membros da velha guarda do Teatro de Arte, foi levada a peça do holandês Herman Heiermans, *O Naufrágio do Esperança*, sob a direção de Richard Boleslávski. Era uma espécie de prova de fogo para o "sistema", que a sustentou galhardamente, alcançando grande sucesso junto à geração mais velha de diretores e atores. Estes tiveram a sensação de haver encontrado sucessores à altura ou, como disse Nemiróvitch-Dântchenko, de estarem batizando um filho do Teatro de Arte de Moscou.

A peça girava em torno de um velho navio, sem condições de navegar, enviado ao mar por um armador ganancioso e inescrupuloso, que desejava receber o seguro do barco. Este naufraga com toda a tripulação, levando o luto a uma aldeia inteira de pescadores e marinheiros,

---

3   Há poucos anos foi publicada no Brasil uma tradução de seu livro *To the Actor: on Technique of Acting*.

cujas mulheres e filhos ficam ao desamparo. O superobjetivo nesse texto, para falar com Stanislávski, é mostrar que os simples pescadores, próximos da natureza e afastados da corrupção das grandes cidades, guardam por isso mesmo suas almas, ao passo que os cobiçosos amealhadores de bens e objetos do mundo moderno perdem-nas.

A encenação desse drama de concupiscência e sofrimento obedeceu ao jogo da "revivescência", em que cada papel recebia a carga máxima de vivência atoral a fim de reemergir no plano da objetividade cênica com toda verossimilhança, se não veracidade, psicológica. Mas a impregnação emocional interior, com suas pulsações sutis e tonais, foi levada a uma expressão, não apenas sincera, mas também extremamente simples, de uma singeleza capaz de ressaltar na *tranche de vie* reconstituída a força de suas sugestões dramáticas e provocar piedade e ternura, efeitos que eram particularmente visados por Sulerjítzki. Para isso concorreu, moldando a intensa "experiência emocional" ou vivência dos jovens atores, que se entregaram a ela com o ardor de crentes, o notável senso cênico e o entusiasmo criativo de Boleslávski, bem como a feliz conjugação de sentimento e configuração no desempenho principalmente de Mikhail Tchékhov. Este conseguiu plasmar, no seco e decrépito marujo Kobu – segundo a crítica da época – uma nova e sensível réplica do tipo, tão gravado na literatura russa, do "pobre diabo", do "homenzinho", do "humilhado e ofendido", com seu amargo lirismo e intensa humanidade.

Como o próprio Stanislávski assinala em *Minha Vida na Arte*, se *A Gaivota* foi uma espécie de certidão de nascimento do estilo característico do Teatro de Arte, pode-se dizer que *The Cricket on the Hearth* (O Grilo na Lareira), de Charles Dickens, adaptado e dirigido por Boris Schuschkévitch em 1914, exerceu função idêntica, com respeito à definição estética do Primeiro Estúdio. Foi provavelmente a melhor realização do grupo e a simpatia, pureza e calor humanos entretecidos na montagem atingiriam um grau jamais visto até então no teatro russo, comovendo o auditório e constituindo-se na sensação da temporada. Se, sob o ângulo da estética vanguardista então em plena ofensiva cubofuturista, tratava-se quase de um modelo de estampas de folhinha ou de cartões de Natal, com suas cores adulçoradas, seus motivos sentimentais e seus propósitos edificadores, o espetáculo, pelos registros subsistentes, lograva ultrapassar o *kitsch* graças ao fervor ético e ao latejamento emotivo que o animavam, infundindo na *imagerie* do já-visto um alento inesperado de manifestação original e aura poética. Nesse sentido, o humor, cortando continuamente a pieguice inevitável do piedoso evangelismo humanístico, sem todavia incidir na negação grotesca, foi um importante fator para a consecução artística dessa pregação apostólica da compreensão e do perdão. De todo modo, o que se moldou no palco do Primeiro Estúdio foi quase o ideal de Sulerjítzki: o da encenação cheia de "amor pela humanidade" e de compaixão pela "pobre criatura".

Duas cenas de O Grilo na Lareira, *de Charles Dickens, espetáculo que marcou época como uma das melhores realizações do Primeiro Estúdio, 1914.*

Mas *The Cricket on the Hearth* tornou-se um "clássico" no repertório russo, não só pelo espírito de engajamento missionário e pelos nobre ideais humanísticos que inspiravam a seu elenco ou pela devoção ritual com que este recebia e praticava os ensinamentos de Stanislávski, mas também pela qualidade da "síntese" cênica que aí se processou entre motivação psicológica e figuração plástica. Na verdade, a peça assinala, no Primeiro Estúdio, um passo rumo a um tratamento "teatralizante" do material dramático, sob diversos aspectos: no texto, pela introdução de um "leitor" ou "comentador", interpretado pelo próprio Sulerjítzki; na direção, pela infusão de um toque de "cenismo", para utilizar o termo de Vakhtângov, que se refletiu no jogo teatral dos objetos, como os brinquedos da oficina de Tackleton, nas vestimentas obedecendo a um certo corte estilizado, como as de Vakhtângov no papel do fabricante de brinquedos: colete listrado, cartola, fraque curto com lapelas de veludo, calças de feitio cano de bota; no desempenho de Mikhail Tchékhov, como Caleb Plummer, e sobretudo no de Vakhtângov, que sob a máscara de um boneco mecânico fazia vibrar um coração humano; e no cenário, pelo que Stanislávski relata em sua autobiografia, quando procura descrever as pesquisas cênicas que efetuou em função do Primeiro Estúdio. Diz ele: "Quão cênicos eram os nossos métodos, pode-se julgar pelo seguinte fato: Um dia, analisando os méritos e deméritos do trabalho feito por pintores russos e estrangeiros para o teatro, perguntei a um conhecido artista e *connaisseur* de pintura: – Diga-me, que cenário você considera o melhor plano de fundo artístico para o ator? Que cenário serve melhor para as tarefas cênicas de nosso teatro? Passou algum tempo até que tornei a encontrá-lo: – Já sei!, exclamou referindo-se à questão. O cenário que melhor se presta à tarefa do teatro é o que foi usado em *O Grilo na Lareira* pelo Primeiro Estúdio. O cenário e acessórios eram muito simples. Acessórios, como prateleiras com diferentes coisas e o armário, foram pintados em compensado e depois recortados. O cenário foi quase todo confeccionado pelos atores do Estúdio, entre os quais, é verdade, havia um artista plástico. O conjunto cenográfico não era, sem dúvida, obra de arte, se considerado do ponto de vista da pintura e da cor, mas era original. Quando o mencionado pintor começou a explicar suas razões e a analisar os vários detalhes do cenário de *O Grilo na Lareira*, compreendi que aquilo que ele julgara mais adequado era exatamente o que os próprios atores haviam feito por iniciativa pessoal, estimulados pelas tarefas espirituais da peça ou de algum papel. Isto me convenceu mais ainda de que o que se fazia necessário no teatro não era um pintor, mas um pintor dotado de predicados de um diretor de cena e capaz de entender os fundamentos e as tarefas de nossa arte e nossa técnica".

É interessante notar, na passagem acima citada, que a adequação do cenário, isto é, em termos atuais, sua funcionalidade e expressividade cênicas, está ligada ao fato de ela brotar diretamente da interpretação ao nível do ator e diretor, e daí as qualidades teatrais que se quer exigir do pintor ou "artista" cenográfico. De outra parte, entretanto, é tanto mais significativo que a consecução desse aspecto da forma cênica, quer em sua moldagem dos objetos, quer do *décor*, o que evidentemente implica de certo modo na da expressão plástica do conjunto apresentado, seja atribuída a um desenvolvimento a partir, não da personagem como tal e do contexto ficcional em que ela é situada dramaturgicamente, e, sim, de captações do ator no processo de ele investir-se no papel, devendo servi-lo em seu jogo no palco, fundamentalmente.

* * *

Ora, o traço de teatralidade que aqui se desenha e se incorpora no estilo vivencial do Primeiro Estúdio será precisamente um dos elementos principais da síntese que Evguêni Vakhtângov irá operar entre a sensibilização stanislavskiana e a formalização meierholdiana e que caracterizará sua principal fase de *régisseur*.

Entretanto, de início, ele foi um admirador irrestrito de Stanislávski e um divulgador ardoroso do "sistema". Pensava então que a arte dramática não devia preocupar-se tanto com o valor estético, mas propor-se a melhorar a sociedade e a vida do homem. Tal deveria ser em essência a missão do Estúdio, onde o cultivo da altitude moral seria apenas a outra face da busca da perfeição artística. Como, para Sulerjítzki, sob cuja influência ética e teatral Vakhtângov se formara, sendo tido como um de seus "discípulos", a oficina dramática constituía-se numa espécie de convento onde os atores, irmãos em uma fé e um mistério, celebravam um santo ofício, longe de olhares leigos e incrédulos. É a ideia de uma comunhão de eleitos em busca de uma completude quase mística. Com tal propósito, os membros do Estúdio teriam de obedecer a uma disciplina rigorosa, dar provas de dedicação e obediência, fraternizar-se em desinteressada e apaixonada entrega à arte, libertar-se da vaidade, do egoísmo e dos interesses menores. As faltas cometidas contra a ordem dos trabalhos e a harmonia do conjunto eram consideradas atentatórias ao próprio espírito que devia reinar no grupo e por isso rigorosamente punidas. O teatro era, para a trupe, palco de uma missão catártica que devia apagar as ofensas, suscitar o perdão e acender, na alma do espectador, o amor ao próximo. Daí o conceito de "justificação da personagem" que preside, nessa primeira fase de Vakhtângov, sua linha interpretativa na encenação. É mister abordar empaticamente a figura que se representa, captar por via afetiva sua essência, ainda que ela seja criminosa e negativa, de modo a não incutir no público um sentimento de ódio contra a personagem, bastando a doce ironia e a compreensão humana.

E a essa luz Vakhtângov apresentou, em dezembro de 1915, *O Dilúvio*, de Henning Berger, um drama que se desenrola entre um conjunto de pessoas que, surpreendidas por uma chuva torrencial, ficam presas numa adega, crentes de que não há escapatória possível e de que estão condenadas a morrer ali. Ante a fatalidade, todos, o argentário, o falido, o chicaneiro, a prostituta, o comediante desempregado, o inventor fracassado, unem-se, as barreiras sociais caem e os sentimentos humanos afloram. Ocorre, no segundo ato, uma verdadeira purificação pelo amor que irmana as personagens na verdade. É de mãos dadas que elas marcham para a morte. Mas, tão logo são informadas, no terceiro ato, de que o perigo desapareceu, a conversão espiritual que tirara aquelas criaturas das abjetas condições de sua quotidianidade transforma-se imediatamente em reversão, e a ilusão de um momento de elevação e pureza se desfaz no vício, na cobiça, no ódio e na mesquinhez.

Além de consignar méritos como ator, no papel de Frazer, que ele desempenhava alternadamente com Tchékhov, Vakhtângov marcou, com *O Dilúvio*, sua presença de diretor talentoso. Soube amalgamar os acordes sensíveis da linha psicológica, na exposição dos caracteres dramáticos, com certa ênfase teatral, em que alguns veem já então tintas expressionistas na plasmação do espetáculo, sem deixar de subordinar o conjunto às ideias que naquela época adotava sobre a natureza humana e o papel do teatro na sua iluminação purificadora. É preciso, porém, dizer que, se o núcleo sulerjitzkiano do espetáculo montado por Vakhtângov não sofreu alteração, havia algo de justaposição entre o baile de hipócritas do primeiro e terceiro atos, e o início de beatitudes angelicais no segundo, que se tornava contraditório, particularmente porque o tratamento teatralizante acentuava por vezes de tal modo a ironia que a transformava num ríctus quase de grotesco. Era como se a revivescência stanislavskiana se crispasse, vez por outra, em máscara meierholdiana. Na verdade, a dupla atração do sentimento e da forma e a tentativa de sintetizá-la no espetáculo, sob a égide ideológica do evangelismo artístico sulerjitzkiano ou do idealismo político social-
-revolucionário, é que irá marcar as grandes realizações nos últimos anos da vida de Vakhtângov, cuja individualização estética na cena dramática ocorre efetivamente com a Revolução de Outubro e sob o efeito apocalíptico que esta introduziu na vida russa e, em especial, no movimento de teatro, na medida em que este, mais do que talvez qualquer outra arte, explodiu com uma energia cataclísmica não inferior à que agitou o seu contexto sociopolítico.

Um Teatro de Ideias: Komissarjévski

Mas antes que Vakhtângov completasse sua evolução e chegasse a um estilo próprio, dando sua resposta ao problema colocado pelo embate entre o teatro da realidade e o da "convenção", outros encenadores notáveis fizeram-se ver e ouvir nos palcos russos como expoentes de um vigoroso surto renovador. Embora sem qualquer coordenação teórica ou prática ou como integrantes de um mesmo movimento, e muitas vezes até como adversários de Meierhold, Komissarjévski, Evrêinov e Taírov, para nomear os principais, tinham em comum não só igual oposição ao realismo ou naturalismo cênico, mas a mesma inspiração "teatralista" e a mesma busca de novas formas expressivas. Na esteira dos procedimentos de rigor encenante inaugurados pelo Teatro de Arte, e que Meierhold já então levava a consequências extremas, tão extremas que não se coadunavam com a presença de outra vontade diretora no tablado, como foi o caso do Teatro Dramático de Vera Komissarjévskaia, todos eles foram essencialmente *régisseurs*, na acepção russa, uma espécie de diretor e *metteur en scène*, exercendo amplo controle sobre atores, orçamentos e repertório. Essa grande autonomia e liberdade lhes abria largas possibilidades de experimentação e realização artísticas, o que constituiu uma situação excepcional em face do que acontecia em outros teatros do mundo, e era mesmo bastante contraditório diante do próprio panorama da vida intelectual e artística russas, sob o regime czarista. Seja porque o teatro gozasse de especial favor entre os círculos aristocráticos e dirigentes, seja porque o vanguardismo estético se afigurasse política e socialmente inofensivo

Fiódor (Theodore, no Ocidente) Komissarjévski.

ou, até, conservador, principalmente sob o manto esteticista ou na torre de marfim da "arte pela arte", o fato é que, não obstante os contínuos problemas com a censura imperial, cujos vetos incidiam principalmente sobre os textos com conotações ideológicas ou políticas de caráter socialista e revolucionário, o trabalho cênico desses diretores desenvolveu-se sem grandes percalços, mesmo em suas pesquisas mais arrojadas e mais carregadas de espírito crítico.

Fiódor Komissarjévski (1875-1954) era meio-irmão de Vera, em cujo teatro cuidava dos trabalhos técnicos de montagem. Foi por sua insistência que Meierhold acabou sendo convidado e, não há dúvida, que aprendeu muito com as encenações do paladino do "convencionalismo" teatral. Esteta, inimigo do racionalismo, ligado às tendências religiosas do simbolismo, simpatizava com a revolta meierholdiana contra o naturalismo e rejeitava a "quarta parede". Mas logo começou a discordar também do radicalismo ao qual Meierhold levava o seu entusiasmo pela estilização e pelo teatro da convenção. Por isso acabou rompendo com ele e com o que qualificou de "formalismo desumano".

Mente original e dada à reflexão filosófica, foi um dos que se debruçaram sobre o problema teatral com profundidade especulativa e artística. Sua teoria do teatro e da direção constituiu um ponto importante de referência no debate da época. A seu ver, o teatro desempenha uma função humana de vital importância, pois é o lugar onde "as pessoas se unem a fim de se entenderem, de partilharem uns com os outros as alegrias e as tristezas, e onde encontram o calor e o conforto de estarem juntas", de se entregarem a uma "conjuração" coletiva. Tal fato, o de ser o foco de uma experiência espiritual e emocional coletiva do público, é que representa, segundo Komissarjévski, a razão de ser de qualquer espetáculo. Nessas condições, todo atentado à integridade e espontaneidade do ator, quaisquer artifícios que o manipulem e pretendam sua transformação em fantoche e sua "desmaterialização" eram inaceitáveis, uma vez que golpeavam a própria essência e substância do teatro. Ora, o método diretorial de Meierhold, afirmava o irmão de Vera Komissarjévskaia, fazia precisamente isso, roubando a alma do intérprete, o sentido de sua atuação e de sua comunicação, convertendo-o em mero detalhe decorativo da encenação ou recitador mecânico das falas. O que era verdade em relação ao ator, também o era em relação ao autor que, segundo essa crítica, via sua obra convertida em pasto para as fantasias e ideias do encenador, quando o certo seria o oposto. O diretor deve "revelar o autor no palco e utilizar todos os recursos do palco, internos ou externos, para expressar sua concepção quanto ao ponto de vista do dramaturgo sobre a vida, bem como traduzir seu modo de conceber o conteúdo filosófico da peça encenada". Para efetuá-lo, precisa naturalmente estar em conexão empática com o universo por ele focalizado, descobrindo aí sua própria visão de existência, de maneira a poder chegar através de seu próprio eu ao recesso da individualidade e da especificidade da obra. Por outro lado, para que possa ocorrer tal penetração e impregnação nos conteúdos de uma peça, não basta a simples análise do texto em si. Por minuciosa e aprofundada que seja semelhante leitura, não logrará levantar todos os elementos de uma geografia espiritual que é sempre complexa, sendo necessário o conhecimento de tudo quanto o autor produziu. Da compreensão integral de seu pensamento depende a captação do sentido de cada trabalho seu e a possibilidade de pô-lo em cena de corpo inteiro, com plenitude de representação. Só depois desse esforço de reconhecimento, que não é apenas de natureza intelectual e artística, mas também espiritual, é que o diretor, tendo descoberto o fio condutor do conjunto, pode decidir do estilo do espetáculo, ao qual subordinará luz, som, cenografia, acessórios e, mesmo, desempenho, em termos de concepção ou linha geral, mas com ampla liberdade para a contribuição criativa do intérprete em sua presença cênica.

Esse modo de ver as coisas no teatro, mesmo se na prática acabasse expondo mais as concepções do encenador com respeito ao dramaturgo do que as ideias deste, teve a virtude de não só ensejar efetivamente um teatro de ideias, como a de individualizar ao extremo cada uma das montagens que Komissarjévski criou, seja no teatro pertencente à sua irmã, seja no seu próprio estúdio, transformado a partir de 1910 numa pequena casa teatral, seja no Teatro Nazlóbin de Moscou. Neles, a dramaturgia do simbolismo russo constituiu uma parcela importante do repertório apresentado. Rêmizov, Kuzmin, Sologub e outros autores, sobretudo simbolistas, encontravam em Komissarjévski um *metteur en scène* sensível à tendência que encarnavam e apto a mobilizar os recursos cênicos necessários para materializá-la no palco, ainda que sempre numa interpretação e numa estilização altamente pessoais, como se evidenciou em *O Copeiro Vanka e o Pajem João*. Nessa peça, Sologub tratou o tema do amor entre uma dama de alto coturno e seu criado de quarto com uma dupla sequência, de como o caso poderia desenvolver-se na França do século XVIII e na Rússia da mesma época, o que lhe permitiu compor em episódios notavelmente estilizados uma visão inusitada do erótico e do trágico. Outro domínio em que infundiu um selo diretorial inconfundível, segundo o testemunho crítico, foi o da representação dos "clássicos" russos e estrangeiros. Assim, ao encenar Ostróvski (*A Tempestade* e outras peças), não o encarou apenas como um pintor ou denunciador de certo ambiente ou classe, principalmente os dos mercadores, mas, sim, como um artista empenhado em contrapor e revelar o embate intemporal entre o indivíduo e a sociedade, entre a matéria que é opressão e abuso e o espírito que é alegria e compreensão humana. Neste último, o lado luminoso, que reúne a simpatia do autor, estariam representados, pensa Komissarjévski, elementos essenciais da própria alma russa, a qual assumiria

Pintura de cenário para o primeiro ato de O Galo de Ouro, *de Rímski-Kórsakov, na concepção de Komissarjévski que também dirigiu o espetáculo, 1923.*

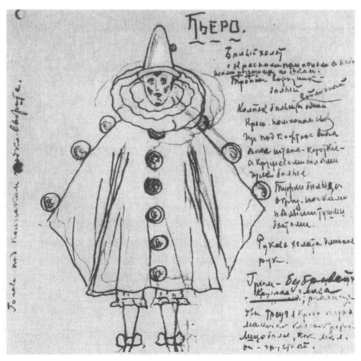

Figurino de Pierrô atribuído a Fiódor Komissarjévski.

a feição não só das grandes personagens, como daquilo que era tido como entremeio lúdico e expediente de "alívio", ou seja, as danças, as canções, os jogos e os rituais que se mesclam constantemente às ações principais das peças de Ostróvski. Destarte, ressaltar-se-ia nesse criador dramático não a qualidade acusatória, mas um profundo amor em relação à vida, aos costumes do povo, inclusive em seus aspectos mais sombrios. Daí o estilo pinturesco, afirmativo e jovial que Komissarjévski lhe deu em cena.

Em Molière, Komissarjévski descobriu uma conexão entre o teatro de feira e o caráter esquemático, titeresco, que preside o desenho das personagens. Por isso recusou a interpretação realista em geral dispensada às comédias de Molière, considerando-as antes como uma rede de simbolismos, generalizações e bonecos destinada a mostrar e ilustrar o pensamento do comediógrafo. *Le Bourgeois Gentilhomme*, peça que conduziu com essa linha, colocando os protagonistas algo "acima" do que seria o seu modo de ser na vida ou reduzindo-os a automatismos de marionetes, constituiu um espetáculo que marcou época.

Um dos recursos cênicos mais notáveis desse diretor foi o que empregou em *Uma História Sórdida*, de Dostoiévski, ou seja, a do "cenário psicologizado". Os pesadelos do herói da peça refletiam-se nas linhas quebradas do cenário, nos movimentos convulsivos das figuras, nas súbitas interrupções da fala e no ritmo delirante do conjunto. Todo esse clima e os meios utilizados para suscitá-lo lembravam as propostas de Evrêinov em sua concepção do monodrama e prenunciavam a *mise en scène* expressionista da década de 1920.

Procurando sempre "formas cênicas adequadas para imagens dramáticas", apresentou a ópera de Tchaikóvski, *Eugênio Onéguin*, como uma sucessão de vinhetas e ilustrações inspiradas em desenhos de Púschkin, qualidade gráfica pela qual também pautou os movimentos dos atores. Aliás, foi no campo operístico, que o atraía sobremaneira e para o qual seu senso musical e rítmico lhe serviam de guia seguro, que alcançou um de seus maiores êxitos com os *Contos de Hoffmann*, de Offenbach. Esse espetáculo tornou-se um modelo de realização cênica, tendo influenciado vários encenadores em diferentes apresentações da peça e do gênero, e sendo imitado até no cinema. Em escadas que se elevavam do proscênio para um palco superior, Komissarjévski dispôs grupos de estudantes que permaneciam como espectadores assistindo à representação, mas que de vez em quando se envolviam na ação, convertendo-se em protagonistas. O próprio Hoffmann, assim como outras personagens, tocava num piano situado numa plataforma.

Mais uma vez, evidencia-se um item principal no credo artístico de Komissarjévski: a independência do teatro em face da realidade, mormente nos termos como esta era colocada pela corrente naturalista. Mas, tanto quanto se recusava a impor à arte o "real" como determinação dogmática de tendência, também não queria franquear o palco a qualquer outra "tendência" oposta e muito menos à ideologia social ou ao utilitarismo. Julgava que a manifestação artística devia servir de teatro unicamente ao poder criativo que é inerente ao verdadeiro artista. Esse poder, consubstanciado na "ideia", devia mobilizar em cena o autor, o diretor e o ator, sem qualquer primado hierárquico, mas todos trabalhando para a encarnação sensível do "ser" da obra de arte teatral.

Após 1917, Komissarjévski encenou óperas de Beethoven (*Fidélio*), Rossini (*O Barbeiro de Sevilha*), Wagner (*Parsifal*) e outros, além de desenvolver considerável atividade num ateliê denominado "escola sintética", onde ensinava a mais de duzentos alunos os ofícios de um "ator universal", que, afora o conhecimento cabal de drama, balé e ópera, não devia ser menos versado nas demais artes. Além de participarem dos espetáculos do Novo Teatro, de 1918 a 1919, entre os quais, *As Alegres Comadres de Windsor* e *A Tempestade*, de Shakespeare, *Il Seraglio*, de Mozart, *Contos de Hoffmann*, de Offenbach, *Pagliacci*, de Leoncavallo, *Androcles e o Leão*, de G. B. Shaw e outras "dramatizações de música", foram eles os portadores diretos, para não falar dos reflexos indiretos sobre Vakhtângov e Taírov, da profunda impressão produzida por Komissarjévski, não apenas no chamado Teatro Romântico surgido na sua esteira, como na cena soviética em geral, antes que emigrasse para o Ocidente, no início da década de 1920, deixando aí também, e bem fundo, sua marca de diretor e professor, sobretudo no teatro inglês.

O Teatro como Tal: Evrêinov

O teatro russo do século XX deu, sem dúvida, uma contribuição fundamental ao processo que revolucionou as concepções e as produções da arte cênica moderna. Os nomes emblemáticos desse aporte e suas principais características são, como é notório, os de Stanislávski e Meierhold. Mas o trabalho criativo de ambos de modo algum esgota, na Rússia, a riqueza do movimento teatral do qual eles constituem expressão. Explosão de talentos e tendências inovadoras, foi palco da atividade estuante e contrastante de todo um elenco de encenadores excepcionais, a quem Huntley Carter, em seu famoso testemunho sobre o *Novo Espírito do Teatro Russo* (1929), chamou de "mestres construtores". Ao lado de Dântchenko, Sulerjítzki, Komissarjévski, Vakhtângov, Taírov, Granóvski, Eisenstein, Nikolai Nikoláievitch Ievrêinov, ou se quiserem, Evrêinov (1879-1953), é um deles.

Espírito de invulgar versatilidade, foi dramaturgo, encenador, diretor, ator, músico, crítico, teórico, publicou livros sobre assuntos dos mais variados, desde a arte do notável expoente inglês do Modern Style, Aubrey Beardsley, até a história do castigo corporal na Rússia, tema pelo qual se interessou devido a sua formação jurídica. Mas em 1905, abandonando outros campos de atuação, resolveu dedicar-se exclusivamente ao teatro e, a partir do inverno de 1906, seu nome começou a aparecer com frequência crescente entre as fileiras dos que se batiam então, no meio teatral russo, pela renovação da arte cênica. Como Meierhold e, como ele, sob o influxo simbolista e estimulado pelas ideias de Georg Fuchs, Max Reinhardt (embora reivindique primazia em relação a estes), Gordon Craig, Appia, distinguiu-se desde logo por rejeitar o realismo dogmático, a quem responsabilizava pelo declínio do poder de criação no teatro como tal. Parecia-lhe indispensável reviver a teatralidade nas expressões mais marcantes de sua história, isto é, nos períodos em que, ao ver de Evrêinov, ela se caracterizara justamente por se apresentar como puro jogo cênico de comediantes, sem qualquer tentativa de mímese mecânica ou cópia naturalista da vida.

Foi a partir dessas bases que concebeu o projeto de um Teatro Antigo, no qual "todas as épocas particularmente teatrais" deveriam ser estudadas e também "realizadas praticamente". Tratava-se de representar as principais manifestações da "teatralidade" na *mise en scène*, nos procedimentos e hábitos cênicos, revivendo-as no palco não sob o ângulo arqueológico, mas em termos de uma livre síntese "comparativa" "artístico-reconstrutiva", justamente para verificar sua eficácia e serventia "na nova arte do teatro". A proposta de Evrêinov encontrou eco no Barão Drizen, em Mme. N. I. Butkóvskaia, em A. Sánin, antigo membro do Teatro de Arte de Moscou, bem como em vários pintores e cenógrafos de *O Mundo da Arte*, de Diaghilev, sendo levada à cena em dois ciclos de espetáculos, nas temporadas de 1907-1908 e 1911-1912.

Na primeira dessas séries, dedicada ao teatro medieval francês, foram montados, sob a direção de Sánin, o drama litúrgico *Trois Mages*, do século XI, com um prólogo de Evrêinov; *Le Miracle de Théophile*, de Ruteboeuf, um milagre do século XII, em tradução de A. Blok; a pastoral *Le Jeu de Robin et Marion*, de Adam de la Halle, do século XIII; a moralidade do século XV, *Deux Fréres: La Farse de la Cornette*, de Jean Dabondance, assim como *Le Cuvier*, duas farsas do século XVI. Essas montagens, que antecedem as do medievalista francês Gustave Cohen e seus Théophiliens, valiam-se de técnicas cênicas do passado e procuravam recriar a própria atmosfera na qual os textos foram originalmente representados, inclusive o tipo de público que assistia então aos espetáculos, pois "Ressuscitar o teatro é ressuscitar toda uma fatia de vida intelectual e social de uma época dada..." O drama litúrgico, por exemplo, outrora encenado nas praças episcopais, foi no Teatro Antigo precedido de um prólogo, composto por Evrêinov, mostrando, diante dos portais de uma catedral, toda uma multidão adormecida que começa a despertar em meio a conversas sobre milagres, seguindo-se o aparecimento de flagelantes cujas automortificações suscitam o êxtase da turba. Assim, as cenas introdutórias preparavam o acesso do espectador às condições que haviam possibilitado um tipo de drama como o litúrgico, ambientando-o através das reações que nele provocavam os comentários e a atmosfera da multidão apinhada no palco. Quanto ao mistério, foi ele apresentado num espaço cênico distribuído em três ordens de planos sobrepostos, incluindo o "paraíso" e o "inferno". Para a peça de Adam de la Halle, Evrêinov, com a ajuda da cenografia de Dobujínski, pôs em cena uma

Retrato de Evrêinov por Iúri Ânnenkov, 1920.

miniatura medieval de um espetáculo teatral num átrio de castelo, com uma plateia de cavaleiros, damas, servidores e menestréis. O cabeça da trupe de atores itinerantes efetuava no tablado os preparativos para a peça, carregando todos os acessórios, um cavalo de pau sobre quatro pequenas rodas, entre outras coisas, e mostrando aos espectadores, fictícios e efetivos, todos os truques do ofício.

O segundo ciclo de encenações do Teatro Antigo, ocorrido em 1911-1912, dedicou-se ao teatro espanhol do Século de Ouro: *El Purgatorio de San Patricio*, de Calderón; *El Gran Duque de Moscovia y Emperador Perseguido*, bem como *Fuente Ovejuna*, ambas de Lope de Vega; *Marta la Piedosa*, de Tirso de Molina. Como na série anterior, Evrêinov não se limitou à simples montagem dos textos. "Ora o público assistia a uma representação dada, à luz de tochas, no parque real de Buen Retiro, sobre uma rampa ao ar livre, munida de luxuosa cortina, e onde evoluíam atores em atitudes cerimoniosas, maquilados e trajados ao gosto caprichoso de um Oriente fantástico ou envergando as suntuosas indumentárias dos retratos de Velásquez; ora uma pobre companhia de atores ambulantes representava sem qualquer finura uma rápida farsa sobre pranchas armadas no pátio de uma taverna, em meio de casas cujos balcões abrigavam espectadores que interrompiam o diálogo com suas ingênuas observações; ora se desdobrava a brilhante plataforma do teatro da corte de Filipe IV, com três portais e três cenas alteadas, com 'truques' de efeito, tais como nuvens a correr no céu; ou, enfim, uma nova companhia de atores itinerantes se instalava numa praça, improvisando o estrado por meio de barris e sarrafos", relata um conhecido historiador do teatro russo, E. Znosko-Boróvski.

"Festa de arte... cerimônia sagrada... nascimento misterioso de uma beleza esquecida, da beleza do passado", registrou um assistente entusiasmado, as duas temporadas do Teatro Antigo de S. Petersburgo constituíram acontecimentos de excepcional importância para o movimento teatral russo. Isso, não só pelo êxito que alcançaram na revivescência apurada, cheia de sugestões ambientais, de formas históricas que estavam relegadas ao esquecimento, ou eram encaradas tão-somente como exemplares raros ou curiosos do museu teatral, mas também pela contribuição que trouxeram para o debate e a pesquisa cênicas então em curso, na medida em que àquela altura Evrêinov já era um dos principais pregoeiros e fautores da nova teatralidade.

Assim, ao mesmo tempo que Meierhold, interessou-se ele pelos recursos e descobertas que os teatros de outras épocas e outras regiões tinham a oferecer no domínio dos efeitos visuais e da arte do ator. A *Commedia dell'Arte*, por exemplo, foi objeto de intensa pesquisa que levou a cabo, com a colaboração de M. Miklaschévski, a fim de preparar um terceiro ciclo de apresentações do Teatro Antigo, que a eclosão da Primeira Guerra Mundial impediu. A improvisação se lhe afigurava como um dos meios mais poderosos para mobilizar, a partir da sinopse de um enredo, isto é, do "cenário" da *Commedia dell'Arte*, a inventividade e a imaginação dialógicas e cênicas do ator. Via aí, e na *Commedia dell'Arte*, não apenas uma fonte de artifícios e composições tipológicas, como Meierhold, mas sobretudo de criação livre e humor. A explosão vital, sob a forma da sátira, da arlequinada, atraía-o especialmente, e iria enformar uma parte ponderável de sua obra como diretor.

O Teatro Antigo, além de reatualizar soluções e realizações cênicas de outras épocas, procurou fazê-lo a partir do que era, aos olhos de seus inspiradores, o fator básico do fenômeno teatral, o jogo do ator. Assim, embora em matéria diretorial não pudesse ombrear com a força e a amplitude revolucionárias da arte de um Meierhold, tampouco lançou sobre o intérprete as rígidas armaduras conceituais com que o esteta do "teatro da convenção" quis, na sua fase simbolista, transformar os seus comediantes em esculturas, relevos, frisos, supermarionetes, isto é, em "ideias" depuradas da acidentalidade corpórea, atuando como portadores simbólicos da forma e da significação.

Do mesmo modo como pretendeu restituir ao comediante a liberdade do jogo interpretativo e da expressão vital, Evrêinov quis fazer algo semelhante com respeito ao público, restabelecendo os meios de comunicação entre palco e plateia, não só pela supressão de obstáculos materiais no dispositivo e nas relações desenvolvidas pelo teatro europeu com o seu auditório a partir do palco à italiana, pois importava mais ainda devolver ao elemento agrupado do lado receptor da linha cênica a participação efetiva e espontânea no jogo teatral. Tratava-se de empreender uma verdadeira "reconstrução do auditório" e de reencontrar as formas capazes de satisfazer o desejo instintivo no homem, segundo Evrêinov, de transformação em geral e de representação teatral em particular. Assim, Evrêinov buscou, no Teatro Antigo, com maior afã ainda do que no caso do autor ou do ator, o segredo da revitalização do espectador nas manifestações que conservavam o poder de ligá-lo ao palco por um vínculo espontâneo e natural de empenho e desfrute lúdicos. Daí o interesse que dedicou, então e a partir daí, à eficácia teatral das formas alternativas, paralelas ou marginais ao teatro literário, como o espetáculo de sombras e de bonecos, rituais populares, as arlequinadas e operetas, bem como o carnaval e a farsa.

Mas, ao lado dessas pesquisas, o Teatro Antigo também serviu de contracena para os trabalhos de Evrêinov como diretor no Teatro Dramático de Vera Komissarjévskaia, onde substituiu Meierhold em 1908, e o que é, sob certo ponto de vista, não menos importante, de contexto às indagações teóricas e especulativas que a arte dramática como um todo suscitava nesse espírito imaginativo, irrequieto e audaz. Em 1908 era publicada a *Apologia da Teatralidade*, livro em que expunha sua concepção sobre a natureza da manifestação teatral. Essa obra, à qual se somariam o *Teatro como Tal* (1913) e o *Teatro para Si Mesmo* (1915-1917), teria um impacto mais sensível ainda do que o Teatro Antigo e as encenações de Evrêinov no palco simbolista (*O Copeiro Vanka e o Pajem João*, *Francesca da Rimini*) sobre o processo das ideias e das realizações cênicas na Rússia pré e pós-revolucionária, constituindo-se, em conjunto com o *Teatro como Tal*, numa espécie de evangelho do antinaturalismo e da teatralidade.

Separando inteiramente arte e realidade, Evrêinov considera que "Na arte tudo é simbólico, e essa é a fonte de seu encanto e de sua alegria para nós". Isso significa que, em tal domínio, não se trata tanto de submeter a realização artística à tutela da sinceridade, que só pode garantir de fato a "ignorância, pequenez, falta de potencialidade criativa e pobreza", das quais é uma forma com o nome de "natural" e "autêntico", nada tendo a ver com a maravilhosa emergência das "máscaras, poses e belas frases", que são os avatares do jogo representacional da existência, ou seja, precisamente os do *ludus* da formalização sensível de uma inesgotável e cambiante interioridade vital e espiritual. Por outro lado, não é possível aceitar no palco um teatro como o de Meierhold, que se situa entre a metafísica e o balé, encadeando a expressão cênica ao convencionalismo simbolista de caráter literário e a outros pólos artísticos, como a arquitetura, escultura ou música, que por sua própria natureza se definem como antiteatrais.

"Afirmar que a principal tarefa da nova arte cênica é revelar segredos à assistência, explicar diálogos internos e assim por diante, é selar a arte com um objeto definido de expressão que é inútil e prejudicial para uma arte que é essencialmente livre." Por mais elevada que seja a sua filosofia, ela não tem a menor importância no tablado, a riqueza íntima, o universo de sugestões contidas na peça literária, o "subtexto", o estilo, a fidelidade à época, o senso de medida, a beleza do cenário etc., não oferecem a menor relevância sem a teatralidade da expressão que efetivamente comunica ao público o teatro como teatro, convertendo-o num jogo, num divertimento, numa vivência real, e não em aborrecida tralha cênica. Assim, declara Evrêinov, contestando as posições da *mise en scène* russa da época, o palco não é recinto de um ato sacrossanto, nem plataforma de catedráticos a ministrar suas lições sobre o cosmo, nem "tribuna de lutadores pela liberdade", nem "púlpito de humilde lealdade" para com os nossos semelhantes (tolstoismo de Sulerjítzki) e muito menos "espelho" da sociedade. O teatro é apenas teatro.

Numa formulação mais precisa do que vem a ser essa arte do teatro enquanto domínio artístico autônomo e expressão por excelência da teatralidade, Evrêinov o define como "um todo suficiente por si mesmo, sintetizando em caso de necessidade todas as artes, obrigando-as a servir seus próprios objetivos e criando seus próprios valores espirituais, valores que nos são preciosos, não porque atendem tal ou qual ideia ou porque ilustram essa ou aquela doutrina moral, mas porque nos atraem por suas formas".

Mas o teatro como arte formalizada é manifestação representativa, porém não exclusiva, da ação da teatralidade no âmbito humano. Na verdade, amalgamando numa polêmica e curiosa ensaística assistemática sugestões do idealismo subjetivo de Schopenhauer e do romantismo radical de E.T.A. Hoffmann, do energeticismo dionisíaco de Nietzsche e do vitalismo organicista de Bergson, do esteticismo crítico de Wilde e do tragicismo dostoievskiano, do positivismo nas ciências da vida e do homem no início do século XX, com propostas do simbolismo nas artes e sobretudo as do "teatralismo" de Fuchs, Craig, Appia, assim como da vanguarda cênica russa, Evrêinov elabora uma autêntica "teatrosofia". Nela, o elemento teatral, seu princípio básico, configura e opera um pré-estético instinto de transformação, que estaria entre os instintos fundamentais do homem, a par do sexual e do materno. Fator constante na dinâmica vital e sociocultural da humanidade, geraria ele a nossa ininterrupta busca do "diferente". Em todas as etapas da evolução humana, no-lo assegura *O Teatro na Vida*, a antropologia nos fornece evidências da presença atuante e fecunda dessa estimulação para mudar e "ser outro". A pintura do corpo, as mandíbulas e as cabeças de animais usados para fins rituais, os artifícios e os disfarces, as máscaras e as simbolizações de toda sorte que *re*-vestem o primitivo e *in*-vestem nele o *alter*, seriam, em primeira instância, obra não de um estético desejo de embelezar-se, de ter "formosa" aparência, por ditame de sentimento e padrões do "belo", mas de um pré-estético impulso primordial de transmutação. Ora, tal disposição e atividade não é outra coisa, pensa Evrêinov, senão o da teatralização no sentido mais amplo do termo. É o poder de simbolizar, representar, mascarar, assumir papéis, que precede qualquer possível "formação" de arte e não depende em sua manifestação, como tal, da personalidade de um criador individualizado, nem de sua expressividade artística umbilicalmente ligada à tentativa de ser "eu no outro" e não "outro no eu". Por isso mesmo o teatralizar é, em sua raiz psicológica e em sua floração histórico-social, uma "atuação" onipresente. Condição prévia da reprodução assim como da produção do humano, seu efeito se faz sentir não só nas práticas e representações dos povos situados nos primeiros degraus da escala evolutiva do homem ou na teatralidade de um sem-número de espetáculos coletivos das mais diversas naturezas e destinações, desde as festas, procissões, rituais, cerimônias de corte, corridas de touro, até as paradas militares, celebrações cívicas, comícios políticos, disputas esportivas e apresentações artísticas, mas também no exercício cotidiano e atual da vida em sociedade.

Sob esse ângulo, Evrêinov encontra-se, e com o privilégio que o teatro lhe dá para a abordagem, no rol daqueles que, como George Mead, Huizinga e Sartre, veem na existência e na sociedade um palco onde o homem faz e produz o papel do homem, à luz de determinados enfoques históricos, econômicos, sociais, políticos, ideológicos e culturais. Trata-se, aliás, de uma concepção que tem ganho crescente na atualidade.

Efetivamente, no mundo contemporâneo, a "outridade", aquilo que David Riesman chamou de tendência sócio-antropológica para o "hétero", é um fato tão dominante que instalou soberanamente os valores da sociedade de consumo. Em todo caso, de maneira crescente o homem moderno se entrega ao desempenho de papéis que o arrastam a tudo, menos a si próprio, ou, para falar com Lacan, o tornam sujeito gramatical de uma frase que não é proferida por ele mesmo, pois ele é falado pelo código, pela língua, pelo sistema social, até no que lhe parecia intangível psicologicamente, o recesso do eu, atrás do qual não há inconsciente, porém mundo e sociedade. Se a tese não é inteiramente provada, vale pelo menos como indício da transformação ecológica e antropológica do ser do homem, por força desse instinto de atuação que transmuta cada vez mais a naturalidade orgânica em cultural, em "papel" social, impondo o impulso transformador a tudo o mais.

Assim, pode-se julgar, com Evrêinov, que o instinto de atuação na espécie humana ultrapassa mesmo o desejo inerente a cada pessoa no sentido de transformar a si própria, levando o homem a querer mudar a vida mesma e criar algo inusitado em geral. Trata-se, portanto, de gerar, através de uma transformação, isto é, de uma teatralização da vida, um significado desta que seja para o homem, convertendo-a em algo que não o exceda de tal modo que só possa despertar o seu temor e não o seu amor. A existência natural e humana é uma sombra da verdadeira existência que é gerada pelo poder seminal da imaginação. Nessas condições, o instinto teatral assume proporções e funções que superam de muito o microcosmo cênico, vinculando-se ao desejo de atuar e pôr máscara em tudo o que é criativamente humano. A questão não é, pois, tão-somente que o mundo é uma comédia, ou que todos desempenham papéis na vida, quer dizer, integram "o grande teatro do universo", de que falava o barroco, ou de que "a existência é uma ilusão", um mero jogo fenomenal e fantasmal da facticidade, mas, sim, que, se há qualquer fundamento ou valor para a existência do homem no mundo, ele vem precisamente desse poder de atuação, jogo e transformação, de sua teatralidade, nos termos de Evrêinov.

Em consequência, cabe ao teatro a missão revolucionária de transfigurar "a monstruosa superfície da vida em algo de beleza sem precedente nem paralelo". Com o encargo, surgirá um novo tipo de mestre: o próprio teatro. "Fazer um teatro da vida é o dever de todo artista. Uma nova espécie de diretor há de aparecer, o diretor da vida." Sua tarefa será a de dar plena realidade ao fato de que "o palco não precisa tanto da vida quanto a vida precisa do palco". Nesse caso, um ator, por exemplo, não deverá impressionar o público

A Tomada do Palácio de Inverno. *Espetáculo ao ar livre com 8.000 participantes entre atores e figurantes. Direção de Evrêinov e montagem cenográfica de Iúri Ânnenkov, 1920.*

Desenho de Ânnekpv para o espetáculo A Tomada do Palácio de Inverno; *direção de Evrêinov. À esquerda, o palco dos Vermelhos e à direita, o dos Brancos.*

com a qualidade imitativa de sua interpretação, mas "pela beleza da dicção, da expressão facial e de sua postura escultórica, a tal ponto que as pessoas hão de querer utilizar na vida o que a cena lhes proporcionou". Do mesmo modo, o herói teatral não será baixado em seu papel cênico ao nosso nível, mas nós é que deveremos "elevar nossa conduta à sublimidade dos heróis teatrais".

Na encenação propriamente dita, o "superdiretor" dirigirá seu empenho no sentido de remover as linhas limitativas da ribalta e, desfazendo a separação entre "atores" e "espectadores", procurará uni-los no mesmo esforço de alçar-se, não apenas em termos artísticos e sociais, mas também antropológicos, até as lindes do humano. Revestindo o dia-a-dia com atuação, máscara e transformação, dando-lhe a sedução da ludicidade e metamorfose cênicas, "teatralizando a vida, que foi seu tema, a vida se faria mais atrativa e mais fácil, porque estaria assumindo a feição do homem, que é máscara".

Mas a atuação do teatro sobre a vida poderia ser altamente benéfica não apenas como meio de transformá-la, engendrando novas formas sociais e culturais, como ainda por uma assistência terapêutica e catártica aos males do gênero humano. Já os feiticeiros, pajés, xamãs e curandeiras das tribos primitivas, além de drogas e beberagens, empregavam largamente recursos teatrais, como vestimentas mágicas e parafernália médica, passes, imposições e representações, para hipnotizar, exorcismar e purgar. Modernamente, medidas como "mudança de ambiente" constam do receituário científico dos médicos e produzem frequentemente os efeitos esperados. "Por que é assim? Qual é o segredo da 'mudança' que o facultativo recomenda?", pergunta Evrêinov, e ele mesmo responde: "A razão é que você foi induzido a deixar o lugar onde estava tão adaptado a coisas que ocupavam sua atenção que você não mais conseguia manter uma atitude contemplativa para com elas. Você cessou de considerar seu meio como um espetáculo interessante em si, independentemente da parte que você desempenha nele. Você abandonou tudo isso e se tornou um espectador teatral. Você está na Itália, por exemplo, e goste ou não do país, suas praças pitorescas, casas, ruas, monumentos, ruínas detêm sua atenção e enchem sua mente de novas impressões. Você observa uma sucessão de novos cenários que o emocionam com a novidade e despertam em você o instinto de transformação que até então jazia adormecido. Todas essas novas criaturas, diferentemente vestidas, que falam de maneira diferente, gesticulam de maneira diferente e vivem diferentemente, não se impõem à sua atenção como um fenômeno puramente teatral? É a magia do teatro, e nada mais, que lhe dá uma nova consciência, uma nova escala de sentimentos, um novo interesse pela vida e uma nova vontade de viver. E nessa vontade de viver reside, como sabemos, o segredo de nossa vitória sobre muitas doenças corporais [...]" (*O Teatro na Vida*).

Para a difusão da "teatroterapia", Evrêinov escreveu uma peça *A Coisa Principal*, que, segundo ele próprio comenta em artigo feito para a encenação do texto, tem como credo tornar o socialismo algo íntimo mediante o emprego de atores experimentados na arte da transformação:

> O principal personagem de minha peça é Paracleto (que, traduzido do grego, significa conselheiro, ajudador, consolador) que aparece no transcurso do drama sob diferentes disfarces (ledor da buena-dicha, Doutor Fregoli, Schmidt, um monge e Arlequim) e convida os comediantes de um teatro local, provincial, a demonstrarem seus talentos, não no palco de um teatro, mas no "palco da vida", onde tantos de nossos semelhantes foram privados da maior parte das alegrias naturais por causa da miséria no corpo ou no espírito. "Se não podemos dar felicidade aos deserdados, diz Paracleto, podemos dar-lhes ao menos (e isto é 'a coisa principal') a ilusão da felicidade." No fim, verifica-se que as ilusões no 'palco da vida,' são mais fortes do que no palco de um teatro, de onde se segue que os atores e atrizes da mercê têm que desempenhar um importante papel social no futuro próximo.

Essa ação do teatro, a de abrir a cortina da possibilidade para os que se acham relegados à impossibilidade, não é somente de caráter social e ético, mas também psicológico e religioso. O efeito catártico do teatro constitui, como já Aristóteles sabia, um valioso instrumento para purgar a psique das forças maléficas e da transgressão criminosa, livrando-a dos obscuros e avassaladores desejos que a tentam constantemente. Diz Evrêinov, e suas palavras parecem saídas das páginas de *O Teatro e a Peste* ou *O Teatro da Crueldade*, de Artaud:

> É como que um purgatório ao qual a alma é levada – e no qual o homem vê inteiramente a nu secretos temores e paixões que são tão antigos quanto o mundo. É um sonho, uma exibição, em que a atuação dá saída a forças elementares da natureza que estavam escondidas na alma humana sob a organizada estrutura da cultura, dos sistemas de regras na sociedade e do verniz da decência.

O sentido que Evrêinov atribuía ao termo "atuação" era total, incluindo tanto o palco como a plateia, cuja teatralização, isto é, participação ativa no teatro, era um de seus principais objetivos, na medida em que pretendia renovar sua vida, dar-lhe novas formas de existência, através de novas expressões capazes de mobilizar seu poder de autopurgação e autotransformação. Desse desejo de converter o espectador em ator nasceu também a ideia do monodrama. Numa conferência denominada *Uma Introdução ao Monodrama*, proferida em 1909, em Moscou, Evrêinov propôs um novo tipo de apresentação dramática. Nela, o público seria colocado dentro da ação e tornar-se-ia um "fator interno" de seu desenvolvimento.

Considerando, com Schopenhauer, talvez, que o mundo não passa de representação de nossa vontade e só existe na consciência que dele tomamos, chegou à ideia de que os acontecimentos e as pessoas focalizadas num drama nada mais eram, em seu ser essencial, do que aquilo que o herói fenomenologicamente percebe e valoriza, ou seja, são projeções dos seus diversos estados de ânimo. O espectador deve ver com os olhos do protagonista e sobretudo sentir com as vivências desse centro vivificador da ação tudo o que se passa no palco. Assim, se o herói está apaixonado, é preciso que uma luz psicológica inunde o espaço cênico de cores ensolaradas e róseas e, acima de tudo, se acenda também no íntimo da assistência. No caso contrário, se pensamentos terríveis assaltam a personagem, os tons sombrios devem invadir também o coração de quem está no auditório.

A teoria do monodrama, que coincide com as formulações de Gordon Craig para a *mise en scène* do *Hamlet* no Teatro de Arte de Moscou em 1910, dá ao teatro a possibilidade de promover um drama subjetivo, que se desenvolva, como uma espécie de romance, na primeira pessoa. É a forma dramática de um "fluxo de consciência", ultrapassando por isso mesmo a estrita narração cênica. Não é de admirar, portanto, como ressalta V. V. Ivánov numa passagem de seus *Ensaios de História da Semiótica na URSS* (Moscou, 1978) que nos foi revelada por Boris Schnaiderman, que o interesse pelo monólogo interior possa explicar

a atenção dedicada por Eisenstein ao monodrama de N. N. Evrêinov, o qual naquele tempo permaneceu subestimado. Eisenstein chama o monodrama de "uma ação teatral onde a representação cênica é a projeção, para o palco, de um concentrado de novelo psicológico interior das vivências das personagens". Referindo-se ao monodrama *Representação do Amor*, Eisenstein observou estar ele construído "segundo o tipo ininterrupto de fluxo de consciência, com o qual foi escrito o último... capítulo do romance de Joyce. Nesse capítulo Mrs. Bloom espera o marido na cama e recorda seus antigos amantes – sem nenhum sinal de pontuação durante muitas e muitas páginas – exatamente como... se move o fluxo de nossa consciência sobretudo nos estados semicrepusculares, principalmente antes do sono". A comparação do monodrama com esse capítulo do *Ulisses*, livro que então preocupava Eisenstein, é interessante sobretudo porque o monodrama, sem dúvida, está muito próximo daquilo que mais tarde realizou em suas peças (tais como a *Última Fita Gravada de Krapp*) Samuel Beckett, discípulo, seguidor e secretário de Joyce, que manteve correspondência com Eisenstein. É possível comparar com o procedimento utilizado por Beckett em *A Última Fita Gravada*, onde o monólogo interior da personagem é registrado em fita magnética, a tentativa descrita por Eisenstein (justamente com respeito à comparação entre o monólogo interior no monodrama de Evrêinov e o *Ulisses* de Joyce), de paródia do monólogo interior (segundo Eisenstein, semelhante à paródia que há na peça de Evrêinov *Nos Bastidores da Alma*), e na comédia *MMM*, que não chegou a ser realizada pelo cineasta [...]

De todo modo, se Eisenstein não pôde concretizar a aplicação dos elementos que o monodrama lhe sugeria, o mesmo não ocorreu com outro expoente da arte de vanguarda russa. Com efeito, sob um enfoque diferente, virando o monólogo interior pelo avesso, tornando-o público e gritando-o a "plenos pulmões", *Vladímir Maiakóvski: Uma Tragédia*, o primeiro texto teatral com que o jovem cubofuturista irrompe estrepitosa e desabusadamente no palco dramático, é para A. M. Ripellino, o notável eslavista italiano, "um monodrama, uma fragorosa confissão, da qual se libera com grande ímpeto o eu exasperado do poeta" (*Maiakóvski e o Teatro de Vanguarda*[1]). Mas, independentemente de seu caráter de precursor e de sua repercussão no processo artístico posterior, o que se apresenta de imediato nas concepções e nos textos monodramáticos de Evrêinov, de então, é o expressionismo *avant la lettre*, com algumas de suas principais características: foco interior do eu, esbatimento do mundo objetivo, expressão anímica, desenvolvimento confessório e épico, com a consequente ênfase cenográfica nas projeções plásticas subjetivantes e na luz psicológica.

Evrêinov não se limitou à teorização ou à escritura dramatúrgica do monodrama, mas procurou desde logo levar ao seu trabalho diretorial os princípios e procedimentos formulados nesse sentido. Em *Francesca da Rimini*, encenada no teatro de Vera Komissarjévskaia, a fim de obter os efeitos de luz que são básicos nessa focalização subjetivante, dividiu diagonalmente o espaço cênico em dois campos, um sombrio e outro luminoso, concentrando as personagens negativas no primeiro e as positivas no segundo, ao mesmo tempo que consignava por uma cor específica de luz o sentido de cada ato. No conjunto, tratava-se de criar, como que projetado pela imaginação popular, um halo lendário em torno da ação, despindo-a de toda precisão realista ou histórica.

Ainda que o monodrama converta Evrêinov num importante ponto de referência para a evolução que conduziu, não só ao teatro cubofuturista e expressionista, como ao surrealista e até ao do Absurdo, a repercussão teatral imediata dessa proposta não foi sensível, exceto na prática do próprio Evrêinov, o qual, por seu intermédio, pôde manipular com maior desembaraço criativo as formas cênicas que mais o atraíam, como a arlequinada, a farsa grotesca, a paródia, a pantomima. Esses gêneros constituíram o elemento básico do repertório e da celebridade do Teatro Alegre para Crianças Crescidas, que dirigiu em companhia de Fiódor Komissarjévski, e de onde saiu para o Teatro do Espelho Curvo (*Krivóe Zérkalo*), um tipo de cabaré artístico e teatral encabeçado pelo crítico Aleksandr Rafalóvitch Kugel (Homo Novus) e sua mulher, a atriz Zinaída Vassílevna Cholmskaia. No Teatro Alegre, encenou as obras de Kozmá Prutkov, pseudônimo de um trio de escritores, o Conde Alexei Constantínovitch Tolstói e os Irmãos Jemptchújnikov, que satirizavam "as sacrossantas tradições da banalidade literária" e da "moral burguesa". Seu êxito foi tal que superou todas as expectativas e, narra o próprio Evrêinov, "a direção do Espelho Curvo, temendo a concorrência do

---

1 Trad. bras., São Paulo, Perspectiva, 1971, p. 46.

jovem teatro que já se distinguia por sua 'classe', apressou-se a entrar em conversações comigo e a me propor o posto de *régisseur* principal". Aí, nesse "teatro único em seu gênero", durante sete anos, de 1910 a 1917, atuou na qualidade de encenador, membro do conselho artístico e autor, tendo realizado a montagem de uma centena de peças, muitas das quais criadas especialmente para tal representação e assinadas por figuras notórias do panorama das letras e artes russas da época, tais como o romancista e dramaturgo Leonid Andrêiev, o poeta Fiódor Sologub, o compositor Iliá Satz. "Móvel, ligeiro, dando livre curso à individualidade e absolutamente independente de toda rotina em sua crítica da vida social", o Espelho Curvo era uma cena da *intelligentsia*. Escritores, jornalistas, atores, diretores, críticos eram seus espectadores mais assíduos e, para motivar sua frequência, cumpria-lhe selecionar e executar seus espetáculos com grande cuidado em termos de atualidade temática e apuro formal. Compreende-se, pois, que a experimentação teatral haja encontrado aí uma plataforma adequada e ecoante, mesmo porque ela era visada até de maneira, programática, poder-se-ia dizer.

No Espelho Curvo, Evrêinov prosseguiu em seus esforços para estabelecer um laço vivo com o público através de modalidades consideradas menores, mas que eram dotadas de robusta vitalidade teatral, capaz de alimentar suas buscas estilísticas, no plano das sínteses expressivas, particularmente nas do grotesco. Por outro lado, proporcionavam-lhe armas de grande eficácia, para, dentro do teatro, através de uma linguagem puramente cênica, discutir o teatro, submetendo-o a uma desabusada crítica intelectual e artística. Na verdade, tratava-se, como ele mesmo afirma repetindo uma expressão de Kugel, de "fracionar o teatro em seus elementos primários, apertá-lo, condensá-lo" a fim de descobrir uma forma nova. Por isso, dramaturgos, diretores e comediantes, não menos do que chavões e cacoetes do palco profissional ou do *establishment* estético do realismo-naturalista foram postos a ridículo nas visualizações do Espelho Curvo. Neles, Evrêinov, coadjuvado por pintores como I. Ânnenkov e escritores como Avértchenko, Potiômkin e Teffi, e um grupo de excelentes intérpretes, desenvolveu com assombrosa agilidade a sátira da vida artística e a polêmica da vanguarda e da teatralidade, parodiando o melodrama parisiense, a opereta vienense, o folclorismo postiço das trupes errantes ucranianas, os clichês do *bel canto* e do balé clássico, os decalques místicos dos "Decadentes", o receituário da comediografia de encomenda, as aflitivas contorções dos executantes de romanças ciganas, os concursos dramáticos, as vedetes e os *profiteurs* do *music-hall*, as Isadoras de pés nus, os apaches, os andrajosos *bossiaks* (vagabundos) gorkianos, os virtuoses da canção derramadamente sentimental. Alguns dos espetáculos apresentados nesse teatro de "miniaturas" marcaram época, e suas "miniaturas" do teatro influíram, inclusive, no estilo das execuções cênicas.

Uma das mais notáveis criações do Espelho Curvo foi *Vampuka, a Noiva Africana*, 1908, uma "ópera modelo" em dois atos, onde Vampuka, uma princesa "faraônica", Marinos, seu "desinteressado tutor", Lodiré (de *lódir*: mandrião), que a ama, Strofokamil IV (Struthio Camelus), o conquistador etíope, contrafazendo as peripécias da *Aída*, de Verdi, serviram de pretexto ao compositor Vladímir Ehrenberg e ao libretista M. N. Volkônski para uma exposição parodística e mordaz dos estereótipos e convenções operísticas, suas intrigas cavilosas, meandros improváveis, personagens artificiosos, o ingênuo exotismo cenográfico e a floreada vocalização de seus cantores. E tão certeiras foram tais caracterizações que a palavra *vampuka* entrou no uso corrente russo, tornando-se sinônimo do ouropel, do lugar-comum, da inautenticidade e dos vezos da ópera e de seus intérpretes.

O próprio Evrêinov escreveu para o Espelho Curvo numerosos textos, que encenou. Entre eles, *Escola de "Estrelas"*, 1911, uma paródia grotesca da vida teatral; *Nos Bastidores da Alma*, um monodrama que investe contra o psicologismo dramático e no qual se trava uma disputa na alma de um homem entre o *eu racional* (elegantemente vestido, de óculos, bem penteado), o *eu emotivo* (desgrenhado, com camisa de pintor e gravata vermelha de laço) e o *eu subconsciente* (jaqueta de viagem e máscara negra); *O Inspetor Geral*, 1912, uma bufoneada "regisseurística" em cinco quadros, com base no primeiro ato do texto de Gógol, montada em cinco estilos diferentes de encenação: *a.* ao modo do realismo tradicional; *b.* segundo o naturalismo detalhista de Stanislávski, que dirigira a peça em 1908; *c. à la* Reinhardt, em versos, no estilo de Hofmannsthal e da Secessão (*Jugendstill*) vienense; *d.* à maneira de Gordon Craig, com música de órgão e violino, máscaras e mantos negros, num espaço cênico aparentemente ilimitado; *e.* ao modo do cinema da época, com *gags* como os de Max Linder; *A Cozinha do Riso*, uma paródia em quatro caricaturas, 1913; *A Quarta Parede*, uma bufoneada em dois quadros, 1915, põe em cena um *régisseur* para quem a imitação do real é um artigo de fé artística ("A quarta parede!..., afirma ele. Eis a alvorada de um novo teatro!, de um teatro liberto da mentira...") e que, ao montar o *Fausto*, quer levar às últimas consequências os postulados naturalistas – as personagens devem falar alemão, pois a peça se passa na Alemanha; o Doutor Fausto não pode rejuvenescer (uma transformação assim só é possível em contos de fada) e Mefistófeles é expurgado do elenco das *dramatis personae* ("Vejamos, não vamos crer nas aparições do diabo, não é? Aliás, Mefistófeles não é mais do que o mau espírito de que Fausto está possuído, é seu 'eu', é portanto sempre Fausto [...]"); o veneno, para ser digno de nome, deve conter efetivamente ácido prússico e estricnina; os versos são substituídos pela prosa, porquanto na realidade ninguém se exprime em rimas; uma quarta parede maciça ergue-se no palco e o público só pode contemplar a cena através de uma exígua fenda quadrada numa janela.

A Coisa Principal, *de Nikolai Evrêinov, na apresentação do Theatre Guild em 1926. Final do quarto ato.*

A Coisa Principal, *segundo ato com Eduard G. Robinson fazendo o papel de o Diretor, 1926.*

Ainda que A. Blok tenha escrito em seus cadernos de anotação, em 1912: "Ontem estive no Espelho Curvo, onde vi a banalidade e os sacrilégios triviais do Sr. Evrêinov. Vivíssimo exemplo de como pode ser nocivo o engenho. Cinismo do todo descoberto de uma alma nua...", não obstante isso são muito visíveis as afinidades de Evrêinov com o simbolismo, mesmo se se trata de um certo simbolismo pós-simbolista, já a "desestetizar-se" e carregando-se de grotesco modernista. Elas afloram principalmente em criações onde a arlequinada adquire um gosto amargo, como é o caso de *A Gaia Morte*, um texto que lembra a dramaturgia de Blok e que alcançou os palcos europeus, sendo levado com êxito pelo Vieux Colombier em 1922 e pelo Teatro de Arte de Roma, sob a direção de Pirandello.

As pesquisas de Evrêinov deixaram marcas acentuadas não apenas no teatro russo anterior à Revolução de 1917. Seus esforços a fim de converter o espectador em ator e partícipe de uma teatralidade plena seriam retomados, em vários planos, pelo movimento teatral soviético, nos anos de 1920 ao menos. Em escolas primárias e secundárias, o ensinamento sobre o instinto humano de transformação serviu de fulcro a uma pedagogia que recorreu ao espetáculo de massa, de fantasia, e a diferentes tipos de dramatização. Nas ruas e nas praças soviéticas, a ideia de que se devia "teatralizar a vida" carregou-se de intensa energia política e ideológica, eclodindo em carnavais, em "festas de massa", como as denomina Taírov, nas celebrações do chamado "calendário rubro" e em representações de uma amplitude jamais vista até então. Um dos maiores espetáculos dessa natureza foi *A Tomada do Palácio de Inverno*, realizado a 7 de novembro de 1920, às 10 horas da noite, em comemoração ao terceiro aniversário da Revolução de Outubro. Com a codireção de A. R. Kugel e N. V. Petrov, e a montagem cenográfica de Iúri Ânnenkov, Evrêinov, nomeado pela direção política do distrito militar de Petrogrado "encenador principal" e eleito pelos colaboradores da composição do cenário "presidente do autor-coletivo", pôs em cena oito mil homens, soldados do Exército Vermelho, marujos do cruzador *Aurora*, comparsas civis e artistas de teatro. A ação, em cujo transcurso atores e atrizes se misturavam ao acaso das peripécias com o imenso público (estimado em cem mil pessoas), empregava toda uma "tecnologia dos espetáculos de massa" elaborada naquele tempo com o fito de possibilitá-los e era conduzida por meio de megafones, telefones e sinais ópticos, desenvolvendo-se em duas plataformas enormes (com gigantescos cenários que atingiam o terceiro andar dos prédios vizinhos), uma a dos "vermelhos" e outras a dos "brancos", ligadas por uma ponte sobre a qual uma orquestra de quinhentos músicos, sob a batuta de Hugo Varlich, tocava marchas revolucionárias. Vejamos o espetáculo, na apresentação do próprio Evrêinov:

Um tiro de canhão ressoa, a luz salta sobre a "plataforma dos brancos" e ilumina as paredes arruinadas da antiga sala. Sobre o andaime, o Governo Provisório, com Kêrenski à testa, aceita, ao som de uma *Marselhesa* falsa, as expressões de confiança de antigos altos funcionários, generais e financistas. Na "plataforma vermelha", contra um fundo de fábricas, com paredes de tijolos, o proletariado ainda não organizado, presta ouvidos, tensamente. A *Internacional* se eleva, ainda indecisa, e ao som dessa música ressoam os gritos da multidão: gritos esparsos de início, depois vindo de muitas centenas de peitos: "Lênin! Lênin!"

Enquanto na "plataforma dos brancos", o tempo passa em discussões diversas e em palavras, na "plataforma vermelha" o proletariado se reúne em torno de seus chefes [...] Segue a reprodução dos dias de julho e dos dias de Kornílov. Depois o Governo Provisório, guardado somente por alunos da Escola Militar e pelo batalhão feminino, refugia-se, em automóveis, no Palácio de Inverno." (Este, com suas 62 gigantescas janelas, é o terceiro palco de representação).

E eis que, de súbito, iluminam-se as janelas dessa última cidadela dos adeptos de Kêrenski. Os Vermelhos, dispostos em ordem de batalha, estimulados pela consciência de sua força, apontam uns aos outros a direção do Palácio de Inverno. De sob o Arco do Estado-Maior precipitam-se então carros blindados e toda a guarda vermelha da antiga Petrogrado. Do lado da Moika: os cadetes. Do lado da Passagem do Almirante: os marinheiros armados! [...] O alvo destes últimos, seu único objetivo, é o Palácio de Inverno! Do portão dessa fortaleza sitiada, ouve-se o rumor surdo dos canhões que rolam. Os alunos da Escola Militar camuflam-nos com enormes vigas. É então que o combate histórico, no qual devia tomar parte o cruzador *Aurora* – combate que havia de formar uma página decisiva da história da Rússia – começa.

Nas janelas iluminadas do Palácio de Inverno, silhuetas de combatentes; são os Vermelhos que penetraram no Palácio, após um ataque violento e rápido, e que desarmam combatendo os defensores do governo ilusório! O matraquear das metralhadoras, as escaramuças a tiros de fuzil, o ribombar dos canhões – tudo se misturou na ensurdecedora sinfonia do combate decisivo.

Dois ou três minutos de estrondos ininterruptos parecem aos nervos tensos como que uma eternidade. Mas de repente um foguete sobe ao céu e imediatamente tudo se apazigua, para, em seguida, ressoarem de novo os acordes da *Internacional* entoada por um coro de milhares de vozes. Acima das janelas, agora escuras, do Palácio, estrelas rubras projetam seu brilho violento. Sobre o próprio Palácio um enorme estandarte vermelho é inopinadamente içado [...] É o símbolo da vitória do proletariado.

O espetáculo solene chega ao fim. Começa então o desfile do Exército Vermelho.

Tal é o resumo dessa gigantesca celebração teatral, cuja maior novidade, segundo seu principal realizador, teria consistido "na organização de uma *mise en scène* coerente a desenrolar-se simultaneamente sobre três cenários, dois dos quais palcos convencionais de teatro, enquanto o terceiro, lugar real onde se deu o acontecimento histórico". E Evrêinov julgou com acerto. Pois, mais do que no emprego de uma complexa parafernália técnica e na manipulação de um exército de participantes, o grande interesse deste espetáculo foi a capacidade que sua direção mostrou de desenvolver, num espaço cênico tripartido e concomitante, uma composição una e essencialmente teatral, isto é, uma montagem dramática e não apenas espetacular. Celebração coletiva e encenação artística encontraram aí um momento privilegiado de teatralidade.

De certo modo, *A Tomada do Palácio de Inverno* encerra a fase das criações russas mais significativas na carreira de Evrêinov como encenador. Mas, durante os quatro anos que ainda permaneceu na União Soviética, sua atividade intelectual continuou muito intensa, como evidenciam os sucessivos estudos de teatro que publicou então. Trabalhos como *A Origem do Drama: A Tragédia Primitiva e o Papel do Bode na História de seus Primórdios*, *O Drama Primitivo entre os Germânicos*, *A Mestria Teatral do Clero Ortodoxo*, *Azazel e Dionísio* (sobre a origem do teatro em conexão com os inícios do drama entre os Semitas), *Teatro entre os Animais*, *Atores Servos*, *A Origem da Opereta*, *O Teatro e o Patíbulo*, *O Escândalo como Fator no Desenvolvimento da Arte* são alguns dos tópicos de um constante empenho em conhecer a teatralidade em suas múltiplas metamorfoses. Mais talvez do que pela contribuição ensaística, ligada em grande parte a estudos feitos antes da Revolução, ou pela produção dramatúrgica e cênica, que parecia haver quase cessado ou não merecer registro particular, a presença de Evrêinov no cenário soviético se fazia sentir, àquela altura, pelas repercussões de certas ideias e propostas suas, no movimento teatral. Pode-se detectá-las na LEF ("Frente de Esquerda das Artes") e até na plataforma da Proletkult ("Cultura Proletária"). Numa relação direta, elas afloravam no Teatro Ritual, derivado das pesquisas de Evrêinov acerca dos elementos teatrais nos antigos ritos populares russos, e nos diversos "teatros de formas menores", palcos de paródia e sátira pós-revolucionários, inspirados pelo estilo e pelas realizações do Teatro do Espelho Curvo.

Tudo isso não impediu que Evrêinov começasse a sentir-se manietado no ambiente soviético. Inovador irrequieto, sua arte e seu pensamento faziam-se pela contínua experimentação e discussão questionante. Na impossibilidade de conciliá-los com um estrito "engajamento" político-ideológico, que lhe era crescentemente cobrado, resolveu emigrar para a França, em 1925.

No mundo teatral francês, Evrêinov encetou uma nova etapa de sua atividade. Dullin levou, com grande êxito, no Atelier, em 1926, *A Comédia da Felicidade*. Escrito em 1919 e estreado em 1921 na "Comédia Livre" de Petrogrado, esse texto, considerado em geral como sendo a melhor coisa que seu autor escreveu, foi reapresentado várias vezes na França, encenado em vários países, tendo sido objeto de um filme, do mesmo título, dirigido por Marcel L'Herbier, com diálogos de Jean Cocteau. No conjunto, entretanto, não obstante as traduções e representações de suas peças por importantes teatros de diversos países, o trabalho de Evrêinov, em todo esse período, desenvolveu-se essencialmente em pequenos teatros experimentais, como o Théâtre 31 e o Teatro Arlequin, ou em simples salas particulares. Aí, suas obras eram apresentadas em russo ou francês, sob sua direção pessoal ou de outros encenadores, mas sempre em função das pesquisas básicas de

Os Evrêinov no cenário de suas vidas.

Montagem dos livros de Evrêinov com representação de sua figura e de figuração principal: o teatro.

sua arte – a busca da teatralidade. E é partir deste ângulo, o de incansável experimentador e propagador das novas concepções cênicas e dramáticas, assim como de "teatrósofo" apaixonado, que o papel de Evrêinov, na França, revestiu-se de grande importância. Ainda que não se apresentasse com a originalidade coruscante que o caracterizara na Rússia, foi uma atuação que despertou o interesse e mesmo a participação fervorosa de círculos restritos, é certo, mas situados no centro dos esforços de renovação do estilo e da linguagem do teatro moderno.

Entretanto, se o efeito é indiscutível, apesar da obliteração que a figura de Evrêinov e sua contribuição vêm sofrendo na literatura crítica dos últimos anos, também é indiscutível que, por efeito possivelmente do efeito de transformação evreinoviano, o processo teatral tem caminhado no sentido de tentar transmutar cada vez mais a vida do palco no palco da vida, buscando tão sofregamente apagar seus limites, fundi-los e fazê-los interagir, que a proposta precursora de um dos principais paladinos da teatralização do teatro se apresenta, hoje, apesar da ousadia de seu pensamento e do vanguardismo de sua arte teatral, como algo que apenas ultrapassa, enquanto projeto, um teatro da teatralização.

Notas para um Teatro de Síntese: Taírov

Dos principais renovadores do teatro russo no século XX, Aleksander Iákovlevitch Kornblit (1885-1950), que assumiu o nome artístico de Aleksander Taírov, foi um dos últimos a aparecer em cena no período anterior à Primeira Guerra Mundial, e também um dos últimos a deixá-la, na fase soviética. Filho de um professor, educado num ambiente em que o interesse pelas artes era uma constante, sua atração pelo teatro nasceu muito cedo, ainda criança, ao assistir a uma representação do *Fausto*, de Goethe, pelo que afirmou o próprio Taírov. Durante a adolescência, em Kiev, como estudante secundário, foi assíduo frequentador da ópera local e seu fascínio pelo tablado cênico continuou a crescer, mesmo após decidir-se a estudar Direito, em 1904. Um ano depois ingressou numa companhia local, organizada por M. M. Borodai, um empresário que se distinguiu por suas iniciativas artísticas na capital ucraniana. Como ator desse elenco, Taírov fez o papel de Lisandro em *Sonho de uma Noite de Verão*, de Shakespeare, e o de Burgo-Mestre em *A Ascensão de Hânele*, de Hauptmann, transferindo-se depois da temporada, ainda em 1905, para S. Petersburgo. Aí foi admitido na recém-formada trupe de Vera Komissarjévskaia e trabalhou, sob a direção de Meierhold, em *Irmã Beatriz*, de Maeterlinck, e na versão inicial de *Barraca de Feira*, de A. Blok, interpretando o Mendigo na primeira e a Máscara Azul na segunda. Nesse teatro, entregue justamente então à tentativa de pôr em cena a proposta simbolista, entrou em contato com as figuras de proa dessa corrente artística e da revolução teatral em curso:

Meierhold, Blok, Kuzmin, Sologub, Ivánov, Sapúnov, Sudéikin e outros. Mas, no fim da temporada, já desiludido – pelo que declara – das concepções de Meierhold que sobrepunham a tudo, na encenação, o princípio decorativo e subordinavam o ator, como artista criador, à onipotência do *régisseur*, juntou-se ao Teatro Móvel, de Gaideburov. Com esse conjunto marcadamente realista, viajou por dois anos através da Rússia, inicialmente como intérprete e depois como encenador, tendo dirigido *Hamlet*, de Shakespeare, e *Eros e Psique*, de Julávski. Em 1909, montou em Riga a peça de Andrêiev, *Anátema*, e na temporada seguinte, de volta à capital imperial, desempenhou o papel de Mizgir em *A Donzela da Neve*, de Ostróvski, bem como dirigiu *Os Interesses Criados*, de Benavente, e *A Fuga de Gabriel Schelling*, de Hauptmann.

Após essa ampla participação no teatro estilizado e realista, decidiu, em 1912, ao completar os estudos jurídicos, trocar o tablado do ator pela barra do advogado. Ainda assim, um ano depois já se encontrava de novo no palco, em Moscou, convidado que fora por Mardjánov para encenar uma pantomima, *O Véu de Pierrete*, de Schnitzler e Dognani, e *A Blusa Amarela*, ao modo do teatro chinês. Tais montagens deviam figurar no repertório de um novo empreendimento artístico, o Teatro Livre. No correr dessa experiência, em que conheceu Alisa Koonen, sua futura mulher e principal atriz do Kámerni, Taírov chegou, se não à plena formulação, ao menos a uma primeira destilação de alguns elementos de um "teatro sintético", que ulteriormente seria o *leitmotiv* de seu trabalho cênico como diretor do Teatro de Câmara (fundado em 1914) e de sua teorização do fazer teatral, nos termos em que esta se propõe em *Notas de um Diretor*, livro publicado em 1921, em Moscou.

* * *

O ponto de partida de Taírov residiu numa nítida distinção entre vida e arte, pois embora possam coincidir aqui ou ali, cada qual postula um tipo específico de verdade e, na maioria das vezes, "o que é verdade na vida não o é na arte, e a verdade artística soa falsa na vida". Isso, no entanto, não significa que a arte dispense inteiramente o concurso da vida, mas apenas que, no seu âmbito, os critérios de valor e realidade não podem ser os da realidade natural. Daí ser o naturalismo, quando colocado de maneira exclusiva e programática, uma postura errônea.

Por exemplo, a *perejivanie*, a mímese interna do *stanislavskismo* é necessária como passo inicial em todo processo criativo, mas sozinha não basta para criar uma obra de qualquer arte, inclusive de teatro. Sem dúvida, todo artista, seja ele pintor, escultor, músico, poeta ou ator, precisa primeiro "vivenciar interiormente" a obra que pretende criar. E só depois de tê-la assim vivenciado em sua alma criativa pode ele atribuir-lhe traços visíveis exteriormente, moldá-la naquela forma que é peculiar a ele. Mas, de outro lado, nenhuma ideia criativa, por mais cabalmente vivenciada que seja, chega em si mesma a ser uma obra de arte enquanto não for plasmada numa forma visível. Pois a forma é o único meio através do qual nossa criatividade se torna perceptível aos outros. Enquanto o processo de configuração não ocorrer, não pode haver uma obra de arte.

Não tem, pois, sentido, segundo Taírov, avassalar a criação dramática à mímese copiativa e pautar por esta os critérios de valor daquela, como prega em essência a corrente naturalista. Mas, em contrapartida, o puro formalismo do estilo pelo estilo, ou seja – na perspectiva do diretor do Kámerni – a resposta meierholdiana ao Teatro de Arte de Moscou, tampouco tem o que oferecer ao teatro, ou melhor, tudo quanto pode propor se resume "em três palavras: muito pelo contrário". Pois se o partidário da arte como reprodução da realidade sustenta que na cena tudo deve ser diferente da vida, seu opositor afirma que, muito pelo contrário, tudo deve ser diferente da vida; se um defende a posição de que o espectador precisa esquecer que está diante de uma representação, um jogo de palco, o outro considera que, muito pelo contrário, o público não pode esquecer por um só instante que se encontra diante de um espetáculo cênico, no teatro; e à exigência naturalista de que o ator deve sentir-se sempre em cena como se estivesse agindo no mundo real, a contestação estilística consiste em que, muito pelo contrário, o intérprete precisa lembrar-se a cada instante que está atuando no palco, desempenhando uma função representacional e simbólica a fim de criar um universo de arte teatral.

Mais do que isso a crítica tairoviana não consegue enxergar na estilização, mesmo quando esta, em sua aparição simbolista, pretende estar transbordando de significações espirituais. Isso porque ela lhe parece ser pura negatividade formal a colocar-se apenas antiteticamente em relação ao naturalismo: afirma aquilo que a corrente contrária repudia, sem atentar para a verdadeira natureza do teatro em seu jogo da encarnação.

De fato, argumenta o autor das *Notas de um Diretor*, a preocupação com a forma não quer dizer que se possa expulsar sumariamente a emoção do palco. A arte teatral é seriamente afetada em seu âmago se a cena se converte em mero painel para o exercício de um pincel diretorial de composições plásticas. Ainda que estas recebam rica iluminação filosófica e ressumam inebriante sugestão poética, a força vital da operação artística no teatro é desviada da fonte própria e o trabalho do ator, em sua função central na metamorfose cênica, sofre um processo de esvaziamento e estiolamento, que lhe consome a dinamicidade e lhe achata a corporeidade, convertendo a figuração em "mancha pictórica" de um arranjo espetacular, de dominante cenográfica, cujo elemento básico de construção teatral é o do efeito de exposição decorativa e não o da representação dramática.

Assim, condenado por força de suas concepções a aproximar-se tão-somente por via externa do processo de criação cênica, o teatro da estilização conduziria, segundo Taírov, "inevitavelmente à mecanização do ator, à destruição de seu ego criativo". Pois se a "vivência emocional" em si, "não moldada numa forma correspondente, não constitui uma obra de arte cênica, de outra parte, a forma oca, não saturada de emoções correspondentes, não toma o lugar da arte viva do ator". Este vê a expressão de seu desempenho presa a constrangedores fios compositivos e encenantes que o manipulam como cordéis de um marionete, desnaturando não só seu papel no jogo da criação dramática, como a própria qualidade da experiência e da comunicação estética no teatro.

Na verdade, o encenador do Kámerni considera o teatro uma arte específica, que se afirma por uma forma exclusivamente sua, gerada pela interpretação do comediante. Como tal, suscita e apresenta na ribalta uma vasta gama de experiências emocionais, que no entanto não se confundem com as da vida real, na medida em que se subordinam à "imagem cênica", sendo produto do poder de imaginação e criação do desempenho, ou, para dizê-lo com as palavras de Taírov, "A figuração cênica é uma síntese da emoção e da forma, vivificada pela emoção criadora do intérprete". Este, em toda incorporação efetiva e bem-sucedida da máscara dramática, traduz em enformação visível imagens internas, que associa a sensibilizações cênicas genuínas, moldando assim, com o que "o ator chama do país encantado de sua fantasia para o âmago de seu ser criador", a obra de sua arte.

É claro que o processo dessa "interpretação", ou seja, da produção atoral de "representações", coloca desde logo em jogo, como um dos eixos fundamentais de trabalho, a personalidade do artista-comediante, seu feitio psicológico, em dois aspectos básicos e interligados. Um é o de sua qualidade sensível e imaginativa, e o outro, o de sua aptidão histriônica. Ambos se combinam, em graus diferentes, variando de ator para ator.

Se o poder expressivo do intérprete teatral é algo singular, intimamente ligado às suas características pessoais e às virtualidades de seu psiquismo, isso significa que sua mobilização para o desempenho não pode dispensar-se de aproximações ao nível de tais realidades, dirigidas para o foco de sua interioridade, e de tratamentos correspondentes, capazes de solicitar seu envolvimento e de fazê-lo numa articulação e mesmo disposições adequadas. É o plano que Taírov chama de "técnica interna do ator". Ela "consiste em desenvolver a vontade e a fantasia criadoras, em saber tirar daí não importa qual imagem cênica, em despertar e dominar as emoções indispensáveis", e o seu melhor instrumento de promoção é a *improvisação*. Seu exercício, graças ao repertório infinito de possibilidades, pode contribuir decisivamente

Aleksander Taírov que dirigiu o Teatro Kámerni desde a fundação até sua dissolução. Foto de 1932.

Alisa Koonen como Catarina na Tempestade, *de Ostróvski. Esta brilhante atriz, cujo nome ficou intimamente ligado ao repertório de Kámerni, foi casada com Taírov.*

para disciplinar o impulso inventivo do comediante e estimular sua imaginação configurativa.

De outro lado, nada disso será levado ao seu escopo, vale dizer, à materialização cênica efetiva e à realização da obra teatral, que resulta antes de mais nada da operação do desempenho concreto, se o comediante não imprimir à sua ação expressiva a forma necessária e não elaborar os signos que a tornarão "representativa" para algum vedor em postura de recepção cênica. Nesse sentido, faz-se mister que o intérprete saiba utilizar os elementos que lhe são próprios e que fundam e armam a configuração material de seus atos criativos. Tais elementos são o corpo, a respiração, a voz, o "eu" físico; e a "técnica exterior" do comediante é o esforço ordenado para alcançar o poder de pleno uso dos mencionados materiais. "Se o ator não é um exímio praticante dessa técnica, se não exerce sobre eles o domínio indispensável, seus projetos mais brilhantes, suas imagens interiores mais audaciosas e as mais inspiradas se acham de antemão condenadas e não atingirão o espectador, ou irão atingi-lo como uma imagem refletida por um espelho deformante, mutiladas e desfiguradas".

Nessas condições, tendo-se em vista a função do ator no teatro e os meios requeridos para levá-lo a preenchê-la, não há que falar nem de "sistemas" de atuação dotados de validade metodológica universal, nem de princípios diretoriais que possam eliminar por inteiro o fator individual e subjetivo e o alto grau de particularidade assim introduzido na criação interpretante. Na visão tairoviana, é errônea a pretensão de que a primeira abordagem seja por si capaz de assegurar o provimento de graus satisfatórios de "realidade" psicológica, social e humana, de verossimilhança mimética e, como consequência, de "verdade" artística, às elaborações teatrais, e de que a segunda consiga superar a "diferença" em cada comediante – que se instala já no próprio partejamento da ideia-imagem do papel-personagem, cujo segredo "é tão maravilhoso, tão incomunicável quanto o da vida e da morte" – substituindo o ator vivo pela supermarionete craiguiana a fim de realizar formalizações teatrais mais rigorosas, suscetíveis de instituir, como base de universos metarrealísticos e poéticos, uma firme esteticidade da obra cênica. Uma e outra submetem unilateralmente a manifestação teatral a falsos dogmas, afirma Taírov.

Para esse encenador russo, cuja poética da cena engloba a do simbolismo russo e procura ultrapassá-la, a síntese na qual a teatralidade é restaurada de um modo pleno e orgânico, consentâneo com sua natureza íntima e com as formas de sua exteriorização, só se efetua quando a caixa cênica dá relevo à criatividade do comediante, no que ele tem de espontâneo como espírito imaginante e controlado como corpo atuante. Isso exige não um teatro do ídolo, mas um ídolo do teatro, um "superator", "um *mestre*-ator que comande todos os recursos de sua arte multifacetada com igual facilidade", um virtuose do corpo, da voz e da elocução, conhecedor das técnicas da personificação, tanto quanto da dança, canto, bufonaria, malabarismo etc., pois no seu desempenho nada pode faltar.

Tal "mestria" do intérprete não dispensa, entretanto, o trabalho criativo do diretor. Ao contrário, o pressupõe. Pois, "na medida em que o teatro é o produto de uma criação coletiva, há necessidade de um *metteur en scène* cuja missão é coordenar organicamente a criação de individualidades distintas e finalmente harmonizá-las". Visto como um timoneiro do barco da representação teatral, é ele quem dirige a preparação da montagem e a conduz à sua destinação artística. Daí a exigência de que tudo esteja sob seu controle. Cada elemento, cada actante deverá integrar-se à perfeição no projeto e no processo de criação pautados pelo encenador, como no balé, arte que constitui uma espécie de parâmetro e horizonte ideal de Taírov (pois "a natureza real do teatro se conservou aí em sua forma mais pura"). Nesse verdadeiro *corps de théâtre*, cada artista da execução tem consciência de que o desenho estabelecido de comum acordo com o *metteur en scène* não o impede de mostrar sua arte individual, "mas ao contrário lho permite, pois a forma dada ou inteirada por aquele em seguimento a numerosas pesquisas, baseia-se num inventário rigoroso de todos os recursos pessoais de cada intérprete, na perspectiva artística geral de toda a representação". A essa luz, em vez de ser privação de autonomia operativa, a dependência do ator em relação ao *régisseur* "não é outra coisa no fundo senão a afirmativa extrema de sua liberdade criadora". Assim, o "mestre de cena" – e é o que ele deverá ser para levar, com talento e delicadeza, cada comediante a doar-se livremente à limitação de sua liberdade e à submissão desta à necessidade da conjugação criadora da obra cênica – será o outro e obrigatório foco gerador da enformação propriamente teatral. A arte do encenador, afirma Taírov, "é um fenômeno inerente à arte do teatro".

No processo de gestação da montagem, âmbito onde se exprime essencialmente o trabalho da direção, incumbe a esta, em primeiro lugar, produzir "a concepção artística do espetáculo", isto é, pensar sua forma, sem jamais perder de vista a natureza e a dinâmica da coletividade empenhada em tal realização. Só depois de chegar a essa configuração fundante, poderá passar à fase subsequente, quando se põe a "criar ou procurar um 'cenário' ou o jogo de uma peça".

Vê-se, desde logo, a parte que Taírov atribui à literatura no teatro, sobretudo naquele que assume sua teatralidade. De fato, mais radical ainda que Meierhold nesse ponto, encara o material literário como simples matéria-prima dos mestres encenantes na medida em que o teatro é uma arte a ser valorizada em si e por si, cabendo-lhe prover dentro do possível todos os seus componentes. Idealmente, os textos teatrais devem ser cenários e diálogos criados pelo *ensemble*, como os *canevas*, os cenários-argumentos da *Commedia dell'Arte*. Só quando "o patético da emoção" exigir uma linguagem poética adequada ou se houver necessidade de conferir ao discurso do ator "o indispensável desenho rítmico", o poeta será chamado a trabalhar com o coletivo a fim de compor as falas requeridas. A bem dizer, num teatro voltado realmente para sua própria linguagem, a literatura dramática terá de renunciar à centralidade de seu lugar tradicional e seu autor irá atuar no conjunto teatral como "auxiliar" da criação cênica, a serviço da interpretação e sob a batuta da encenação. De todo modo, a pesquisa dos elementos textuais e seu arranjo na composição de uma montagem correspondente, "eis a segunda fase do processo de plasmação de um espetáculo por um diretor".

A música é outro instrumento importante para delinear o espírito e o estilo do espetáculo, que deve desenvolver-se nos termos de padrões e *leitmotive* especialmente ajustados à sua comunicação. Por isso, o fundador do Kámerni considera que "sentir a pulsação rítmica de uma peça, ouvir sua vibração, sua harmonia, e depois orquestrá-la, tal é a terceira tarefa do encenador". E ela não se liga somente a seus efeitos imediatos nas montagens atuais. Pois a arte dramática está dando apenas os primeiros passos no seu trabalho com o ritmo e chegará o tempo em que "o teatro e o ator serão de tal modo mestres do ritmo que poderão efetuar em cena um desenho coribântico ou, ao contrário, arrítmico, com respeito ao desenho musical, mas em si não menos musical e rigorosamente construído". Então, nos diz Taírov, pondo mais uma vez a nu o fundo wagneriano de sua estética, "talvez nascerá o verdadeiro mistério teatral", cujos ritmos discordantes poderão engendrar "uma harmonia nova e surpreendente".

Contudo, retornando ao palco da atualidade, o diretor tairoviano passa à etapa culminante de seu trabalho preparatório da representação, ou seja, à elaboração do "espaço cênico em que o ator deve agir". Fundamentalmente, trata-se de atender às condições da nova teatralidade sintética, no plano do jogo interpretativo e das moldagens encenadoras. Para tanto, é preciso abandonar a maquete servil do cenógrafo naturalista e o esboço bidimensional dos cenários pintados do teatro da convenção estilizada, assentando nas tábuas do palco, através da pesquisa sobre composições com corpos sólidos na "neo-maquete", a construção cenográfica da montagem. Isso porque a arte do desempenho só se concretiza no corpo do comediante, ou seja, em três dimensões, o que remete sempre o seu modo de compor-se e as formas assim compostas à geometria volumar. "Daí a necessidade de dar ao ator uma área de jogo que o ajude a resolver seus problemas e um espaço cênico que lhe convenha. Um tal espaço não tem existência sem um volume determinado. Somente a neomaquete pode servir de modelo a esse volume".

De outra parte, visto que toda tarefa e toda apresentação em cena possui sua cadência, a encenação precisa descobrir um traçado rítmico para o espetáculo e estruturar a área de representação segundo esse desenho. Portanto, da concepção que se tenha do ritmo de cada *mise en scène* dependerá a maneira de se dispor a maquete ou, mais exatamente, de se organizar o chão de seu tablado.

Rompendo a planura do palco por meio de praticáveis de diferentes níveis, a direção desenvolverá, conforme as demandas da atuação e das cadências configuradas, construções horizontais e verticais que criarão no teatro toda uma gama de formas. Estas, verdadeiros "cristais originais" tomados ao "maravilhoso mecanismo do sistema universal", poderão expor-se ao espectador com toda a pureza de seu caráter abstrato e geométrico, na medida em que "as forças tridimensionais da neomaquete respondem apenas a regras de harmonia e não intervêm para suscitar ilusão de vida [...] seu fim exclusivo é fornecer suporte rítmico e plástico para que o ator possa mostrar sua arte".

O construcionismo da neomaquete permite ao artista do teatro moderno, crê Taírov, escapar da superfície plana e, como os raionistas, cubistas e futuristas nas artes plásticas, enfrentar os problemas da construção. Entretanto, essa nova abordagem da cenarização teatral não soluciona um aspecto relevante da criação do espaço cênico, que é o da dinâmica de suas transformações, sobretudo daquelas que devem ocorrer à vista do espectador, de modo que ele possa acompanhar a ação dramática e o jogo cambiante das emoções na encarnação que lhes dão o comediante e sua arte. As técnicas da iluminação, além de outras, resolvem o caso, se forem liberados "os gênios que se escondem nas ampolas elétricas hermeticamente fechadas".

Com isso o diretor do "teatro sintético" chega à questão da cor cênica em geral. Tendo rejeitado o domínio do pintor na cenografia, não recusa sua contribuição à cena teatral, porquanto reconhece que "ela desempenha aí um papel magnífico e de primeira ordem". Mas exige que, assim como a construção cênica do espetáculo precisa alicerçar-se na sua organização rítmica e plástica, a composição cromática "deve corresponder às perspectivas da *mise en scène*".

Somados ao costume, que é "a segunda pele do ator, a máscara visível de sua imagem cênica", tais elementos ao definirem o espaço de representação, definem também a atmosfera e o estilo cênicos que o comediante encarna. No seu jogo, objetivo final e exercício principal da arte do encenador, a forma teatral se inteira. Massa, linha, a cor se compõem com voz, movimento e gesto, numa síntese que se faz desenho e emoção teatrais.

Assim, direção e atuação constróem a estrutura espacial e o ritmo que estabelecem os padrões pelos quais o espetáculo deve desenvolver-se e formam seu desenho estilístico, integrando em unidade harmônica o corpo do ator, na sua tridimensionalidade, e a do espaço de jogo cênico – como propõe Appia – e criando as condições de coerência para a obra de arte teatral efetivar-se na forma estética acabada e "monolítica" – como deseja Taírov.

Cenas de um Teatro de Síntese: Taírov I

A prática do Kámerni, ao longo dos 35 anos em que se desenrolou (1914-1949), não foi bem o que as *Notas de um Diretor* teorizavam em 1921. Pois, embora não tenha negado espaço à expressão do talento pessoal de seus intérpretes, promovendo a veia trágica de Alisa Koonen e o pendor arlequinesco de Nik Tseretelli, e embora haja dispensado o autoritarismo teatrocrático, recorrendo usualmente à argumentação didática e à persuasão da diplomacia para conduzir os trabalhos no processo de montagem, o teatro feito por Taírov foi essencialmente um teatro do diretor. Mais do que a de um *maître* harmonizante, sua função em cena, na sucessão dos espetáculos produzidos pela trupe, projetou-se como uma dominadora presença encenante. Isso, seja porque o postulado sobre o papel central do ator e de sua individualidade na plasmação da obra de arte teatral se esboroava, na medida em que não era acompanhada de um método específico de exercício ou de outros meios capazes de assegurar efetivamente à imagem e ao gesto criativos do comediante o lugar que lhe era consignado na teoria; seja porque a síntese proposta era inspirada por um esteticismo diretorial tão marcante que a encenação, já por permear e encaminhar todo o processo gerativo da representação, acabava submetendo aos moldes da integração e do remate todo laivo de criação independente na figuração atoral; seja, finalmente, porque a personalidade artística do *régisseur* polarizava inteiramente o labor de seu elenco e dos demais fautores da produção.

Fosse como fosse, transgredindo ou não os princípios por ele mesmo colocados, as realizações deste *metteur en scène,* no Kámerni, distinguiram-se, desde o início, no movimento teatral russo da época, com um selo e uma contribuição próprios. Se o Teatro de Arte de Moscou trouxe o naturalismo e a "atmosfera", se Meierhold articulou a linguagem simbolista e vanguardista do "novo teatro", se Komissarjévski desenvolveu a "cena filosófica" de um "ator universal", se Evrêinov converteu o tablado na manifestação estética de uma teatralidade pré--estética e quis dar livre curso ao realismo da convenção cênica até levá-lo à "teatralização da vida", se Vakhtângov buscou unir o mimético natural e o expressivo teatral nas representações de um "realismo fantástico", coube a Taírov, na sua busca de um "teatro da forma emocionalmente saturada", orquestrar uma síntese formal da emoção e da imaginação na artisticidade cênica.

Mas o acento desse teatro não caiu, como se poderia pensar à primeira vista de seu nome, no espetáculo puramente camerístico. A denominação Teatro de Câmara não deve induzir a erro, diz o próprio Taírov:

> Esse nome nos parecia muito claro e muito natural [...] Queríamos trabalhar fora do alcance do espectador médio, esse filisteu firmemente refestelado nas salas de teatro; queríamos contar com uma pequena plateia de câmara, constituída por *nossos* espectadores, insatisfeitos, inquietos, em busca de algo como nós [...] Daí por que chamamos o nosso teatro "de Câmara". Mas por certo não cogitamos por um instante sequer em refrear de alguma maneira nossa obra, nem a nós mesmos com essa designação. Não desejávamos de modo nenhum nem repertório de câmara, nem métodos de encenação e realização de câmara; por sua própria essência eram estes, ao contrário, alheios às nossas intenções assim como às nossas pesquisas.

Na verdade, o espetáculo teatral era para Taírov[1] um mito ou uma lenda materializados no palco, uma existência feérica encarnada em *ludus* e mistério dramáticos, algo como um esfuziante cerimonial onde a magia cênica – com o rigor de uma arte da interpretação e da encenação levadas à perfeição rítmica, expressiva e harmônica – procedesse à metamorfose dos seres e das coisas em cena, transmutando-os em representações encantadas, mas nem por isso menos verazes, da realidade humana em sua dupla máscara, a do carnaval farsesco e a da paixão trágica.

A ideia do teatro como algo que se eleva acima do terreno e do quotidiano e se relaciona com as danças sagradas dos antigos templos é visível no espetáculo de estreia do Kámerni, ocorrido em Moscou, em 1914, quando a Rússia já estava em guerra contra as Potências Centrais. O novo grupo apresentou *Sakuntala,* uma das principais obras

---

1 Cf. Nikolai A. Gortchakov, *The Theater in Soviet Russia*, 2ª edição, New York, Columbia University Press, 1958, p. 88.

da dramaturgia hindu, escrita no século V a.C., pelo poeta sânscrito Kalidasa, e adaptada pelo simbolista russo Balmont.

Taírov encheu a cena de corpos quase nus, pintados de várias cores[2], apenas cobertos por alguns pedaços de pano colorido, que se moviam ritmicamente em conformações de grande beleza visual, em meio a procissões e pantomimas. Numa autêntica ópera-balé, inspirada em velhas miniaturas hindus, desenvolvia-se a história de Kalidasa, em que um rei da Índia, Dusianta, se apaixona pela filha de um sábio asceta e de uma ninfa, e depois perde a memória, deixando de reconhecer sua amada, Sakuntala [Alisa Koonen].

Tudo o que iria caracterizar subsequentemente a linha de encenação de Taírov já era sensível ou embrionário em *Sakuntala*. Um cenário onde Pavel Kusnetzóv, um seguidor de Gauguin, deu largas a um luxo de raro refinamento. Composição brilhante pela unidade de ritmo e forma. Cenas de massa construídas em cadência profunda e em harmonia coral. Ritualidade, musicalidade. Desenho gestual de balé. Aura de colorida festa teatral. O palco convertido ora em quadro de pintura feito por um artista consumado, ora em notável grupo escultural. Multiplicação de cenas, geradas por um tratamento segundo o qual "todo movimento das personagens, cada uma de suas posturas era (isto é, decupava) uma cena". Qualidades plásticas, sobretudo pictóricas. Vibrações simbólicas.

O mesmo pode-se dizer de *Le Mariage de Figaro* (As Bodas de Fígaro), de Beaumarchais, que Taírov apresentou em 1915, com cenografia de Sudêikin. Ainda que também lembrasse o "teatro da convenção" e, nesse caso particular, os recursos empregados por Meierhold no *Don Juan* de Molière, inclusive na tentativa de ligar a expressão cênica do texto à época em que viveu o dramaturgo, o espetáculo não foi apenas, como pretende Ripellino, "o usual repertório de tecidos pomposos, de pérgulas, de toldos coloridos, de lampiões, festões, arabescos e guirlandas [...] a servir de pretexto para uma récita ornamental, para uma revista de figurinhas de porcelana e aparências de baile de máscara que, borboleteando como os fantoches das *fêtes galantes* verlainianas, esforçavam-se para resistir à exuberância da cenografia [...]"[3] Pelo menos, não é essa a impressão de testemunha contemporânea, que escreve:

> Cortinas variegadas partem-se uma após outra, como as cortinas dos séculos, pastoras de cabeleiras empoadas começam a descer uma escadaria dourada em direção da plateia juntamente com negros em jaquetas douradas, *paysans*, *paysannes*, arlequins, juízes e um balé. Era uma vívida e colorida coleção de símbolos de uma era passada. Não era meramente um belo espetáculo, mas o conceito por trás da montagem toda

---

2 Segundo o princípio da "pintura de corpo", para substituir a roupagem teatral, que Taírov considerava desgastada.
3 Angelo Maria Ripellino, *Il Trucco e l'Anima*, 1965, pp. 348-349.

[...] A comédia não era tanto interpretada como era mostrada, e não era tanto mostrada como era apresentada. O teatro se glorificava abertamente por sua caprichosa reencarnação da época de Beaumarchais[4].

No entanto, *As Bodas de Fígaro* não trouxeram ao Kámerni as definições que esse teatro procurava. Como o próprio Taírov reconhece, "a peça toda carregava o selo da 'estilização', sob cujo verniz era difícil distinguir os lineamentos de novos ritmos e formas cênicas que haviam sido incorporadas à encenação em vários lugares"[5]. Essa ordem de problemas continuou a afligir outras montagens realizadas pelo Kámerni na mesma época, embora a inscrição cênica fosse nelas efetuada com a ajuda do pincel raionista de Lariónov e Gontchárova, em *O Leque*, de Goldoni, e Lentúlov, em *As Alegres Comadres de Windsor*, de Shakespeare, nos anos de 1915 e 1916, respectivamente. Pois, na medida em que a cenografia era confiada basicamente à pintura, fosse ela impressionista, cubista ou futurista, o intérprete via-se, na expressão de Ripellino, "como um infeliz crustáceo a debater-se num dilúvio pigmentário"[6], sem meios para operar de um modo funcional e sem formas tridimensionais adequadas para apoiar seu desempenho no espaço cênico.

A primeira afirmação incisiva de uma orientação e um estilo com autonomia efetiva em relação às abordagens dominantes no teatro russo da época, e sobretudo em face do teatro meierholdiano da convenção, veio, para Taírov, com a *mise en scène* de *Famira Kifared* (Tamira, o Citarista), 1916, de Inokênti Ánenski, um simbolista dos mais refinados e um helenista de vasta erudição. A lenda, a respeito da qual Sófocles teria escrito uma tragédia, trata da história de Tamira, filho de um rei e da ninfa Argíope, que, abandonado pelos pais, torna-se músico, tocador de cítara ou lira, vivendo solitariamente nas montanhas. Sua existência prossegue assim até os vinte anos, quando a mãe vem procurá-lo e não mais se afasta de sua companhia. Agora, ela o ama entranhadamente e, por não querer perdê-lo, faz com que ele perca um concurso musical com uma das Musas, que deveria tornar-se sua mulher se Tamira vencesse. O revés abala profundamente o citarista, que passa a considerar-se falto de talento, perde a habilidade de execução de sua arte, e como castigo por haver competido com uma divindade, é levado a cegar-se a si mesmo, enquanto sua mãe é metamorfoseada em pássaro. O relato dramático encerra muitas alusões ao modo de ser e ao papel do artista, estando também permeado de sugestões trágicas sobre a existência humana e o caráter incompreensível de seu destino.

4   N. A. Gortchakov, *op. cit.*, p. 89.
5   A. Taírov, *Notes of a Director*, Coral Gables, University of Miami Press, 1969, p. 63.
6   *Op. cit.*, p. 349.

Desenho de figurino para Famira Kifared *por Alexandra Exter, na* mise en scène *de Taírov, 1916.*

A arte da cenógrafa e figurinista Alexandra Exter, em dois desenhos para Famira Kifared, *1916.*

O texto continha, sem dúvida, um repertório bastante completo dos acordes que Taírov queria, àquela altura, fazer soar em seu teatro: densa carga simbólica, destilada espiritualidade estética, jogo dramático requintado entre emoção e forma e, sobretudo, suficiente rarefação da poesia verbal para dar espaço a uma poética cênica que pretendia falar por si mesma – aqui, em *Famira*, sob máscara trágica – a linguagem marcadamente plástica e dinâmica da nova teatralidade.

Foi o que a encenação tairoviana conseguiu nesse espetáculo, graças à feliz conjunção com a cenografia de Aleksandra Êxter. Pintora que já se fazia notar na arte de vanguarda russa, desenvolvia sua pesquisa e experimentação numa linha de síntese para os problemas de forma e movimento colocados pela pintura cubista e futurista. Numa plasmação puramente abstrata, suas *Composições Dinâmicas* ou *Construções Dinâmicas*, por exemplo, tematizavam as relações entre ritmo, cor e forma. Tratava-se, portanto, de uma perspectiva de trabalho que, por vários títulos, ia ao encontro das buscas do Kámerni.

Os esforços para criar o dispositivo cênico de *Famira Kifared* levaram o teatro de Taírov, numa verdadeira instrumentação programática, a libertar-se da maquete naturalista e da pincelada simbolista ou mesmo cubofuturista, para moldar o que o diretor do novo grupo moscovita chamou, em suas *Notas*, de "neomaquete". Com seu auxílio, pôde "estruturar geometricamente a 'cubatura' do palco e principalmente compor sua planimetria"[7], articulando o plano cênico, segundo o ensinamento de Appia, de maneira a torná-lo "para o ator um dúctil e dócil teclado [...]", para a execução da "música" gestual e verbal do desempenho. De outra parte, a solução dada à estrutura cênica também resolvia a questão do ritmo cênico, uma vez que o estabelecimento da primeira constituía o módulo básico do segundo e este era o padrão principal a pautar a dinâmica da atuação e o desenvolvimento do espetáculo em conjunto.

Famira foi construído em torno do choque dos cultos de Dionísio e Apolo, em duas claves ou ritmos: um deles representado por Tamira e sua arte, de clareza apolínea, harmonioso, cheio de dignidade e nobreza, situando-se na área superior do centro do palco; o outro, báquico, ligado a cones, cubos e praticáveis, de onde, em disposição coral, sátiros e mênades envolviam dionisiacamente o motivo central, urdindo com seus "turbilhões desenfreados" os fios do destino trágico do protagonista. "Tudo se passava como se a própria estrutura da maquete contivesse os conflitos fatais dos dois cultos que impregnavam a tragédia do citarista"[8], observa Taírov.

Em correspondência com esse dispositivo rítmico e plástico, o ouro, o azul e o preto davam ao quadro cênico o diapasão cromático

---

7   A. M. Ripellino, *op. cit.*, p. 350.
8   *Op. cit.*, p. 112.

e faziam vibrar em seu interior, como efluências de cor, o impulso de Tamira para a contemplação solar e a sua queda trágica nas sombras da cegueira. Mas o principal papel no jogo contrapontístico dos efeitos visuais não estava a cargo da pintura e, sim, da iluminação. Tomada na perspectiva de Appia, coube-lhe integrar a dinâmica da interpretação à estática da cenarização, compondo suas relações e semantizações numa trilha sinestésica de luminescência sugestivas e significativas. Tonalidades cambiantes, que iam do azul-claro prateado a uma coloração opalina alaranjada e à púrpura, filtravam-se pela tela que cobria todo o fundo do palco, projetando, a cada cena, conotativamente, a "atmosfera" da encenação, seus *leitmotive* poéticos e míticos. Pespontando ao mesmo tempo na costura do tecido cênico destaques emocionais, acentos espirituais e expressões comportamentais da ação e das personagens, a luz dos refletores, a "luz emocional" dos expressionistas, também se constituía em actante sensível da narrativa e da progressão dramáticas.

Requinte artístico, concentração semântica, precisão formal conjugaram-se outrossim na indumentária. Taírov considerou a solução dada à questão no drama do tocador de cítara como uma das mais felizes, "porque [...] o papel principal foi consignado ao corpo do ator e quase não havia vestimenta"[9]. Desnudado ao máximo, mas com a pele pintada como que de esboços e linhas de força, cuja funcionalidade – não apenas decorativa – a cinética do desempenho ressaltava, o conjunto desempenhante compunha-se com o feitio volumar do cenário e, qual escultura viva, parecia servir-lhe de "relevo animado", tanto mais quanto os movimentos, individuais ou coletivos, obedeciam a um desenho balético e ao propósito, entre outros, de harmonizar-se com as disposições plásticas cenográficas. Assim, diz Claudine Amiard-Chevrel, todo volume cênico tornava-se vivo, participante da ação, "inclusive o falso 'vazio' colorido da tela do fundo, bem como os corpos dos comediantes tratados como fragmentos do volume geral"[10].

O trabalho interpretativo, por sua vez, em consonância com a concepção da *mise en scène* que nucleava em dois motivos centrais a evolução dramática do espetáculo, desenvolveu-se igualmente por duas vias em contínua contraposição. Numa, em que Tamira era encarnado, o estático predominava, ora com o caráter absoluto da visão inspirada do vate a ditar o recitativo, quase de canto extático, que modulava a proferição das estâncias poéticas; ora mais relativizado, em falas marcadas pela emoção e necessitadas de um gesto expressivo, porém contidas em seu *élan* nas barras de um ritmo de pronúncia muito lenta, numa sequência quase de puros fonemas. Noutra, onde se configurava o universo dos sátiros e das bacantes, com sua vitalidade animal e seus

9   *Op. cit.*, p. 124.
10 "Préface", *Le Théâtre Liberé*, p. 12.

impulsos sem peias, reinava um ritmo sincopado de frenesi dionisíaco. Um recontro dramático da emotividade essencializada da forma artística e a passionalidade explosiva da vivência do artista.

Nesse conceito cênico de contraposições e justaposições, em que se entretecem estilemas das mais variadas origens, a sugestividade simbolista, a dinamicidade futurista e a concretude cubista são constantemente reinscritas na elaboração tairoviana. E isso, de tal modo que nela se perfila um espírito de colagem, mas não fragmentadora, porém de "síntese", como no cubismo sintético, sob a égide da integração harmônica ou tonal e do acabamento perfeito da obra. Trata-se de um elemento que frutificará no estilo de representação e encenação do Teatro de Câmara, sobretudo em seus espetáculos mais significativos. Na verdade, o esteticismo vanguardista será um timbre constante da criação cênica de Taírov, mesmo quando as imposições político-ideológicas o obrigarem a desviar-se de uma teatralidade manifestamente formalista, para montar peças mais enquadradas na linha partidária stalinista, a de um realismo que veio a ser chamado de socialista.

Naquele momento, entretanto, nada impediu a livre expansão das tendências mais intrínsecas e propulsoras do trabalho do diretor do Kámerni. Nem mesmo a Revolução de Outubro o fez. Muito pelo contrário. Foi sob o impacto de sua imensa vaga libertária, e com o amparo do novo Estado soviético, que as pesquisas formais de Taírov e o seu esforço para dar ao palco uma expressão estética própria se intensificaram e atingiram seu ápice. Basta ver que se as montagens de *Salomé*, de Oscar Wilde (uma das mais fecundas dessa fase, 6 de outubro de 1917), de *Arlequim-Rei*, de R. Lothar (29 de novembro de 1917), de *La Boîte à Joujoux*, de Claude Debussy (balé encenado como pantomima, 21 de dezembro de 1917) podem ser encaradas como produtos de concepções amadurecidas no período anterior ao Outubro Vermelho e ligadas diretamente às propostas consubstanciadas em *Famira Kifared*, nem as encenações de 1918 (*L'Échange*[11], de Paul Claudel)[12], nem as dos anos ulteriores, até 1922[13], isto é, a fase das realizações

---

11   Convém indicar, talvez não apenas a título de curiosidade, que Meierhold colaborou no planejamento dessa *mise en scène* (v. Edward Braun, *The Theater of Meyerhold*, p. 154, nota). Naquele momento, a distância estética entre ele e Taírov não terá sido tão grande quanto poderia parecer à luz das profundas divergências ulteriores, mesmo porque o encenador de *Mascarada* acabava de emergir de uma longa fase com forte impregnação esteticista, como, aliás, evidenciavam seus dois primeiros trabalhos (anteriores ao *Mistério-Bufo* de Maiakóvski) no período pós-revolucionário, *Pedro, o Padeiro*, de L. Tolstói, e a ópera *O Rouxinol*, de Stravínski.

12   Taírov mesmo caracteriza as montagens de 1916-1918 como tendo sido aquelas pelas quais pôde romper decisivamente com o teatro naturalista e estilizado e enveredar por um caminho próprio, o do "*teatro da forma emocionalmente saturada*", que ele define como o "*teatro do neorrealismo*" (grifos de Taírov).

13   As montagens do Teatro de Câmara, nesse espaço de tempo, são as seguintes: *Adrienne Lecouvreur*, de E. Scribe e E. Legouvier, 1919; *Princesa Brambilla*, de

mais características do Kámerni, apresentam quebra de continuidade na linha de ideias e de criações cênicas de Taírov. Há sem dúvida nessas produções aprofundamentos, passos à frente, síntese, consecuções particularmente expressivas, mas tudo isso permanece sempre voltado para o mesmo norte estético, o da linguagem de uma teatralidade pura. Prova-o o livro em que concentrou a essência de seu pensamento artístico, *Notas de um Diretor*, e que provém exatamente dessa mesma época, tendo sido publicado em Moscou, em 1921. Aí, é reafirmado no plano teórico, crítico e prático o pensamento de que o teatro é o teatro e a vida é a vida, e a vida do teatro não é o teatro da vida, embora nem por isso o teatro seja menos representativo da vida: da realidade dos homens (o "neorrealismo" de Taírov).

Explica-se, pois, que em plena guerra civil, num momento de fome, tifo e destruição generalizada, Taírov tenha ousado apresentar o drama de amor entre Maurice de Saxe e *Adrienne Lecouvreur*, de Scribe e Legouvier. Cetins, rendas, policromia de sedas, cintilação de jóias, gestos preciosos, vozes ricas de inflexões melodiosas, movimentos coreografados em compasso de minueto configuravam um espetáculo em que combinações precisas de sentimento e forma, estilizadas em rococó, localizadas cenograficamente nos bastidores da Comédie-Française, comunicavam a um público, mal-vestido, às vezes rude e sombrio, envolvido num cataclismo histórico, uma mensagem de refinada sutileza, dramaticidade lírica, compassiva ternura e colorida plasticidade. Ainda que seu objetivo tenha sido também, como escreve Ripellino, o de contrapor "o egoísmo intrigante dos aristocratas à pureza solitária da grande intérprete setecentista e de seu *régisseur* Michonnet..."[14], tratava-se sobretudo de projetar o enredo para esferas "absolutas e transcendentes". Nelas, além de um "rococó... (que) pretendia ser, não tanto rememoração de uma época, quanto imagem de um rococó imortal, concebido como perene paradigma da futilidade e hipocrisia", representava-se a essência de uma teatralidade que via no seu jogo lúdico, na formalização rigorosa de seu faz-de-conta, a condição e o valor de sua representatividade vital, social e humana[15].

E. T. A. Hoffmann, adaptação cênica de L. Krassóvski, 1920; *L'Annonce faite à Marie*, de P. Claudel, 1920; *Romeu e Julieta*, de W. Shakespeare, 1921; *Fedra*, de J. Racine, 1922; *Signor Formica*, de E. T. A. Hoffmann, adaptação cênica de V. Sokolov. 1922; *Giroflé-Girofla*, de C. Lecocq, 1922.

14 *Op. cit.*, p. 357.
15 E até que ponto a montagem de *Adrienne Lecouvreur* carreava elementos que iam ao coração do ideário artístico e da visão teatral do Kámerni e de seus criadores torna-se ainda mais perceptível quando se sabe que, ao serem afastados do Teatro de Câmara, Aleksander Taírov e Alisa Koonen, apesar de terem em seu repertório realizações de maior envergadura, deram essa obra como representação de despedida, em 13 de maio de 1949, e que, em setembro de 1950, a marcha fúnebre de encerramento dessa peça, no Kámerni, acompanhou o notável *régisseur* à sua derradeira morada.

Esse universo como tal, com suas próprias formas, movimentos, emoções e falas, constituía-se por sublimação dramática concentrada em dois pólos, o trágico e o farsesco. Templo e circo, mistério e palhaçada, o teatro, em seus momentos mais férteis, deriva o viço de suas realizações diretamente dessas duas fontes, antinômicas e dúplices. Para Taírov, celebrante apolíneo do Dioniso nietzscheano na teofania bifronte do trágico e do cômico, torna-se necessário que a cena teatral volte a abeberar-se aí, nos mananciais de sua eterna juventude, se deseja perder a mórbida palidez costumbrista e de alcova, as deliquescências psicológicas, e rejuvenescer a sua arte.

Cenas de um Teatro de Síntese: Taírov II

Na busca da *fons juvens* do teatro, "a temporada 1918-1920 será vista, sem dúvida, como muito importante", anota Taírov mesmo, e logo acrescenta: "Segundo tudo indica, voltaremos amiúde à experiência daquele ano e procuraremos fazer com que beneficie nosso trabalho ulterior. Sabemos que nosso caminho é difícil, mas sabemos também que estamos indo para o teatro de nossos sonhos..."[1]. De fato, as encenações que então ocorreram, somadas às de 1921-1923, levaram o Teatro de Câmara a realizar um salto adiante em seu processo de amadurecimento e autodefinição, e isso na medida em que, de uma parte, lhe permitiram desenvolver as experiências com a instalação volumar do espaço cênico e, de outra, lhe serviram para tentar pôr em prática a proposta tairoviana de um espetáculo sintético.

Para aclarar melhor o sentido do avanço que o Kámerni então efetuava na moldagem espacial e cenográfica de suas apresentações, ou seja, na criação dos elementos de um novo estilo, próprio, de representação teatral, vale retornar por um momento ao ano de 1916, para levantar alguns aspectos da *mise en scène* de *Salomé*. Aqui, Taírov, mais uma vez coadjuvado por Aleksandra Êxter, viu-se a braços com uma séria dificuldade, a de pretender imprimir ao quadro cênico um caráter majestoso e opressivo, expresso nos termos da linguagem que estava pesquisando, e contar para isso com uma área de palco bastante restrita. Diretor e cenógrafa procuraram a solução do problema

1 *Princesse Brambilla*, *Le Théâtre Liberé*, p. 136.

estabelecendo desde o proscênio, em primeiro plano, uma série de largos degraus que constituíam outros tantos níveis de atuação e que conduziam a um tablado dividido em duas metades, em planos desiguais, e embasando grossas colunas rubras. "Ao ritmo dos volumes correspondia a composição das superfícies coloridas, o vermelho aqui, o marrom ali, o dourado que cortava o azul de um céu abstrato."[2] A seção mais elevada do palco, algo como um jardim e um poço, encerrava o mundo de Salomé [Alisa Koonen]; a mais baixa, destinava-se a Herodes [Ivan Arkádin] e sua corte, encontrando-se no fundo, sobre um pequeno pódio ligado a uma escada em caracol, os Fariseus. Nos claros do dispositivo volumar, apareciam e desapareciam pedaços de tecidos dos mais variados no tocante à forma, tamanho, cor e iluminação, indicando as mudanças de tempo e de lugar, transformando o equilíbrio cromático, refazendo o espaço conforme a economia emocional produzida pelo jogo da ação[3].

Nota-se, desde logo, nesse cenário – tal como as descrições e as fotos da época no-lo mostram – uma acentuada mudança em relação ao trabalho antecedente. Se em *Famira Kifared* um certo elemento bidimensional, uma tela desempenhando o papel de uma espécie de *décor* "pintado" pelos efeitos de luz nela refletidos, ainda formava parte importante na armação material e na concepção estética do conjunto cenográfico, agora, em *Salomé*, verificava-se uma ocupação total do espaço cênico por sólidos, de formas geométricas, com a eliminação de quaisquer recursos de outra natureza, exceto as cores dos próprios volumes e sua iluminação ambiental. Entretanto, não obstante a enorme transferência que desse modo se fazia da conotação sinestésica à denotação estésica, da sugestão simbolizante à concreção abstratizante no plano da cenografia, a construção cubista de que o encenador do Kámerni e a responsável pelos cenários lançavam mão, na peça de Wilde, apresentava, sem dúvida, forte dramatização expressionista, com distorções subjetivantes e vibrações "atmosferizantes" nas linhas arquitetônicas do dispositivo.

Um passo significativo para além do cubismo foi dado pelo Teatro de Câmara na montagem de *Romeu e Julieta*, de Shakespeare, em 1921. Taírov tornou a valer-se da arte de Aleksandra Êxter para o *design* dos cenários e dos costumes. Ainda que os resultados cênicos, nesse terceiro e último trabalho conjunto de ambos, tenham sido

---

2   Dénis Bablet, *Les Révolutions Scéniques du XXème Siècle*, p. 93.
3   Nesse contexto, em vestes geometrizadas e com as cabeças encimadas por toucados e coberturas esculturais, numa conjunção de elementos a favorecer os efeitos de luz, os intérpretes evoluíam, isolada ou grupalmente, obedecendo, em seus gestos e movimentos, a uma rigorosa geometria composicional, o que, no entanto, não impedia Alisa Koonen de dar vazão ao seu poder de representação trágica, fazendo uma Salomé fascinante e agressiva, "uma gélida jóia de perversidade", na expressão de Ripellino.

Salomé, de Oscar Wilde. Desenhos de Rabinovich para a representação, 1919. A estreia desta peça, dirigida por Taírov, ocorreu em Moscou em 1917.

O projeto de cenário concebido por Exter para a montagem de Salomé, 1917.

Uma cena da peça de Oscar Wilde no Teatro de Câmara, 1917.

menos satisfatórios do que prometiam a leveza, o colorido, o equilíbrio entre retas e curvas, espirais e ângulos, entre massa "construída" e linha dinamizada dos esboços feitos pela cenógrafa, pois ao serem materializados no palco os sólidos projetados converteram-se em estruturas pesadas, e ainda que retivessem, em contrapartida, talvez pela própria estilização e harmonia das combinações e dos efeitos pictóricos utilizados, um certo caráter de *décor* mais do que o de instalação cenográfica – ainda assim uma pesquisa na direção de um certo construtivismo com base no cubismo sintético se evidenciava. Distribuídos em vários níveis até o alto da caixa cênica, os elementos davam lugar a sete praticáveis, ligados por escadas, nos quais se desenvolvia a ação. O conjunto lembrava pontes lançadas no espaço, escreve Claudine Amiard-Chevrel[4]. Pedaços de metal polido ou de espelho dispostos nas armações multiplicavam recortes de espaço a refletir a luz, recurso que aplicado também à indumentária produzia um efeito continuamente cambiante. Seria essa a maneira de proporcionar ao público, no entendimento do encenador, um correlato sensível de "o temperamento meridional e ardente dos italianos, o impulso irresistível das paixões da tragédia"[5]. Em correspondência, buscando combinar intensidade de expressão e dinamicidade de movimentação, o trabalho dos atores, encabeçados por Koonen como Julieta e por Tseretelli como Romeu, efetuou-se através de uma articulação rítmica entre o escalar, saltar e descer e o figurar, personificar e dizer.

Isso pressupunha naturalmente, no desempenho, um domínio do corpo e da palavra, quanto ao ritmo, ao gesto, à configuração fisionômica e vocal da atuação, que atingira justamente no ano anterior, 1920, com *Princesa Brambilla,* um elevado patamar na trupe de Taírov, empenhado desde o começo do Kámerni na formação de um ator múltiplo, polivalente. Foi sua arte que permitiu, dessa vez, armar no palco um verdadeiro teatro de puro teatro, uma *féerie* histriônica de habilidade e versatilidade interpretantes. Com base sobretudo na pantomima, conjugada com elementos de tragédia, opereta e circo, o próprio grupo construiu a peça – na realidade, uma tessitura de retalhos textuais do original, de diálogos improvisados, de jogos gestuais e de situações dramáticas convencionais ou inventadas que compuseram a representação cênica de uma arlequinada fantasmagórica, qual autêntico *capriccio*. Nele, sucediam-se e mesclavam-se, por entre danças, intermédios, duelos e funerais, os vários gêneros teatrais que, articulando-se, articulavam e expunham a natureza tragicômica da arte dramática e a correspondência essencial de sua duplicidade com a polaridade dual da vida humana. O argumento viera de um conto de Hoffmann. Calcado na iconografia grotesca dos *Balli de Sfessania*, de

---

4   *Le Théâtre Liberé*, p. 17.
5   *Op. cit.*, p. 15.

Jacques Callot – série de gravuras seiscentistas que, aliás, havia inspirado o autor do relato original – e convertido num libreto em quatro atos, um prólogo e um epílogo, o conjunto de cenas faladas e de *canovaccios* à maneira da *Commedia dell'Arte* tramava as vicissitudes e peripécias de dois amantes, o ator Giglio e seu duplo, um voltado para a exterioridade pública e outro para a interioridade subjetiva, ambos perseguindo apaixonadamente um sonho, a Princesa Brambilla, sobre um pano de fundo de carnaval romano. Emergindo e imergindo no turbilhão de formas fugazes que celebrava aí o rito do desdobramento e da duplicação, do pôr o disfarce tirando-o ou do tirá-lo pondo-o, face e máscara das duas figuras protagônicas projetavam-se como um desfile delirante da realidade e da fantasia na louca carreira da existência que passa. Os cenários e as indumentárias de G. Iakulov proporcionavam à vista uma versão plástica e rítmica das linhas e das referências que sustentavam e marcavam o espetáculo, quer no *design* da encenação, quer na movimentação dos atores – uma colagem cubista em volutas barrocas de um expressionismo oriental. Praticáveis, uma profusão de colunas, algumas retorcidas, outras pisciformes, ornatos sinuosos e volumes geométricos, arcos e parapeitos, uma escada ondulante qual um dragão voltado para a plateia são alguns dos elementos dessa cenografia, cuja forma dominante é a espiral, desenvolvida segundo um eixo ora horizontal, ora vertical, resultando daí uma impressão onírica de irrealidade e de um universo girante.

A girândola de corpos em movimento, sua habilidade acrobática, e a mistura de canto, dança, mímica, *lazzi* reapresenta-se com toda a sua exuberância em *Giroflé-Girofla*, de Lecocq, levada por Taírov em 1922. Trata-se de produzir uma alegre e divertida paródia puramente teatral da opereta *boulevardière* e vienense, contrafazendo-a em números de moderno *music-hall*. Mas não só o intento do espetáculo como o estilo é outro. Agora Iakulov recorre a um construtivismo de base angular, mas nem por isso ascético. Estrados nus, estruturas expostas, um conjunto de anteparos que podem ser abertos ora num ora noutro lugar, um sistema de alçapões, espelhos e escadas portáteis são outros tantos elementos que servem de palco ao gaio jogo de um "excentrismo" musical, com vistas a "uma composição cênica fundada na fusão orgânica do sentimento, do movimento, da palavra e do som"[6]. O dispositivo cenográfico está preparado para fornecer ao ator, a cada momento da ação, o instrumento de desempenho ou o acesso ao que ele necessita, permitindo-lhe as múltiplas e incessantes transformações que fazem de cada ação de seu trabalho um catalisador da movimentação das personagens numa ciranda acrobática, circense e cabaretística de prestidigitação teatral, sob as luzes da ribalta.

6 *Giroflé-Girofla*, em *Le Théâtre Liberé*, p. 137.

Ora, o enfoque cubista também foi o do arquiteto A. Vêsnin, em *O Anúncio feito a Maria* e *Fedra*, isto é, em duas das três montagens no Kámerni cujos cenários lhe coube plasmar. Só que, se comparadas às criações, não de Iakulov, cuja relação com matrizes barrocas é visível, mas de Aleksandra Êxter, bem outra era a tônica de seu trabalho. Mais severa e mais rigorosa, a edificação do espaço utilizava "o volume cênico em sua totalidade, distribuindo nele massas geométricas de matéria sólida ou cheias de ar"[7]. Mais do que localizar a ação ou aludir ao sentido da peça, o arranjo destinava-se a servir de lugar concreto e funcional para o corpo do ator em seu desempenho físico, seja no ritmo trágico ou arlequinesco. Depreende-se facilmente dessa maneira de conceber a cena que Taírov e seu teatro estavam, àquela altura, não só ultrapassando seu cubismo cenográfico, mas, já antes mesmo das realizações clássicas do construtivismo teatral de Meierhold, pisando a seu modo em terreno construtivista[8]. Era o que indicavam *Romeu e Julieta*, de Shakespeare, *Giroflé-Girofla*, de Lecocq, montagens com cenários de Êxter e Iakulov respectivamente, e que *O Homem que era Quinta-feira*, de F. K. Chesterton, a terceira realização de Vêsnin, no Kámerni, confirmaria[9].

Entretanto, em *L'Annonce faîte à Marie* (1920), o tratamento estilístico do espetáculo não se furtou à projeção de uma configuração cenográfica que aludia diretamente ao gótico. Concentrada por Vêsnin em abóbadas de arestas vivas, colunas longiformes, blocos compactos de uma espécie de estatuária cubista em forma de paralelepípedos, escadas descendentes do fundo do palco para o proscênio, ela se ordenava em função de um princípio de verticalização e monumentalidade que, em sua pesantez cruamente exposta, encerrava a carga de um mistério cuja densidade não era mais tão-somente a do *miracle* da revelação de Deus e da elevação da alma até Ele, pelos caminhos da religiosidade cristã e católica. Mesmo nos trajes, com seus panos grossos, rigidamente vincados em pregas largas, de cores neutras, tendentes ao terra, mas a cintilar aqui e ali em vermelhos ou brancos, o corte medieval e monástico, sem dúvida intencional e visível, recebia uma sobrecarga que o impelia, para além de seu significado imediato, sem perda de espessura simbólica, a um novo nexo.

---

7 *Le Théâtre Libéré*, p. 13.
8 "Essas montagens do Kámerni estavam entre os mais importantes acontecimentos artísticos da época da guerra e do início do período revolucionário: nelas, pode-se divisar o grandioso desenvolvimento das ideias do futurismo (e do cubismo, cabe acrescentar – J. G.) ao construtivismo, pois [esses] movimentos foram ou reelaborados ou quase imediatamente adaptados pelo teatro", escreve Camilla Gray, *The Russian Experiment in Art*, pp. 201-202.
9 É preciso dizer que, no caso de Vêsnin, tal encaminhamento em suas concepções plásticas nada tem de surpreendente, pois ele é um dos vários fundadores históricos do movimento construtivista russo.

Princesa Brambilla. *Um capricho carnavalesco teatralizado a partir do texto de E.T.A. Hoffmann e dirigido por A. Tairov, 1920. Cenografia e costumes de G. Iakulov. Maquete do cenário que na figura abaixo aparece realizado com atores em cena.*

Quadros da Princesa Brambilla, *salientando-se a liberdade fantástica das roupagens e ritmo dinâmico desta alegre arlequinada em que o elenco de do Kámerni deu mostra de sua extraordinária mestria cênica.*

Alisa Koonen em cena no papel de Fedra.

Romeu e Julieta, *de Shakespeare, no Teatro de Câmara. Cenário e indumentárias de A. Exter, 1921.*

Alisa Koonen como Giroflé e Nikolai Tseretelli como Maraskin em Giroflé-Girofla, *1922.*

Giroflé-Girofla, *de C. Lecocq, direção de Taírov. Uma cena de excentrismo bailante em que a trupe se converte em um verdadeiro corpo de baile. Décor de Iakulov.*

Com efeito, nesse segundo drama de Paul Claudel que o Teatro de Câmara incluía em seu repertório trágico, Taírov buscou, numa leitura essencialmente secularizadora de um texto embebido de preocupações confessionais ligadas ao catolicismo, os motivos do amor, da renúncia, da morte e do miraculoso renascer para a vida. Se a sua *mise en scène* naquele momento, tanto quanto a de *Adrienne Lecouvreur* anteriormente e em outro sentido, era para provocar à primeira vista espanto, se não escândalo, e não foram poucos os protestos que ela suscitou de parte dos críticos comunistas mais ortodoxos[10], de outro lado, não era o único diretor soviético a ir buscar em obras dessa ordem, turbulando o sagrado e pondo em curso ações misteriosas, correspondências simbólicas e representações dramáticas daqueles dias apocalípticos. Seja como for, o fato é que Taírov encontrou na peça claudeliana, e sobretudo em sua linguagem, um material particularmente apropriado para erigir em cena, num ritmo gregoriano de gestos sacerdotais e de escandidos versos em salmodia, "um drama humano avulso ao tempo", nas palavras de Iliá Ehrenburg[11], e no entanto pejado de seu tempo.

Mas o "superobjetivo" do diretor do Kámerni não era apenas o de proporcionar ao público moscovita uma nova interpretação da peça. Ele interveio no texto, mudou cenas, rearranjou o "conteúdo", como uma "visão", sim, inovadora, porém da "forma", primordialmente. Tratava-se, para Taírov, ele próprio o declara, "não de interpretar Claudel, mas de criar elementos para um *mistério teatral*[12] a partir de sua obra"[13]. Um gênero de teatro que cumpria dominar para reteatralizá-lo, resgatando-o dos convencionalismos a que fora relegado e restituindo-lhe, através do exercício de uma renovada arte do ator e do palco, o jogo de sua teatralidade...

Um propósito similar guiou a encenação de *Fedra* (1922). Ponto alto da colaboração entre Taírov e Vêsnin, a representação dessa peça de Racine também levou o Teatro de Câmara a uma de suas realizações mais originais no domínio da tragédia. Servindo-se de uma tradução de V. Briússov, em versos livres, que dava grande liberdade à dicção e permitia articulá-la com toda maleabilidade às pontuações da emoção, o *régisseur*, desconsiderando a tradição francesa e a própria inflexão do texto raciniano, tão impregnados dos maneirismos do tempo e do mundo do Rei Sol, executou duas operações de redução sincrônica, transferindo ou eliminando os elementos de época mais ligados ao século XVII francês. Assim, de um lado, concentrou o texto trágico

---

10 Não obstante a veemência desses ataques, Anatóli Lunatchárski concedeu ao Teatro de Câmara, justamente então, o status de teatro oficial de Estado, com o Teatro Máli e o Teatro de Arte de Moscou.
11 Angelo Maria Ripellino, *Il Trucco e l'Anima*, p. 358.
12 O grifo é meu.
13 *Princesse Brambilla, op. cit.*, p. 135.

em torno do mito que lhe deu origem, isto é, numa Hélade arcaica, bárbara, asiática, quase pré ou a-histórica, e, de outro, condensou sua expressão plástica nas formas marcadamente atemporais do cubismo moderno. Eram dois movimentos simultâneos, um em direção ao primitivo e outro em direção ao abstrato, que deviam complementar-se e integrar-se dramática e cenicamente na construção e síntese teatral de um universo ciclópico onde ação humana e natureza indomada ainda revertiam uma na outra. Aí, a fatalidade trágica havia de estar à espreita de suas presas sacrificiais.

O cenário de Vêsnin, um relevo de formas incoadas, parecia teatro de uma catástrofe desencadeada por forças inexoráveis da natureza, na aurora de uma primigênia historicidade grega. Como que erguida por uma comoção telúrica, uma sucessão de patamares dispostos angularmente entre si, elevava-se em escada para um fundo azul-mar, compondo com outros sólidos, colunas, cubos e até um incipiente arco, uma geometria caótica em que as verticais se perdiam em seu prumo e as horizontais se quebravam em suas linhas de continuidade. "Uma pedra metafórica se encostava à parede côncava, o cilindro lutava com as superfícies planas. Feito pontas de velas distendidas por cordames, painéis triangulares vivamente coloridos pendiam sobre o palco e recortavam o espaço"[14]. Na base desse conglomerado ascendente de formas cheias e vazias, abria-se em suave declive na direção da plateia, qual convés de um barco visto de banda, a rampa de desempenho em seu primeiro plano.

No próprio âmbito cenográfico logrou, pois, Taírov, criar uma atmosfera em que o elemento primevo se conjugava a uma qualidade mítico-helênica de uma Grécia das origens. Tudo o mais, na encenação, se lhe conformava, indumentária, poses, movimentos, gestos e locução. As vestimentas de planos nitidamente talhados, uma estilizada costura em ângulos e em linhas de força que, sugeridas pela cerâmica grega, traduziam em seu papel específico o *topos* e o *dynamos* da ação, inclusive em termos de ritmo e do desenho que lhes estavam sendo impressos, ultrapassando com isso sua função sígnica de formas coadjuvantes para chegar à de símbolos por si. As amplas roupagens a panejar as figuras, os vastos capacetes e toucados em metal dourado a lavrar as cabeças e os calçados de solas altas ao modo de coturnos endureciam a movimentação, impunham a cunhagem gestual elaborada e essencializada, convertendo os corpos dos atores em esculturas vivas, maciças e hieráticas – a estatuária arquetípica de um mundo prístino de paixões humanas, na fúria propiciatória de seus ritos de representação pagã... mas em *status nascendi*, com a severa economia de uma animação da pedra.

14 Denis Bablet, *op. cit.*, p. 93.

O mesmo laconismo primordial reinou na linguagem do palco e nos sentimentos encarnados pelos comediantes. A inflexão foi substituída pelo recitativo musical de uma fala simbólica que a marcação rítmica e o emprego de arcaísmo idiomáticos ajudavam a concentrar. A condensação, com abandono da nuança e da sutileza psicológicas, também foi o princípio sob o qual se processou o trabalho com a emotividade interpretativa. O intento era o de mostrar, não impulsos passionais, porém a natureza das paixões em seus estados mais puros.

Nem todos os intérpretes, por certo, conseguiram concretizar essa exigência que, em conjunto com muitas outras, a concepção tairoviana da peça lhes determinava. Mas não foi o caso de Alisa Koonen. Os encargos cênicos, tão pesados, lhe proporcionaram possibilidades dramáticas e plásticas que seu desempenho soube sublimar numa Fedra densa e severa, letal e preciosa, a um só tempo. Com um longo manto cor de púrpura às costas, era como uma chama trágica que se consumisse a si mesma e a quem se lhe aproximasse com o ardor de sua combustão. De início, "com cintilações convulsas, com passos incertos, enfermos, como se fugisse de si mesma [...] Voltava no fim a endireitar-se, na vertigem da confissão a Teseu, com a efêmera verticalidade de uma flama a ponto de extinguir-se"[15].

Ao contrário das composições pelásgicas e das estilizações micênicas com que Taírov e Vêsnin encenaram em *Fedra* sua busca da *arché* mítica da Hélade, o espetáculo de *O Homem que era Quinta-feira*, adaptação do policial de Chesterton, foi concebido e levado (1923) pelo diretor do Kámerni e seu cenógrafo como representação assumidamente construtivista[16]. Regida pelas projeções retilíneas e pelos dinamismos mecanizados da modernidade, seu alvo era o mundo urbano da grande cidade industrializada, o ritmo trepidante de sua vida e de seu agitado perfil social. Tanto quanto uma resposta ao coral crescente de vozes que, na imprensa, nos meios intelectuais e partidários, acusavam o Teatro de Câmara de produzir apenas *divertissements* da "arte pela arte", da estética burguesa a brincar de teatro, tratava-se, nos termos da visão filosófica e política da nova ordem soviética e do plano temático condizente com a "realidade", de uma tentativa de engajamento ideológico, através de uma crítica à crueldade da máquina

---

15 A. M. Ripellino, *op. cit.*, p. 358.
16 Essa montagem voltou a acirrar a competição entre Taírov e Meierhold, que acusaram um ao outro de plágio por causa da semelhança na cenografia de *Lago Lyul,* criada por Viktor Schestakov, e a de *O Homem que era Quinta-feira*, de autoria de Vêsnin, ambas estreadas no mesmo ano, com a antecedência de um mês da primeira peça em relação à segunda. Qualquer que seja a verdade, K. Rudnítzki considera que as duas montagens "coroaram o ciclo construtivista e não o iniciaram", não cabendo, pois, a reivindicação de primazia na sua instauração cênica, o que era o tema principal do debate entre uma facção e outra. *Russian and Soviet Theater, 1905-1932*, p. 106.

capitalista, cuja engrenagem de exploração do homem pelo homem deformaria e mortificaria o sentido da existência humana.

Deslocado do eixo metafísico e especulativo da novela original, o argumento, na versão do Kámerni, girava em torno da trama de sete anarquistas para matar o Rei. Cada um deles tinha como nome de guerra um dia da semana, mas, na realidade, todos esses supostos terroristas eram agentes da Scotland Yard, com exceção de Domingo. O verdadeiro revolucionário, no entanto, consegue enganar seus supostos cúmplices e lança-los uns contra os outros numa série de peripécias que lhe permite preparar e levar a cabo o atentado. Nesse enredo, a *régie* tairoviana encontrou elementos para armar, com plataformas e estruturas agitadas por um incessante jogo cinético de letreiros luminosos, de elevadores e esteiras em movimento, de ações extremamente dinâmicas, a sugestão de uma fantástica paisagem urbana, cenário de um motivo muito em voga então – a "sinfonia da metrópole"[17].

* * *

O teatro de Taírov prosseguiu nos anos subsequentes em sua busca de uma linguagem cênica calcada essencialmente nos valores da teatralidade, nos termos em que ele próprio e a vanguarda teatral do Ocidente vinham definindo-os. Mas evidentemente não pôde atravessar, sem maiores percalços, o conturbado período do intervencionismo político-partidário na vida russa e soviética, cujos tentáculos se estenderam a todos os domínios da atividade social, cultural e artística da nova sociedade. O preço foi, de um lado, uma gradual derivação para um repertório que atendesse aos reclamos, ou melhor, às imposições do *soi-disant* compromisso ideológico com a classe operária no poder e sua suposta configuração num realismo dito socialista. E, de outro, uma renúncia cada vez mais sensível às pesquisas taxadas de formais pelo aparelho da censura partidária aliada a instâncias burocrático-acadêmicas e aos corifeus do conservantismo crítico, abandono esse que procurou seu canal de escape na opção por peças e autores que, de algum modo, e por via conteudística também, faziam a síntese entre um ideário ou imaginário avançados e preocupações, se não da militância anticapitalista e socialista, voltadas para a condição social do homem. No repertório assim constituído – que, em sua materialização cênica, evolui de um construtivismo engastado em elementos simbólicos e marcado pelo esteticismo, para um realismo estilizado a apenas disfarçar sua atração formalista – pode-se distinguir um leque de obras das quais caberia salientar as seguintes, desde 1924 até 1949, na medida em que poderiam indicar o caminho trilhado por esse teatro:

---

17   N. A. Gortchakov, *The Theater in Soviet Russia*, p. 230. Cabe lembrar que o tema teve larga expressão no cinema, pintura, teatro e literatura daqueles anos.

Desenho de cenário dos irmãos Stenberg para Santa Joana, *de Bernard Shaw. Encenada pelo Kámerni, 1924.*

Brecht/Kurt Weill levado por Taírov: uma cena da Ópera dos Três Vinténs, *com dispositivo construtivista montado pelos irmãos Stenberg, 1930.*

A Tempestade, de A. Ostróvski, e *Santa Joana*, de G. B. Shaw (ambas em 1924); *O Macaco Peludo* ("Hairy Ape"), de E. O'Neill (1926); *Antígona*, de W. Hasenclever (1927); *A Ilha de Púrpura*, de M. Bulgakov (1928); *A Ópera dos Três Vinténs*, de B. Brecht e Kurt Weill (1930); *A Tragédia Otimista*, de V. Vischniévski (1933); *Antônio e Cleópatra*, de W. Shakespeare, e *Não nos Renderemos*, de S. Semonov (uma e outra em 1935); *Filhos do Sol*, de M. Górki (1937); *A Ponte do Diabo*, de A. N. Tolstói, *Madame Bovary*, adaptação do romance de G. Flaubert, e *O Percevejo*, de Vl. Maiakóvski (1940); *Enquanto o Coração Bate*, de K. Pautóvski (1943); *A Gaivota*, de A. Tchékhov (1944) e, no mesmo ano, *Os Inocentes Culpados*, de A. Ostróvski; *Sob os Muros de Leningrado*, de V. Vischniévski (1945) e, também, nessa temporada, *Ele Veio*, de J. B. Priestley; *O Velho*, de M. Górki (1946); *O Leão na Praça*, de I. Ehrenburg (1948) e, no mesmo ano, *O Leque de Lady Windermore*, de Oscar Wilde. Em março de 1949, a companhia encenou a peça de A. Vassílev e L. Elston, *Os Atores*[18]. Dois meses depois, Aleksandr Taírov e Alisa Koonen são demitidos de suas funções, acusados de desvios formalistas pelo stalinismo, e o Teatro de Câmara de Moscou, por eles encabeçado durante um quarto de século e cujo palco conheceu algumas das encenações e espetáculos mais significativos da revolução teatral do século XX e sua linguagem, teve as representações suspensas até 1950, quando, reorganizado, voltou a atuar sob o nome de Teatro Dramático Moscovita Púschkin. Por uma espécie de ironia do destino e, se se quiser, como um registro de suas incríveis coincidências, em 27 setembro desse mesmo ano, o antigo mentor do Kámerni veio a falecer num hospital do Kremlin.

---

18   Uma relação mais completa, aparece em *Le Théâtre Liberé*.

Parte III
Na Trilha dos Mestres

Richard Boleslávski

O nome de Richard Boleslávski pertence à história do teatro europeu e americano de nosso tempo. Sua contribuição como ator e diretor de teatro e cinema, de pronunciado perfil stanislavskiano, está aí inscrita. Mas não é por esse motivo que suas *Seis Lições*[1] merecem leitura nos dias de hoje. Ainda que o substrato das filiações e das opções artísticas de seu autor as impregne, dando-lhes uma vinculação que nem sempre o texto faz questão de explicitar, o valor da reflexão que incorporam não se resume no papel de um testemunho, nem se revela epigonal. Escritos na década de 1930, nos Estados Unidos, e por certo em função da larga atividade desenvolvida por Boleslávski como professor de teatro em Nova York, esses diálogos didáticos, ao modo socrático e stanislavskiano, distinguem-se pela maneira inteiramente pessoal com que integram elementos de uma prática teatral diuturna e conhecimentos das concepções e problemas em pauta nas teorizações da cena moderna, graças a uma filtragem sensível sintetizadora dos dados da experiência, da observação, da crítica e da meditação sobre o trabalho no palco. Daí o timbre singular das lições aí ministradas e seu poder de ressonância para além do momento e do contexto de teatro em que vieram a público. Trata-se, pois, não apenas de réplicas das elaborações estéticas e das soluções artísticas do realismo stanislavskiano, do pensamento teatral e das propostas metodológicas que fizeram escola como apanágio

1   *A Arte do Ator: As Primeiras Seis Lições*, São Paulo, Perspectiva, 1992.

do mestre do Teatro de Arte de Moscou, porém de uma expressão original de um artista e pensador de teatro que soube reelaborar no quadro de seu próprio espírito e de sua própria vivência as ideias e os ensinamentos recebidos, carregando-os de uma riqueza de inflexão peculiar e assegurando para a sua voz uma atualidade subsistente na literatura sobre a arte do ator e de suas representações.

Repassadas de humor e de sensibilidade psicológica, numa linguagem sempre acessível, recorrendo o menos possível à terminologia técnica e ao jargão do Sistema, estas conversas entre o *Eu* e a sua *Criatura*, isto é, entre o mestre-diretor e discípula-comediante, revela a mão de um fino escritor *doublé* de dramaturgo, que reveste com sua arte os tópicos e os procedimentos fundamentais da atuação no palco e da construção consistente do papel na pele do intérprete. O que resulta dessa exposição didascálica e de seu tratamento dramático é uma espécie de comédia pedagógica do teatro sobre a vida do teatro e a formação do ator, refazendo-se assim a busca da realidade pela criação do artista, precisamente na perspectiva de Stanislávski.

* * *

Richard Boleslávski, pseudônimo de Ryczard Srzednicki, nasceu em Varsóvia em 1889 e faleceu em Hollywood em 1937. Sua família, da pequena nobreza arruinada, mudou-se para Odessa no fim do século. Nessa cidade, como estudante, participou de demonstrações em favor dos marinheiros do couraçado *Potiômkin* e passou algum tempo na prisão por esse envolvimento. Pouco depois começou a fazer teatro em grupos amadores. Seu desempenho, em que a força de temperamento ocultava a falta de técnica, chamou casualmente a atenção de Stanislávski e o jovem diletante conseguiu ser admitido no Teatro de Arte de Moscou, cuja escola para a formação de atores frequentou por dois anos. Fazia parte de uma turma supervisionada diretamente por Konstantin Alexêiev, que justamente então começava a explicar alguns aspectos do Sistema, ainda embrionário e voltado sobretudo para a emoção e a memória afetiva. Como se sabe, tais propostas provocaram viva oposição de parte de atores veteranos do TAM, mas as reflexões e intuições do mestre encenador encontraram eco entre muitos dos moços que se habilitavam a trabalhar com o famoso elenco. Boleslávski era um deles. Esse fato e o rápido desenvolvimento do aluno-ator nessa linha de interpretação devem ter contribuído para que, ao fim do segundo ano de sua admissão, fosse escolhido por Stanislávski e Dântchenko para integrar o grupo que iria preparar a apresentação de *Um Mês no Campo*, de Turguêniev, a fim de pôr à prova as ideias do Sistema e sua eficácia na prática do palco. Mais ainda, sua sintonia com o que estava sendo ensaiado foi de tal ordem que lhe coube o papel do protagonista da peça. Boleslávski correspondeu ao enorme crédito que assim se lhe abria e seu desempenho o consagrou junto ao exigente público moscovita.

O êxito em *Um Mês no Campo* marcou o início efetivo da carreira do jovem ator que, em seguida, atuou em obras de Tchékhov (*As Três Irmãs e Tio Vânia*), de Dostoiévski (*Os Irmãos Karamázov*), de Tolstói (*Cadáver Vivo*), de Gógol (*O Inspetor Geral*) e de Iuschkévitch (*Miserere*). No mesmo período, teve a oportunidade de participar dos trabalhos no TAM para a montagem de *Hamlet*, por Gordon Craig. O teórico e encenador inglês despertou vivo interesse em Boleslávski, que não se saiu muito bem, todavia, na personagem de Laerte que lhe cumpria personificar.

Em 1913, Boleslávski estreia como diretor de teatro, encenando a peça do dramaturgo holandês Herman Heiermans, *Os Hoop van Zegen* (A Boa Esperança, 1909). Baseado em um episódio real, *O Naufrágio do Esperança*, como se chamou na versão russa, retratava as condições de vida e subsistência dos trabalhadores do mar, pescadores e marujos, tendo alcançado repercussão internacional como obra de protesto social. Essa escolha para o espetáculo de abertura do Primeiro Estúdio do Teatro de Arte de Moscou implicava naturalmente uma afirmação de princípios não apenas artísticos. De fato, encabeçado por Leopold Sulerjítzki, o principal assistente e uma espécie de *alter ego* tolstoiano de Stanislávski na época, o jovem elenco, em que figuravam, entre outros, Mikhail Tchékhov, Evguêni Vakhtângov, Boris Schuschkévitch e Serafima Birman, reunia, no seu projeto de pesquisa e experimentação das concepções teatrais do codiretor do TAM, a busca fervorosa da comunidade do ético e do estético na vivência autêntica do real no teatro. A *mise en scène* sustentou a prova de fogo. O senso cênico e o entusiasmo criativo de Boleslávski conjugaram-se com a precisa transfusão de sentimento na configuração dramática de Mikhail Tchékhov, cujo desempenho encontrou amparo adequado na atuação dos outros componentes da trupe, como atestam as palavras de Stanislávski e Dântchenko, tanto quanto as notícias da crítica.

Na segunda produção do grupo, *A Festa da Paz* de Hauptmann, a direção esteve a cargo de Vakhtângov, cabendo a Boleslávski o papel principal. Parece que o entendimento entre ator e diretor não foi dos melhores, e o próprio espetáculo não convenceu. As notáveis qualidades de Vakhtângov como *régisseur* teatral só se revelariam em outra montagem do Primeiro Estúdio, a peça de Henning Berger, *O Dilúvio*, apresentada em dezembro de 1915.

Àquela altura, porém, Boleslávski estava afastado de sua atividade no tablado cênico, pois se alistara como voluntário numa unidade de lanceiros. Em 1917 voltou a trabalhar no teatro, interpretando a figura de Sir Toby, em *Noite de Reis*, de Shakespeare, dirigido por Nikolai Kolin, sob a supervisão de Stanislávski. Nesse mesmo ano recomeçou a fazer cinema como ator e diretor, pois já em 1914 e 1915

Richard Boleslávski.

tomara parte em películas de Protozánov e Gardin e realizara um filme "decadentista".

Depois da guerra, foi para a Polônia. Aí, além de filmar atualidades durante o conflito russo-polonês e dirigir uma fita antibolchevique, *O Milagre do Vístula* (1920), produziu uma série de encenações, no rastro das pesquisas do Primeiro Estúdio, que buscavam um realismo "espiritualizado", vale dizer, com certa impregnação expressionista. Em Posnan primeiro e depois em Varsóvia, montou *O Dilúvio*, de Berger, *O Grilo na Lareira*, de Dickens, *O Burguês Gentil-Homem*, de Molière, *Les Romanesques*, de Rostand, *Misericórdia*, de Rostvoróvski, *Ruy Blas*, de Hugo e *Kiki*, de Picard.

Boleslávski chegou aos Estados Unidos em 1923. Desde logo se propôs a criar uma espécie de ateliê teatral, algo parecido com os estúdios moscovitas do Teatro de Arte. Com o apoio de outra discípula de K. Alexêiev, a atriz Maria Uspênskaia, o projeto tornou-se realidade. Durante sete anos, esse estúdio-escola moldou jovens atores nas linhas do Sistema. Boleslávski não ficou adstrito ao aspecto psicológico do ensinamento de Stanislávski, mas, como o próprio mestre, e acompanhando sua própria evolução naquele tempo, começou a destacar a ação física. Segundo Francis Fergusson e outros alunos seus, o problema da ação era o que mais preocupava o diretor polonês e sua companheira de trabalho. Em ambos, apesar da obediência verista que lhes parecia mais adequada à dramaturgia moderna realista, acentuava-se um traço de teatralidade estilizada. Eram de opinião que, se a cena precisa necessariamente suscitar ilusão, ela não é e nem cria a realidade que representa. Assim, a tradicional percepção mimética do palco não deveria ser tomada como um dogma, pois toda e qualquer dramatização e teatralização requer formalização estética e estilística. Para tal encaminhamento também contribuía o gosto de Boleslávski pelos desenhos da comédia e da farsa, como ficara comprovado em *O Doente Imaginário*, de Molière, trabalho que realizara sob a direção de Stanislávski, em Moscou. Seja como for, nos Estados Unidos, os dois professores do *American Laboratory Theater* ultrapassaram as fronteiras do "realismo" estrito e suas técnicas deram resultados artísticos que foram apreciados na montagem de *Noite de Reis*, de Shakespeare.

As lições do encenador polonês e sua prática teatral deixaram sulcos sensíveis no teatro e no cinema americanos. Além de Fergusson, figuraram entre seus alunos Stella Adler, Harold Clurman e Lee Strasberg. Esses três nomes estão associados, como se sabe, ao conjunto mais representativo dos anos 30, os da Grande Depressão e do New Deal, no movimento teatral nos Estados Unidos: o *Group Theatre*. Poder-se-ia ainda estender a relação, já que se falou em Strasberg, aos caminhos que levaram ao *Actor's Studio*.

Boleslávski produziu também musicais para a Broadway (*The Vagabond King*, "O Rei Vagabundo", 1925) e outras peças (*White

Eagle, "Águia Branca" e *Balyhoo*, 1927; *Mr Moneypenny*, 1928; *Judas*, 1929), afora os espetáculos para o *American Laboratory Theater*. Seu entrosamento com a vida artística dos E.U.A. foi de tal ordem que, como tantos outros diretores e atores do cenário americano de então, o eco de suas realizações acabou chegando a Hollywood. Além disso, Boleslávski não era um estreante no campo da cinematografia. Como se viu, anteriormente já havia feito filmes na Rússia e na Polônia. Mas agora teve a oportunidade de rodá-los com outra envergadura. Dirigiu estrelas como Greta Garbo e Marlene Dietrich, os três irmãos Barrymore atuaram em seu filme *Raspútin e a Imperatriz* (1933) e de sua filmografia constam obra como *Homens de Branco* (1934), *o Véu Pintado* (1934), *Clive of India* (1935), *Les Misérables* e *O Jardim de Alá* (1936). Seus trabalhos mereceram sucessivos Oscars da Academia de Cinema.

Vale lembrar também que o livro de memórias de sua autoria, *O Caminho de um Lanceiro*, foi considerado uma obra de escritor pela crítica literária e as *Seis Lições* sobre a arte do ator (1933) tornaram-se uma referência obrigatória na bibliografia teatral, e não apenas nos Estados Unidos.

Por isso mesmo é possível concluir com as palavras que Lee Strasberg escreveu a respeito de seu professor: "Boleslávski representa para mim uma importante etapa na história do teatro americano, por ter introduzido aí as ideias de Stanislávski. Sem ele não sei qual teria sido o caminho de nosso palco".

Habima: Vakhtângov

I.

Quando Habima (O Palco) comemorou, em 1958, quarenta anos de existência, recebeu o *status de* teatro nacional de Israel. Era o coroamento solene, mas também a consequência lógica do caminho que esse conjunto trilhara desde a sua formação.

1917. Uma Rússia convulsionada vive os "dias que abalaram o mundo". Relaxado o guante da autocracia czarista, os povos do vasto império erguem, esperançosos, a cabeça e exigem o reconhecimento dos direitos de sua individualidade. O sopro desse despertar também sacode as aldeias e cidadezinhas judaicas da *Pale*, a área de residência permitida aos judeus. A juventude, sobretudo, identifica-se com o chamado social e nacional dos novos tempos.

É então, na Moscou das provações da guerra civil, mas, ao mesmo tempo, da fermentação vanguardista nas artes e nas letras, que um grupo de quatro jovens, logo aumentado para sete, reúne-se e discute animadamente. Noite após noite, planejam e, acima de tudo sonham. Com o quê? Com um moderno teatro judeu. É o que os congrega ali, defronte ao Kremlin, no quartinho alugado que ostenta à entrada uma tabuleta com a inscrição em russo e hebraico: Habima.

Era apenas um nome, mas já um programa. Com efeito, essa *bima,* essa ribalta, devia, em termos legitimamente cênicos, "atingir as massas judias através do mundo e despertá-las de sua letargia"[1],

---

1   R. Ben-Ari, *Habima*. L. M. Stein, Chicago, 1941. Deste original em ídiche precedem as citações mais longas, que aparecem entre aspas no texto.

dignificando suas tradições e anseios, revivendo "as maravilhas de seu folclore e a épica incomparável de sua história". Mas, por que em hebraico? Porque o principal inspirador do grupo, o homem que juntou esses amadores vindos de toda a Rússia, forjando-os num elenco de expressão peculiar e lugar reservado na cena contemporânea, "desejava um teatro que revelasse ao mundo não só os ideais, os pensamentos e os sentimentos dos Profetas, como também a beleza da linguagem que os ajudara a modelar tudo isso e a infundir-lhe sua forma particular".

Não é difícil reconhecer nas ideias de Naum Zemach – hebraísta e dirigente de um grupo homônimo que funcionou em Bialistok antes da guerra de 14 – o selo do sionismo espiritual de Ahad Haam (1856-1927). Parece-nos, embora não conheçamos qualquer documento taxativo, que o criador do Habima concebia esse conjunto como um dos instrumentos da irradiação que a cultura hebraica restabelecida em seu *habitat* efetuaria sobre a Diáspora, segundo a fórmula do ahad--haamismo. Assim, diz Ben-Ari em seu notável livro, o Habima tornar-se-ia, tal era o sonho de Zemach, "um lar para o artista judeu que perambula pelo mundo... Produziria seus próprios cenógrafos, seus próprios atores e seus próprios diretores. Cada qual traria uma estampa única – o estilo Habima. E não haveria um só, porém vários elencos, que excursionariam de país em país, por todo o mundo". Sediada na Terra Santa, e durante todo o seu período russo a companhia se considerou "em trânsito para a Palestina", edificaria ali um grande laboratório dramático – a exemplo dos "estúdios" do Teatro de Arte de Moscou e no espírito de sua "religião do teatro" – que destilaria, para o judaísmo, a arte e os valores de Israel redivivo.

Todavia, como já sugerimos, essa linha *engagée* constituía apenas uma face da moeda. Além de "palco" de uma militância nacional ou, se quiserem, nacionalista, Habima devia sê-lo também de uma renovação estética do teatro judeu. Este, que se cristalizara como atividade permanente com Avrom Goldfaden, criador da primeira companhia profissional ídiche, em 1876, sofrera uma invasão de melodramas e dramalhões em que pululavam heróis de fancaria, vilões malíssimos e ovelhinhas tresmalhadas. Era o repertório do sentimentalismo barato ou, numa espécie de contrapeso, da brejeirice de um *vaudeville* bastante rasteiro, tão a gosto de um público recém-egresso do *schtetl* (cidadezinha), semirrural, primitivo, ingênuo e rude a um só tempo. Assim, nos principais focos de urbanização judaica, como Bucareste, Odessa, Varsóvia etc., e – sobretudo, após a lei de 1883, que vedava a encenação de peças em ídiche em todo o território czarista – nos grandes centros de convergência emigratória, como Londres e Nova York, a produção de Latainer, Hurvitch e outros abastecedores do mercado, – representada às vezes por atores de real talento, mas quase sempre sob o signo do "estrelismo", sem direção, nem conjunto ou preocupações

Rovina, Zemach e Gnessin: os três fundadores do teatro Habima em 1917.

Os jovens atores do Habima que participaram do espetáculo de estreia, Noite do Início, *1918.*

Evguêni Bogrationovitch Vakhtângov.

artísticas mais evidentes – assegurava o êxito das bilheterias e o bolso dos empresários...

Tal situação, se de um lado correspondia ao nível efetivo da massa dos espectadores, de outro chocava-se com o surto renascentista judaico que alcançava então o auge, mormente no terreno cultural, onde, por exemplo, as letras em ídiche e hebraico viviam momentos "clássicos" de sua evolução. Como é natural, uma das manifestações dessa efervescência concernia às aspirações a uma arte nacional de fato expressiva, moderna e com validez estética, o que engendrava, periodicamente, o clamor intelectual por um teatro melhor.

Esse anseio, que já levara Goldfaden às suas obras mais ambiciosas, como *Sulamita, Bar Kokhba* etc., e suscitara, na mesma época, os dramas de Lerner e sua tradução ídiche de *Uriel Acosta*, de Gutzkow, é responsável pelo desenvolvimento da literatura dramática judaica que se multiplica e se apura, a partir do limiar do século. Nos Estados Unidos, Iankev Gordin, sem realizar obra demasiado original, marca época – e, ao impor a fidelidade ao texto, uma revolução nas práticas do teatro profissional ídiche – com suas recriações dos temas shakespearianos (*O Rei Lear Judeu, Mírele Efros,* versão feminina do Rei Lear), goethianos (*Deus, o Homem e o Diabo,* baseada no *Fausto*) e de outros dramaturgos europeus. Concomitantemente, L. Kobrin e S. Libin dramatizam, também para a cena americana, problemas sociais, como o rompimento dos quadros tradicionais da família e os efeitos da emigração. Na Europa Oriental, aos simbolismos nacionais de I. L. Peretz (*A Corrente de Ouro*, *Noite no Mercado Velho* etc.) e às tragicomédias do gueto que Scholem Aleikhem fixa com seu "gênio étnico", em *Sorte Grande, É Difícil Ser Judeu* etc., somam-se as produções dos "novos", que plasmam o impulso vital dos novos tempos. Ressumando influências naturalistas e simbolistas, russas e ocidentais, Pínski, Asch, ambos com repercussão na cena polonesa, russa e alemã, Peretz Hirschbein, Óssip Dimov e outros infundem alento jovem à dramaturgia judaica, descerrando as cortinas dos conflitos e paixões de um mundo que desperta de longa hibernação no medievo sócio-cultural e que começa a reconhecer-se humano entre humanos.

Mas, o novo repertório, com suas pretensões estéticas, com suas teses sociais e políticas, com sua problematização ou poetização da vida, não pode agradar ao velho "estilo" do teatro comercial, que não pretende "comunicar", agitar, deslumbrar ou atuar sobre o espectador, enriquecendo-o de alguma forma, porém apenas distraí-lo... e com lucro. Todavia, por isso mesmo, as peças de novo estilo atraem o interesse dos grupos de amadores que então começam a brotar em grande número e que formam a raiz da tentativa efetuada, em 1908, por Peretz Hirschbein, no sentido de estabelecer o Teatro de Arte Ídiche. Se esse primeiro florão malogra, é indubitável que dele medrará, no após guerra de 14, o esplêndido Grupo de Vilna e o Teatro de Arte de

Morris Schwartz (que é um símbolo em si desse esforço e que contou com artistas como Ben-Ari, Paul Muni etc.), além do Teatro Judeu de Estado, na União Soviética, onde a direção de Aleksânder Granóvski e as interpretações de Míkhoels fizeram escola. Seja como for, amadorista também era o movimento que procurou dar uma *bima* artística ao verbo hebraico e que, através dos grupos fundados por Katznelson em Varsóvia e Zemach em Bialistok, redundaria no Habima, ponto de acumulação das buscas de todo um período na dramaturgia judaica e ponto de partida do teatro hebreu contemporâneo.

No Início, ou melhor, *Noite do Início,* como se denominou o espetáculo de estreia do Habima, constituía, pois, um verdadeiro começo, uma gênese. O título englobava três peças de um ato: *Fogo!*, de Peretz, *A Peste,* de Berkovitz e *O Sol,* de Katznelson, escolhidas devido à autenticidade dos tipos populares e de sua atmosfera judaica, o que proporcionaria o diapasão do repertório e a marca distintiva do grupo. A fim de encená-las, Zemach solicitou o conselho de Stanislávski, que sugeriu o nome Vakhtângov, um de seus discípulos e figura já firmada no meio teatral russo, como ator de grandes recursos e orientador, com um caminho bastante original, dos Primeiro e Terceiro Estúdios. Daí é que nasceu a colaboração entre o genial armênio e o grupo hebreu.

Habima conseguira então uma nova sede num palacete abandonado, que os próprios membros da companhia adaptaram e transformaram num pequeno teatro de cem lugares. Foi nesse local que Vakhtângov, secundado pelo entusiasmo do "coletivo, onde todos, comediantes ou não, eram iguais em direitos – o que subsistiu durante muitos anos, embora a igualdade de salários deixasse de vigorar na companhia – e onde reinava uma estrita autodisciplina e ninguém violava ou transgredia as normas", lançou-se a uma genuína criação *ex-nihilo*. Do nada, porque era preciso criar um espetáculo e criar, ao mesmo tempo, os atores. Estes procediam dos elencos amadores, mas "logo se evidenciou que os que se vangloriavam de ser artistas experientes, mesmo os que haviam logrado algum êxito nas ribaltas provinciais", mal conheciam os elementos básicos da arte de representar.

Vakhtângov tomou esse material bruto e começou a afeiçoá-lo. Empenhou-se, pelo método de seu mestre, em eliminar tons declamatórios, esgares e gestos convulsivos, vícios de uma interpretação ingênua, sem dimensão nem escola, ou da teatralidade mecânica, convencional, contra a qual Stanislávski se insurgira. Ensinou os bisonhos artistas a falar, caminhar, expressar-se e sobretudo a sentir "com naturalidade", isto é, a encontrar a "justificativa íntima", vital, que conduzisse, através da transferência do potencial de emoção e experiência pessoal, à identificação, alma da autenticidade no desempenho. Abriu-lhes, assim, o mundo do "outro", do personagem psicologicamente apreendido e integrado pelo ator, que deve não representar, mas "viver" o seu papel, a fim de atingir o objetivo fundamental de sua arte que

Pintura de I. Nivinski para os cenários de A Princesa Turandot, *de Carlo Gozzi. Versão cênica de Vakhtângov, 1921.*

Os atores em figurinos de Commedia dell'arte *abrindo a cortina para os aplausos do público aos intérpretes de* A Princesa Turandot, *já com os trajes de noite à vista.*

Ismail, personagem de A Princesa Turandot, *interpretado por K. Mironov.*

Pantaleão da Commedia dell'arte, *na figuração de um dos comediantes do teatro de Vakhtângov.*

"é o de criar a vida profunda de um espírito humano e exprimi-lo sob uma forma artística"[2].

Portanto, no início era Stanislávski. Mas não só no adestramento do intérprete. Sob a sua tutela também se achava a encenação. Era naturalista, "de um naturalismo total, de acordo com as sacrossantas máximas de Stanislávski", a linha que Vakhtângov, talvez por motivos didáticos, imprimiu ao espetáculo de estreia. Este, após um ano de trabalho, em que começou a evidenciar-se a têmpera dramática de Hana Róvina (até sua morte, a grande figura do Habima), Schoshana Avivit, Zemach e outros, "foi apresentado a um círculo de amigos e simpatizantes, e depois ao público em geral. Eles receberam as peças de um ato com manifesta aprovação", de que a imprensa fez eco. Levantara-se, pois, o pano. Gênese.

II.

"Ergue-se o pano – descreve Górki – a cortina cinzenta que se interpõe entre o presente e o passado longínquo. Aos olhos revela-se o quadro multicor de um fervilhante mercado junto aos muros de uma cidade na Judeia. Pelos portões divisam-se ermos abrasados e uma palmeira solitária no horizonte. A partir desse instante, o poder da beleza avassala vosso coração e vos transporta para o interior de uma cidade judaica de há dois milênios – e eis que vossa alma vive o dia tenebroso da Destruição de Jerusalém [...] o coração treme de angústia à vista do profeta que prediz a desventura de seu povo, que prevê a desventura de seu povo, que prevê o exílio iminente de seu povo, enquanto este zomba de sua visão e despreza seus tormentos". Está em cena *O Judeu Eterno*.

É ele, nessa dramatização de uma lenda talmúdica segundo a qual o Messias veio à luz no próprio dia da ruína do Templo, um camponês que, recebendo a revelação, dirige-se ao local do advento, uma aldeia perto da Cidade Santa; mas sua jornada malogra: o Redentor some no torvelinho de uma tempestade e a seu anunciador só resta sair pelo mundo em busca do Messias perdido.

A peça de Pínski era bem o que Habima procurava para sua segunda apresentação. Obra carregada de sentimentos sociais e nacionais, seu simbolismo messiânico falava das esperanças depositadas na Revolução e da provação que impelia os judeus, então impiedosamente chacinados pelos bandos de Petliura nas cidadezinhas da Ucrânia, a lançar-se novamente no encalço da sombra erradia de sua salvação. Mas, além do ensejo de focalizar assim as preocupações da época, *O Judeu Eterno* oferecia outro atrativo: o *pathos,* a cadência, o colorido

---

2 Stanislávski, *La formation de l'acteur.*

de uma evocação de Israel antigo, a plasticidade teatral da recriação histórica. E o apelo desses elementos era tanto maior quanto o Habima, na esteira de quase todo o teatro soviético daqueles anos de busca febril *de formas expressivas*[3], ansiava por encontrar uma linguagem cênica realmente comunicativa, agitadora e missionária, que permitisse "ao artista judeu, do palco de um teatro judeu, projetar a tragédia judia ao mundo inteiro" (Ben-Ari).

A encenação, encetada por Vakhtângov, que adoeceu nesse ínterim, foi completada por Mchedelov, um diretor do Teatro de Arte de Moscou. Apesar de não possuir o brilho e o temperamento do armênio, era um "stanislavskiano" de boa água, que não só aprofundou a formação dos atores, principalmente no que tange à movimentação e ao ritmo no palco, como soube resolver difíceis problemas de especificidade oriental no tom, no gesto e nos costumes, compondo, com uma decoração bastante simples, a necessária atmosfera "local". O resultado desse trabalho, em que se distinguiram os desempenhos de Zemach (O Profeta), Róvina (A Mãe) e Vardi (o mercador Avikhai), chamou a atenção do exigente meio teatral moscovita. Stanislávski felicitou o conjunto e Górki afirmou mesmo: "Vi três vezes *O Judeu Eterno* de Pínski [...] Sem entender o idioma, apenas pela força sugestiva do som e do ritmo, senti toda a aflição do profeta incompreendido [...] Mas não foi a peça em si que suscitou essa profunda impressão. Não, a impressão foi engendrada pela harmonia do espetáculo, pela unidade musical do conjunto e de cada indivíduo".

Entretanto, o Habima estava longe das alturas a que ascenderia com *O Díbuk,* de Sch. An-Ski[4]. Para tanto, seriam precisos três anos de esforços, mais de duzentos ensaios, além de prolongados exercícios de dança, ginástica, impostação etc., e a feliz conjugação entre Vakhtângov, novamente em atividade e na mais fecunda fase de sua carreira artística, e o entusiasmo, a dedicação quase religiosa desse grupo de jovens. "O teatro é para eles um rito, uma adoração", diria o autor de *No Fundo* (*Ralé*, na tradução brasileira), e *O Díbuk* (A Alma Errante) seria o seu momento de maior êxtase.

Na verdade, todo extático é o clima dessa peça, misto de tragédia amorosa e mistério religioso. Trata-se do amor entre dois jovens, Lea e Hanã: sua união, decidida desde o nascimento, ardentemente desejada por ambos, selada pelos Céus, é obstada pelo pai de Lea que, rico, busca um bom partido para sua filha, apesar do compromisso que assumiu com o pai de Hanã. Do destino contrariado emana o conflito trágico. Pois Hanã tenta influir na marcha das coisas, obter "dois barris de ducados... para aquele que só sabe contar ducados [...]", por

---

3   J. Rühle, *Das gefesselte Theater*, Kipenheuer & Witsch, Colônia-Berlim, 1957.
4   *O Díbuk: Entre Dois Mundos*. Tradução para o português de J. Guinsburg, 1952, 3ª edição, S. Paulo, Perspectiva, 1988.

meios proibidos, cabalísticos, e morre, apossando-se, porém, como alma errante (*díbuk*), do corpo de sua amada. Lea é então conduzida à presença de um poderoso rabi, de um Eu com "forças junto aos altos mundos", que consegue exorcisar o espírito e expulsá-lo de seu último refúgio. Mas ninguém poderia separar o que devia unir-se, o desafio ao *fatum* tinha de ser tragicamente expiado, e o *díbuk* abandona o corpo da donzela para voltar à sua alma. Lea reúne-se, "para a eternidade", a seu noivo predestinado.

Tecida com o mais puro material folclórico, colhido na fonte popular pelo próprio dramaturgo que, em 1913, organizou e dirigiu a Expedição Etnográfica Judaica, essa lenda dramática, cristalização teatral da parábola e das crenças hassídicas[5], foi escrita provavelmente no início da Primeira Guerra Mundial. An-Ski compôs uma primeira versão em ídiche, ao que tudo indica, traduziu-a ele próprio para o russo, logo em seguida, e a submeteu ao Teatro de Arte. Stanislávski recebeu a obra com muita simpatia, porém, considerou que só artistas judeus poderiam captar genuinamente sua essência e seus tipos. Aliás, foi ele próprio quem recomendou a peça a Zemach, que pôde dispor de uma versão ídiche, elaborada pelo autor e encenada pouco depois (1920) pelo Grupo de Vilna, e outra hebraica, concluída na mesma ocasião por H. N. Bialik, a figura exponencial do verso hebraico moderno.

O Díbuk não é texto de convocação nacional ou de implicações sociais contundentes, embora um mundo histórico, o do judaísmo hassídico na Europa Oriental, se ilumine espectralmente, com projeções até grotescas, no halo místico do amor entre Lea e Hanã. Mas "esse pássaro de fogo da poesia dramática, que traz nas asas o absoluto", como se expressou Ruggero Jacobi no prefácio à tradução para o português, oferece um ritual maravilhosamente plástico, tenso e sugestivo, uma celebração cheia de gritos, murmúrios e melodias, que um *régisseur* de talento e imaginação poderia erigir em "monumento às tradições judaicas". Vakhtângov o fez. E ainda mais, fê-lo de tal maneira que, entre as quatro grandes encenações que inscreveram seu nome, ao lado de Meierhold, Evreinov e Taírov, na primeira linha dos renovadores da estética teatral russa e contemporânea, encontra-se *O Díbuk*.

Com efeito, as concepções dramáticas de Vakhtângov e seu estilo definiram-se – ou fixaram-se como tais no registro histórico, pois o artista morreu em meio dessa fase de intensa realização mas também de busca com *Érico XIV*, de Strindberg, *O Milagre de Santo Antônio*, de Maeterlinck, a peça de An-ski e *A Princesa Turandot*, de Gozzi, sem dúvida sua obra-prima. Essas quatro encenações, que se sucederam febrilmente no período 1920-1922, constituíram, a nosso ver, uma tentativa, se não de síntese entre "naturalidade" e "teatralidade", ao menos de superação orgânica do Teatro de Arte.

5   Movimento religioso judaico surgido no século XVIII, na Europa Oriental.

Na verdade, ligar apenas ao naturalismo esse extraordinário laboratório dramático que foi o Teatro de Arte, com seus vários "estúdios", seria amesquinhar seu papel e alcance. Mas, ainda que fosse um experimentador incansável, o revelador das possibilidades do intimismo tchekhoviano e do drama social gorkiano, o introdutor do simbolismo e do impressionismo na ribalta russa, um "dos primeiros a abrir caminho para a esquerda" (Leia-se: modernismo), sendo, por exemplo, sua encenação de *O Drama da Vida*, de Hamsun aplaudida freneticamente, aos gritos de "Morra o realismo!... Glória ao teatro avançado!", Stanislávski sempre sustentou que: seja "o planejamento do espetáculo – obra do *régisseur* – realista, de orientação direitista ou esquerdista, impressionista ou futurista; tudo isto é completamente indiferente, contanto que seja persuasivo, convincente, isto é, *veraz* ou *verossímil* (o grifo é nosso); que seja formoso, isto é, pictórico, artístico, elevado, e que transmita a *vida autêntica* do espírito humano, sem a qual não há arte"[6].

Contra esse culto da veracidade e da verossimilhança, contra esse verismo psicológico, da sensibilidade, da "vida autêntica", surge uma corrente que, relacionada com o vanguardismo esteticista de após-1905, proclama o primado do cênico, do teatral em si. Assim, Evrêinov, na sua *Apologia da Teatralidade* (1908), afirma que no teatro tudo é convencional, desde a decoração até a atitude do espectador, e que se impõe "reteatralizar o teatro". Mas os que de fato concretizam esse *slogan* são homens formados pelo próprio Stanislávski. Meierhold, o Picasso do palco, como o denominou Rühle, levou a tendência, sob o impacto da Revolução, da dialética marxista e inspirado também no futurismo, à biomecânica no desempenho, ao construtivismo no cenário e à "convenção" na *mise en scène,* como meios capazes de expressar a emoção em formas coletivamente apreensíveis, isto é, comunicantes e funcionais do ponto de vista político e ideológico.

Voltando-se contra Stanislávski por sua "carência de forma" e contra Meierhold por sua falta de "substância humana", Taírov, mais preocupado com o estético do que com o cultural, procura a teatralidade pura, o formalmente cênico, na representação sintética do Ator, cujo "gesto emotivo", materialização do virtuosismo mímico, rítmico, acrobático, vocal etc. e da fantasia criadora, é concebido coreograficamente, como no balé. A serviço desse Superator, harmonia artística e física, que suprime as fronteiras entre os gêneros e os caracteres, está não só o texto, uma espécie de libreto, mas ainda o costume, meio de ampliar a ressonância do Corpo, a cor, rubrica de certo andamento (preto: tragédia) e a cenografia, construída com sólidos geométricos e destinada a ritmar os movimentos. Tudo, nessa marcação, é musical, bailante, lúdico, tonal e a cena dramática torna-se como que um

---

6   Que inspirou a Górki o teatro da improvisação, ao qual Vakhtângov esteve ligado.

Cena que se tornou emblemática da representação de O Dibuk *pelo elenco do Habima. Vê-se no centro: Hana Róvina no papel de Lea; ao fundo: Rabi Azriel, num dos momentos mais dramáticos da peça que é o da esconjuração do Dibuk refugiado no corpo da donzela.* Mise en scène *de Vakhtângov, Moscou, 1922.*

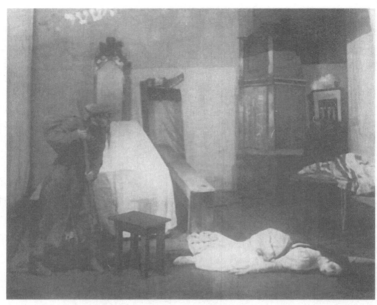

O Mensageiro diante de Lea após a expulsão do Díbuk.

Esboço de figurino de Natan Altman para a personagem do Rabi Azriel, em O Díbuk.

tablado coreográfico onde o intérprete passa a ser o figurante de um *corps de thèâtre* que evolui ao compasso de um *maître de scène* plasmando a forma sintética.

Sob o signo da síntese também se coloca a obra de Vakhtângov, que desenvolveu, segundo Rühle, "as melhores tendências de seus inspiradores, a seriedade artística de Stanislávski, o humanismo romântico de Górki, a obsessão teatral de Meierhold, empenhados na mesma medida que a musicalidade sensível de Taírov". Como os dois últimos, sentiu o fascínio das "formas expressivas" e, influenciado como eles – pelo teatro antigo, medieval, oriental e sobretudo pela *Commedia dell'Arte*, levou-as a uma verdadeira *féerie* da emoção, da plasticidade e da estilização cênicas – quermesse e ritual onde fulgiam, ao mesmo tempo, a celebração arlequinesca de *A Princesa Turandot* e a invocação trágica de *O Díbuk*.

Entretanto, ao contrário dos dois "anjos rebeldes", nunca rejeitou *in totum* o stanislavskismo. Tentou, antes, ultrapassá-lo por uma negação que chamaríamos de dialética. Pois, mesmo no período mais pessoal e maduro, reteve, do "método" ou sistema, o seguinte: "A concentração; a justificação de tudo o que se fez no palco; o processo de captar a menor sombra de sentido no autor, de ler nas entrelinhas; o desenvolvimento biográfico de cada personagem desde sua entrada em cena e depois, isto é, suplementando sua vida; a erradicação dos mofados clichês de atuação" (Ben-Ari). A isso acrescia, com destaque maior ainda do que no autor do "método", a técnica da improvisação no ensaio: dado um tema, os atores o conduziam, através da pantomima, do gesto e do diálogo, até as últimas consequências. Objetivava exercitar a imaginação, a presteza, a espontaneidade e o poder inventivo, bem como auxiliar, pelas muitas sugestões, à formulação da *mise en scène*. Já esse recurso envolve, na prática, o segundo passo, mediante o qual Vakhtângov considera, bem no espírito de sua geração, que "o teatro não é a vida". Ele tem seu próprio realismo, sua própria verdade. "A emoção e o sentimento do ator devem ser verdadeiros, mas cumpre projetar essas verdades para o auditório por meios teatrais". Isto significa o abandono da tentativa de estabelecer a identidade palco-plateia, de abolir a linha divisória do proscênio. Para aprofundá-la, Vakhtângov suscita mesmo em *A Princesa Turandot*, uma vibração circense, popular e festiva: profusão de cores, fanfarras e incisos no clímax dramático advertem que se trata de uma "peça", de um teatro. Assim, ao inverso de seu mestre, o encenador do Habima exige que "o espectador não se esqueça por um só minuto de que se acha no teatro", reino de uma ficção artística cujo principal demiurgo é o ator.

Essas ideias, em parte concebidas e aplicadas durante os ensaios de *O Díbuk,* guiaram o desempenho no sentido da "dupla vida na ribalta" de que falava Salvini. Buscando uma síntese entre vivência e expressão, Vakhtângov dirigiu cada artista para a captação sensível, autêntica, pessoal, obtendo resultados como a impressionante "vida" que H. Róvina infundiu à figura de Lea. Mas, indo além, trabalhou esses sentimentos, esse mundo interior, até alcançar *formas* eloquentes, reveladoras, capazes de representar de pronto a essência do papel e, sobretudo, de integrá-lo num dado conjunto, como na dança dos mendigos, onde cada intérprete ouvia, falava, admirava e observava de tal maneira que o grotesco configurasse uma orgia tragicômica, um desvario de amargura e sátira, com "pobres... únicos, excepcionais e significativos" que continham potencialmente a Pobreza.

Para atingir efeitos como esses, em que a posse demoníaca, o fervor místico, a loucura amorosa criavam tensões verbalmente intraduzíveis, valeu-se, no desempenho, da "solidificação emocional", pela qual a imobilidade é apenas exterior, enquanto "no interior a ação e a experiência nada perdem de seu dinamismo". Ademais, a maquilagem levada à mascara, ao títere, o êxtase e a cadência de uma movimentação engonçada, a música, que na cantilena da salmodia ou no furioso da dança, pautava a fantasmagoria do entrecho, as roupagens estilizadas e a cenografia, simplificada nos elementos naturais e fortemente desenvolvida na linha da sugestão e alegoria, adensaram ao extremo esse clima de encantamento e magia que, no terceiro ato (unido ao quarto nessa encenação), após a fúria endemoninhada, ascendia à catarse extraterrena, ao lampejo visionário: "*Em si mesma a queda contém a ressurreição...*"[7], ouviu-se, de longe, baixinho, enquanto o palco escurecia. "As cortinas cerraram-se nas trevas. As luzes do auditório foram acesas e, aos poucos, o público voltou a si, como se acordasse de um sonho" –, de um êxtase... Mas também da incoerência, da irracionalidade não da vida *neste mundo*, mas de uma vida "entre dois mundos".

III.

Com *O Díbuk,* a jovem companhia hebraica adquiriu foros de cidadania no mundo teatral soviético. Tendo encontrado um mestre que soubera compreender os seus anseios e fundi-los numa realização definidora, vira-se de posse daquele selo de personalidade, daquela marca de conjunto que figurava desde o início entre os seus objetivos programáticos. Embora seu guia, Vakhtângov, falecesse um ano depois da estreia da peça de An-Ski, em 1922, abrindo um claro que influiria bastante no destino do grupo, os anos de trabalho sob sua orientação foram tão fecundos, didática e artisticamente, que deram ao Habima – e esse não foi dos menores legados do genial encenador armênio – raízes firmes de uma existência própria. Habima constituía

[7] Canto místico que inicia e fecha a peça, servindo-lhe de uma espécie de *leitmotiv*.

agora um efetivo teatro de arte judeu, caracterizado e aceito como tal, em pleno funcionamento e com vitalidade para enfrentar duras provações.

Esse êxito, porém, não remediaria ainda a sua precária bilheteria. A aprovação de Stanislávski, do ator Tchékhov ou de Chaliápin, a apreciação favorável de uma crítica até certo ponto – ideológico – negativamente predisposta, os requintes plásticos e expressivos de uma linguagem dramática que fascinava a sensibilidade e entusiasmava a *intelligentsia* não podiam transformar-se em provedor providencial. Não solucionavam os apuros materiais de um elenco cujos membros, quando afirmavam, na cena dos pobretões no primeiro ato de *O Díbuk*, "que não haviam provado nada o dia inteiro", não travavam um mero diálogo, mas expressavam a realidade. Era puro "realismo"... tanto mais palpável quanto as produções de alto nível impunham um pesado custo, que uma sala de cem cadeiras, mesmo permanentemente lotada, não poderia ressarcir, o que forçava a contrair dívidas impossíveis de saldar na circunstância. A saída estava em obter a oficialização, a proteção que o governo soviético estendia às etnias e às suas manifestações culturais. Foi o que Habima tentou, requerendo ao Comissariado da Cultura, que tomara sob sua administração todas as companhias dramáticas, o diploma de Teatro de Estado.

Tal pretensão, que, deferida, redundaria no reconhecimento de O Palco como órgão teatral da minoria nacional judaica, chocou-se com a oposição daqueles que viam no Habima "uma rede sionista" e um "ninho contrarrevolucionário", para o qual não existia lugar na nova Rússia. Era consequência, de um lado, da velha luta, intensificada após a Revolução, que parte da Esquerda russa e sobretudo o Bund judeu[8], adepto do ídiche como língua da minoria nacional, desenvolveram contra o sionismo e a revitalização do hebraico, considerados como manifestações do chauvinismo pequeno-burguês e tradicionalista. De outro, decorria da formação, a partir de 1920, de um Ídischer Melukhe Teater (Teatro Judeu de Estado), que se propunha uma linha "popular", com repertório no idioma das massas, o ídiche.

A atividade desse "estúdio", que dispôs de uma sala de espetáculos decorada por Marc Chagall e de sólido amparo oficial, liga-se aos nomes do *régisseur* Aleksânder Granóvski e de Míkhoels, principal ator e mais tarde, a partir de 1928, responsável artístico pela companhia. Discípulo de Max Reinhardt, Granóvski atuara, sem maior êxito, no teatro alemão, antes da guerra, e, depois, no russo. Só no IMT, que ele preferia denominar "Teatro de Câmara", é que revelaria seus dotes de diretor, mediante uma obra que, pela ousadia de suas concepções, lhe granjeou renome internacional e fez escola na arte dramática

---

8   Primeiro e durante muito tempo principal partido socialista judeu da Europa Oriental.

judaica e russa. Suas encenações, explorando proficuamente a força crítica do grotesco, segundo a lição de Meierhold e Vakhtângov, combinando-o com a bufonaria e a acrobacia, sob o ascendente das pesquisas de Meierhold e Taírov no domínio da teatralidade, transmutariam sobretudo as peças dos "clássicos" da dramaturgia ídiche, Goldfaden, Mêndele, Scholem Aleikhem e Peretz, em deslumbrantes espetáculos de quase ópera-bufa, da tragicomédia do gueto.

Fiquei pasmado e assustado, escreveu o conceituado romancista Joseph Roth acerca do IMT, o brilho das cores ofuscou-me, o tumulto ensurdeceu-me, a presteza dos movimentos entonteceu-me. Esse teatro não é mais um mundo exagerado, mas outro mundo. Seus atores não são encarnações de seus papéis, porém enfeitiçadas encarnações de uma maldição. Falam com vozes como jamais escutei em outros teatros; cantam com o fervor do desespero; quando dançam, lembram-me bacantes, assim como *hassidim* (discípulos, beatos místicos); seus colóquios são como as preces dos judeus envoltos em xales sagrados no Dia da Expiação e como as ululantes blasfêmias do bando de Corê; seus movimentos são como um ritual e um delírio; as cenas não são encenadas ou representadas, porém sonhadas.

Mas Dionísio também ressuscita. Nesse clima denso e noturno, que parece o de êxtase dibukiano, rebrilham pontas de aguçada ironia, riscando e talhando burlesca e às vezes sarcasticamente a sombra compacta do gueto encantado, ou revirando num ridículo avesso o furor coribântico de suas crendices. É *a hutzpe,* a atrevida zombaria judaica, a insolência, que se lança a um de seus pratos prediletos, a autocrítica. "Adversários de Granóvski dizem que ele escarnece da vida judaica do gueto... Não é certo. Granóvski, pela movimentação de corpos e gestos, como que revira a tragédia dessa gente, de modo que se amedrontem e riam de sua comicidade, que arrastam na caixa do quotidiano". Eis como Ernst Toller, o dramaturgo expressionista, entende o vitríolo que era assim atirado sobre as fantasmagorias, a antiqualha obscurantista, a ilogicidade daquela existência, vendo-se e ajuizando a si própria... sem dúvida através das lentes de europeu, de um ocidentalizado e impenitente racionalista.

E racionalista não era apenas a sua visão da realidade. Granóvski elaborara uma teoria, segundo a qual a *mise en scène* judia, traduzindo uma propensão que seria peculiar ao povo mesmo, também devia sê-lo. Era preciso desterrar desse reino a emoção e submetê-lo à razão. A medida e o cálculo do menor gesto, o equacionamento e a predeterminação de cada passo impunham-se como alicerces de um teatro judeu esteticamente moderno e socialmente atuante. Na verdade, tais concepções refletiam os ensinamentos de Gordon Craig sobre a arte do teatro e o papel da direção, obra de uma inteligência superior, capaz de operar decisivamente nos múltiplos fatores da criação cênica, e instituíam o regime do "teatrocrata", do encenador todo-poderoso que manejava a seu talante todos os elementos do espetáculo, desde o costume até a decoração, o texto e o desempenho.

Granóvski, com efeito, foi dominante em seu teatro. Vontade tirânica da "montagem", onipresença no palco, recalcava ao extremo a individualidade do ator, convertendo-o quase em títere, o que era muitas vezes intolerável para artistas do porte de um Míkhoels e um Získin, os grandes interpretes do IMT. Contudo, na ribalta ídiche, ninguém como ele soube valer-se do conjunto para desencadear harmonias de luz e cor que plasticizavam, com suavidade lírica ou agressividade irônica, as "ideias" do texto e sobretudo suas incidências críticas no sentido social.

Não é, pois, casual que entre as suas melhores realizações figure *Noite no Mercado Velho* (1925), de Peretz. De acordo com seus métodos, adaptou o original, reduzindo-o a cerca de mil palavras, e apoiou-se na música folclórica como componente básico, enquanto "um uso sutil da luz evocava a presença dos mortos, que, com o povo do mercado e o *badkhan,* o truão profissional, compõem os caracteres da peça". Esse tratamento permitiu-lhe configurar imediata e agressivamente o simbolismo carregado, grotesco, dessa obra que representa, entre outras coisas, uma sátira veemente às formas de vida nos guetos da Europa Oriental, ao seu mundo espectral.

Contra esse mundo o Habima também se insurgia. Mas não através do "criticismo" social, tão característico do estilo de Granóvski (cuja maturidade plena ocorreria, aliás, alguns anos depois, por volta de 1926, e da militância cultural idichista do IMT), porém do *pathos* messiânico-nacional, da exaltação e da reconquista dos valores hebraicos. Os dois grupos trilhavam, pois, caminhos divergentes não só em estética teatral. Em verdade, divergiam ainda mais por suas tendências ideológicas, ao menos no campo judeu, centro de seus interesses e objeto específico de sua respectiva atuação. Assim sendo, não é de admirar que o pedido de reconhecimento oficial de o Habima despertasse viva oposição da Seção Judaica do Comissariado da Cultura e suscitasse mesmo, após fortes ataques de imprensa, uma solicitação para que o governo fechasse o teatro hebraico, foco nacionalista.

Por sua vez, os defensores do elenco sustentavam que "longe de ser chauvinista burguês [...] era uma juventude proletária procurando criar um teatro nacional em hebraico. E por que não em hebraico?" Se o regime pretendia acalentar os menores indícios de originalidade étnica, por que ignorar uma "cultura com séculos de tradição, grandes escritores e poetas?" No demais: "O teatro era internacional, podia expressar-se em todas as línguas. O hebraico possuía seu ritmo particular, sua tonalidade específica e havia peças que, apresentadas nesse idioma, provocavam um efeito totalmente diferente [...]"

Esses e outros argumentos serviram aos amigos que o Habima, com a qualidade de suas representações e o halo de comediantes missionários da "língua dos Profetas", granjeara nos círculos mais influentes do mundo soviético. Lunatchárski, Górki e muitos outros puderam convencer o Conselho dos Comissários do Povo a conferir-lhe o almejado estatuto. Destarte, após meses de expectativa e aceso debate, que cristalizaram os métodos e objetivos e estenderam a popularidade do grupo, um "certificado subscrito por Lênin" conferia ao Habima a categoria de Teatro de Estado. "Empregados pelo governo soviético para representar peças hebraicas!, escreve Ben-Ari. Parecia um sonho!"

IV.

A oficialização permitiu ao Habima prosseguir, com relativa tranquilidade, na carreira que o levaria, ainda em seu período russo, à montagem de três novas peças: *O Golem,* de Leivik; *O Sonho de Jacó,* de R. B. Hoffman; *O Dilúvio,* de Berger.

O Golem estava destinado a constituir-se no segundo ponto alto do repertório da companhia. Encontrá-lo foi uma sorte para o grupo. Pois, mais uma vez, e agudamente, defrontava-se com aquele problema que, ao lado da busca de um diretor capaz de substituir Vakhtângov, persegui-lo-ia por muitos anos: a falta de originais. Ao comitê encabeçado por Zemach, que regia a atividade do *ensemble,* uma corrente desejosa de levar o conjunto a uma linha mais popular, em ídiche, propunha mesmo a pergunta: De que vale representar em hebraico, se tudo o que o Habima encena é traduzido de outro idioma?

De fato, a dramaturgia hebraica não dispunha de obras em condições de prover o repertório de um teatro compromissado, que exigia, além de textos em estilo e com assuntos modernos, sobretudo peças de caráter histórico, bíblicas se possível, e altamente vibráteis do ponto de vista nacional. Embora o Habima, numa visita que Bialik lhe fez, implorasse "Mestre, dá-nos uma peça!", apelo que estendeu em seguida a seu êmulo na poesia hebraica contemporânea, Tchernikhóvski, nem um nem outro, nem tampouco os demais autores hebreus puderam atender ao apelo.

Na medida, porém, em que se achava em jogo a "próxima temporada", a questão era imperativa. A solução provisória consistiu na reapresentação de *O Judeu Eterno,* de Pínski. A obra, que era de um ato, foi dividida em dois, tais os acréscimos que lhe fizeram quanto aos diálogos e aos personagens, inclusive. Além disso, recebeu novos figurinos, interlúdios musicais e um *décor* construtivista, sendo a *mise en scène,* de um modo geral expurgada de seu primitivo e ortodoxo naturalismo. Efeitos de luz, cenas de massa, danças e melodias orientais teceram, por assim dizer, um novo espetáculo. Foi quase uma estreia, e brilhante... Mas, findos os trabalhos com essa reelaboração, o problema ressurgiu com a mesma urgência:

O Judeu Eterno, *1923.*
Personagens.

A figura do Golem na peça do mesmo nome, de H. Lêivick, na montagem do Habima, 1925.

Uma cena de O Golem *no Teatro Nacional Habima em Israel.*

onde obter um original satisfatório? Foi quando Mosché Halevi[9], voltando do exterior, trouxe "algo". Era *O Golem*. Como no caso de *O Díbuk*, esse poema dramático, que também procede da literatura ídiche, explora um tema folclórico. Trata-se de uma das lendas mais vivas e significativas da criação popular-religiosa judaica. Oriunda das especulações místicas medievais, e talvez dos gnósticos da era talmúdica, liga-se acima de tudo ao famoso cabalista de Praga, Rabi Iehuda Loew (l520-1609), o Maharal na abreviatura hebraica. Ele teria animado um *golem* – embrião, corpo informe – uma espécie de robô de barro, dotado de força sobre-humana, a fim de proteger o gueto das maquinações de seus inimigos que urdiam uma das habituais acusações de crime ritual. Finda a missão, o taumaturgo tê-lo-ia reconvertido em pó, mesmo porque não eram chegados os tempos do Messias e, além disso, a criatura começava a forcejar com o seu criador... Ainda assim, nesse contexto, o *golem,* que em outras versões é um Frankenstein, cuja destruição se impõe para evitar o aniquilamento do gênero humano, torna-se, sob o comando do grande rabi, um como que Vingador nacional, projeção de um futuro ressurgimento de Israel e de sua capacidade material de revide.

O potencial alegórico desse mito foi referido, na dramatização de Leivik, realizada entre 1917 e 1920, ao quadro apocalíptico da revolução russa e do pós-guerra. A luta do Maharal com o *golem,* a fim de manter a força bruta sob o domínio do espírito, obstando o império da violência; o impulso do autômato no sentido de desfazer-se de sua alienada condição; o conflito íntimo do rabi, que hesita entre, "o velho caminho da *santidade*, da paciente espera do Messias [...] e o novo, o caminho, da *heroicidade*, da conquista impaciente do que é próprio"; o trágico dilema entre o desejo de impedir o derramamento de sangue e a necessidade de derramá-lo, são outras tantas contradições, segundo a interpretação do crítico Sch. Níg(u)er[10], em que se debatem os "caminhos da redenção" e que se encarnam não só no rabi e no *golem*. Desenvolvem-nas, também, Tadeu, figuração do mundo não-judeu; Takhnum, o "senhor das ruínas", símbolo do sofrimento de Israel; o Jovem Mendigo, Messias cuja hora ainda não soou; o Homem da Cruz, Jesus; os Mendigos; a hoste de demônios e espíritos subterrâneos. Por meio desses signos, expressionistas em essência, Leivik configura a dialética da crise de nosso mundo e da vida judaica em nossos dias. Como diz Níg(u)er, nessa obra "a atmosfera medieval está impregnada de alento hodierno; o tempo da lenda não é o do poema, que é moderno e não histórico".

É fácil, pois, compreender o atrativo que a peça exerceu sobre o Habima. Apesar das objeções: "O que é o *golem*? Um Profeta? Uma

9   Fundador do teatro Ohel de Israel e seu diretor por muitos anos.
10   Sch. Níg(u)er, *H. Leivik*, ed. G. Pomerantz, Torontó, 1951.

invisível presença? Matéria ou espírito? Takhnum é louco ou normal? Quem são o jovem e o velho mendigos? Quem são os fantasmas?", o lusco-fusco lendário do texto, suas alusões à atualidade, o seu caráter de visão profética, expressão poética e conflito trágico, onde mito e realidade se revestem mutuamente, decidiram o coletivo teatral. O clamor contínuo de Takhnum, "Quem nos salvará?", era um chamado irresistível...

A direção foi confiada a Verschílov. Judeu de origem, mas alheio de todo aos valores do judaísmo, sentiu, não obstante, profundas afinidades com a peça, aplicando-lhe criativamente seus amplos recursos de brilhante seguidor de Stanislávski, o que constituiu, por outro lado, um ensejo de renovar e ventilar o contacto com o "método", base da linha interpretativa do Habima.

Considerando, como Vakhtângov, que o ritmo, o tempo peculiar são a "alma do espetáculo", Verschílov preocupou-se, desde o início, em estabelecer a cadência de cada personagem, de cada cena. Como exemplo de sua pesquisa nesse terreno, vale citar, com Ben-Ari, a cena em que o Maharal, sentado ao amanhecer no campo, modela a figura do *golem:* apesar das semanas de esforços, "o diálogo parecia arrastar-se, os movimentos necessários à modelagem não eram convincentes nem naturais. Sem dúvida, o ator incumbido do papel não acreditava que o barro sob seus dedos viria algum dia à vida. Afinal, descobriu-se a chave. O Maharal não era um escultor em seu estúdio, com tempo para deliberar. Tratava-se, em vez, de um homem em fermentação criadora, movimentando-se instintivamente. Acumulava massa sobre massa de barro... Tudo estava informe. O que ele plasmava era a sua vontade, os seus pensamentos tempestuosos... E, na verdade, no momento em que os pedaços de barro começaram a voar dos dedos do intérprete, a cena inteira tornou-se convincente. Esse achado também revelou o ritmo do diálogo entre o rabi e o *golem;* a cena adquiriu forma e modelo próprios".

Uma tal marcação, acrescida à mascarada fantástica de tipos, acentuada nos espíritos figurados por caricaturas de pássaros, animais e seres humanos, à sugestão quase hipnótica dos trajes, da música (de M. Milner) e dos efeitos de luz, compuseram um clima messiânico-apocalíptico tão intenso que ocultaram mesmo, em sua tessitura, os claros da estrutura dramática do poema de Leivik, dando-lhe um fluxo e uma unidade deficientes no original. *O Golem*, estreado em 1924, triunfou plenamente. E seu triunfo deveu-se, sem dúvida, ao trabalho de Verschílov, coadjuvado pelas interpretações de Méskin como o *golem*, de Tchemerínski e Prúdkin no papel do rabi, de Ben-Ari como Takhnum e de H. Róvina como Messias. Mas, em primeiro lugar, era fruto do esforço de um *ensemble* que, apesar de tudo, via na busca das "sendas da salvação" a sua própria busca, o sentido de sua existência como teatro.

Habima despede-se da Rússia: cartaz de O Díbuk *para o último espetáculo, 18 de janeiro de 1926.*

A primeira tourneé *do Habima pelos palcos ocidentais: cartaz da apresentação em Lausane, 1926.*

O Habima parte para a América: foto da despedida, 1926.

Terceiro edifício de teatro do Habima em Israel, inaugurado em 1970.

Vista da sala de espetáculo que comporta 1.000 espectadores.

Essa existência, porém, estava em jogo, a despeito do êxito de *O Golem*. A peça subsequente, *O Sonho de Jacó*, não poderia conjurar a ameaça. Com efeito, nem o passo para ir além da área ídiche, e ampliar o repertório, que se consubstancia na adição desse original alemão, nem a extraordinária oportunidade de atuar, pela primeira vez, sob a direção do grande mestre do Habima, Stanislávski, que aceitara o convite do grupo e se dispusera a guiá-lo[11] e a iniciá-lo num gênero desconhecido do elenco, o "operístico", nada disso modificava o fato de que o Teatro de Estado Habima escolhera a obra de Hoffman, assim como as demais, segundo o critério de um "teatro nacional hebreu", firmemente defendido pela maioria de seus membros. Na verdade, por mais que seus componentes perguntassem sinceramente: "Somos por acaso adversários do governo soviético?", que argumentassem com os valores específicos do palco hebraico e do idioma que Vakhtângov chegara a "amar com tanto ardor que começara a aprendê-lo", o "mundo exterior não podia compreender o que impedia de abandonar essa teimosa insistência em representar nessa língua estranha, de renunciar ao repertório lendário, irreal, e pôr-se a trabalhar para as massas".

Ao princípio básico de O Habima, que Zemach e outros julgavam vital, opunha-se não só uma vaga estranheza, como uma facção do coletivo, favorável a um repertório bilíngue ou exclusivamente ídiche, e, sobretudo, a orientação oficial do Comissariado da Cultura. Ela encarava com crescente suspeita o hebraísmo encarniçado do grupo, a sua vocação missionária e a sua atração pelos temas históricos ou bíblicos, a sua procura de simbolismos válidos a atuantes do ponto de vista nacional judaico. Parecia-lhe, e justificadamente, que todas essas promessas só se explicavam nitidamente "à luz de Jerusalém".

Mas, de outro lado, surgia a indagação: "Não teremos coragem suficiente para desempenhar nossa missão histórica?" A minoria oposicionista foi vencida no *ensemble* e os demais decidiram empreender uma excursão pelo exterior, levar o drama hebreu às massas judaicas da Lituânia, Polônia e Estados Unidos. "Elas compreenderiam o que o Habima tentava realizar. Elas estariam em condições de apreciar essa obra".

O Dilúvio foi a última encenação do Habima na União Soviética. Essa tragicomédia americana mostrou que o elenco hebreu, em face de uma peça moderna, era capaz de desempenhar-se tão séria e convincentemente como em qualquer texto judeu. Em sua derradeira noite em Moscou, o grupo apresentou pela tricentésima vez *O Díbuk*. Quando a cortina baixou, "o auditório explodiu em gritos de adeus em russo, hebraico e ídiche". Pois, embora se tratasse de uma simples *tournée*, todos pressentiam que a separação era definitiva. E o

---

11 Tarefa que não pôde concluir por doença, passando à direção Sushkévitch, um encenador do Segundo Estúdio do Teatro de Arte de Moscou.

que levava o Habima, além de seu repertório, de sua pregação e das lembranças de uma ofuscante atividade criadora? As palavras de despedida daquele que fora seu gênio tutelar, quer pessoalmente, quer através de seu discípulo, Vakhtângov. Dizia, nessa carta, Konstantin Stanislávski: "Também tive o meu quinhão na formação do Teatro de Arte Hebreu, Habima. Considero-me feliz que, com essa obra, eu realizasse a maior das missões artísticas. A arte é uma esfera espiritual em que os povos se encontram com intenções puras, livres da política, sem quaisquer ambições pessoais, tão-somente por amor à beleza e à exaltação estética. A arte é o plano onde a fraternidade das nações pode reinar soberanamente".

O Teatro Ídiche de Estado: Granóvski e Míkhoels

Como todos os demais campos da atividade cultural e artística judaicas, o teatro também foi sacudido pelo impacto da Revolução. Como que desperto de sua existência marginal e, quando muito, convencional, a que a discriminação, a perseguição e a opressão o condenavam e na qual as tentativas de inovação estavam destinadas a atolar na precariedade da infraestrutura, agitou-se febrilmente. Um sopro renovador varreu suas pranchas, povoando-as de novos grupos, amadores e profissionais, e insuflando-lhes um novo espírito. Fervilhante e inventivo, pronto a todas as ousadias do político e do estético, do social e do ideológico, marcou presença mesmo no quadro de um período quase sem par na história moderna das artes cênicas, como foi o movimento teatral soviético dos anos 20.

Dois focos concentraram o que essa eclosão da teatralidade judaica produziu então de mais original e significativo – o Habima hebreu e o Goset ídiche. Um e outro são indubitavelmente partes do mesmo processo. Surgidos quase ao mesmo tempo, desenvolvendo-se na mesma cidade, Moscou, respondendo às mesmas necessidades grupais, constituem, precisamente na diferença de suas polarizações linguísticas, doutrinárias e estilísticas, a dialética das oposições e opções coletivas na linguagem do teatro. Embora não se trate aqui de analisá-los no jogo dessa relação, é preciso ressaltar que na perspectiva histórica ela surge com toda a força de sua complementaridade estética. Nacionalismo sionista e internacionalismo comunista, misticismo messiânico e racionalismo revolucionário, drama poético e farsa crítica são algumas das dicotomias que operam a diversidade de suas produções no palco.

O Ídischer Melukhe Teater (Teatro Ídiche [=Judeu] de Estado), Goset, na abreviatura russa pela qual se tornou conhecido, começou a estruturar-se a partir de um estúdio dramático ídiche formado em Petrogrado, em 1919, por iniciativa da seção judaica do Comissariado para Assuntos de Educação, que confiou a tarefa a Alêksei Mikháilovitch Granóvski (1890-1937).

Era um nome emergente na vida teatral. Nascido em Moscou, educado em Riga, cidade impregnada pela cultura alemã, estudou artes cênicas em S. Petersburgo e foi aluno de Max Reinhardt, na Alemanha. Com a Revolução, veio para a antiga capital imperial onde, apesar das difíceis condições daquele tempo, havia intenso trabalho criativo. O teatro efervescia. Uma das propostas, dentre muitas outras, pretendia desenvolver um Teatro da Tragédia. Com a participação de Górki e de sua mulher, a atriz Maria F. Andrêieva, de Chaliápin e I. Iúriev, seu principal mentor, o grupo desejava levar às massas um repertório trágico, instrumento de catarse da burguesia e de exaltação do heroísmo proletário. Granóvski fez parte do projeto e dirigiu, em seus termos, mas sobretudo nos da escala reinhardtiana do grande espetáculo para multidões, *Édipo Rei* e *Macbeth*. Coube-lhe também conduzir a interpretação de Chaliápin nas óperas *Fausto* e *Sadkó*.

Se esses trabalhos já mostravam um *régisseur* talentoso e familiarizado tanto com a tradição quanto com a invenção do melhor teatro europeu e russo, nada o distinguia particularmente em termos da cultura judaica e de sua arte dramática. A vinculação, ao menos o seu aprofundamento, teceu-se em função do esforço para desenvolver o novo estúdio. Granóvski não dominava sequer o ídiche, tendo de aprendê-lo para desempenhar-se de sua missão. Mas, além de colaboradores com boa formação judaica, recrutou um grupo de moços, todos na casa dos vinte anos, interessados na iniciativa. Schloime Míkhoels (1890-1948), então estudante de Direito e sonhando com o palco desde muito cedo, foi uma dessas aquisições. Falante do ídiche, conhecedor dos costumes e da religião e envolvido com a cultura de seu povo, incumbiu-lhe logo desempenhar um papel de relevo no agenciamento judaico do projeto. Porém, no início, o que ocupava acima de tudo a atenção do inteligente, culto e dotado aprendiz de ator e de seus companheiros de elenco era a ampla e exaustiva preparação a que Granóvski os submetia, para capacitá-los à realização cênica, tal como ele a concebia em geral. Pois, a seu ver, o ator antes de representar um judeu, isto é, de saber como estilizar esse caráter particular, devia saber como representar um ser humano. Com esse objetivo, procurou firmar seus alunos do estúdio no que havia, na época, de mais avançado na técnica da incorporação dramática no palco. Tal aproximação implicava e acionava, por certo, todo ideário estético do professor. E as ideias

Figurinos de Chagall para As Três Gemas Judias, *uma vesperal de Scholem Aleikhem, no Teatro Ídiche do Estado, Moscou, 1921.*

de Granóvski sobre a arte do teatro, àquela altura, não estavam longe das de Taírov, Meierhold ou Vakhtângov, para citar apenas a vanguarda "teatralista" soviética. Como eles, buscava as formas de uma nova linguagem cênica que, por pontuação estética e, com a Revolução, também política, deveria ser igualmente imagem e linguagem de um novo homem e uma nova sociedade ou, pelo menos, da luta para criá-los. Cenismo, futurismo, cubo-futurismo, expressionismo, construtivismo, engajamento social, teatro político, *agit-prop,* centralização diretorial, montagem circense, *performance* cabaretística, síntese imagístico-musical eram, para ele, alguns dos ingredientes de um teatro total que devia, portanto, contar com comediantes aptos a totalizá-lo, isto é, a exercê-lo com absoluto domínio de seus meios.

O jovem diretor revelou pulso de organizador e didata. Ao cabo de três meses de intenso preparo, montou um primeiro espetáculo. O programa apresentado a 23 de janeiro de 1919 compreendia *Os Cegos*, de Maurice Maeterlinck e *O Pecado*, de Scholem Asch. Mesmo levando em conta a presença deste último, pode causar estranheza que Granóvski haja escolhido uma obra do dramaturgo belga para a estreia de uma trupe judia em língua ídiche. Tanto estilística como culturalmente, a peça parece pertencer a um contexto bem diverso e não ter muito a ver com a promoção de um repertório característico. É verdade que na linha do estúdio nem tudo estava muito nítido àquela altura. Havia, por exemplo, ambiguidade, senão contradição, entre o propósito de formar um teatro judeu e a tese de que este devia evitar todo particularismo nacional e que sua problemática era idêntica à do teatro mundial; ou entre o engajamento revolucionário e a pregação de que seu internacionalismo devia ser o da ribalta judia vista como um "templo da clara beleza, da criação jubilosa, o templo no qual a prece é pronunciada em língua judaica" (Granóvski). Tais inconsistências seriam em breve superadas, sendo o ideal místico-estético do "teatro-templo"[11] e sua dionisíaca religiosidade

---

1   Em primeira instância, esse santuário dramático foi erigido pelo esteticismo simbolista, nas elaborações de sua poética para a arte do teatro. A sugestão já pode ser vislumbrada em Mallarmé e deriva, mais diretamente, da visão do trágico em Nietzsche. Mas, sua sagração na Rússia congregou também devoções de tolstoianos e até de marxistas, que ungiram seu espaço de celebrações artísticas com os óleos de uma sublime missão ética e social [...] No coro dessa "religião do teatro" estiveram não só Stanislávski e Sulerjítzki ou a "esquerda" simbolista (entre eles, Tchulkóv e Meierhold), como Górki e Lunatchárski, para citar alguns, e a Revolução, com os fervores que despertou entre velhos e jovens crentes, trouxe-lhe novos entusiastas. De modo que o ideário de Granóvski e de seus recrutas-neófitos teatrais não constitui, como poderia afigurar-se, uma exceção ou aberração no contexto da arte soviética de então. Aliás, uma outra versão judaica desse mesmo espírito tem registro no Habima e nas concepções que presidiram a sua formação, para não mencionar a réplica materialista e bolchevique desse missionarismo dramático que é detectável até no movimento do *agit-prop*.

internacionalista sacrificados no altar de uma combativa teatralidade, de assumida identidade sociocultural judaico-ídiche, a serviço da crítica de classe e da causa comunista. Mas, se isso só veio com o desenvolvimento do trabalho, tampouco caberia dizer que o espetáculo inaugural se propunha a ser uma manifestação de simbolismo programático *tout court*. Apesar de sua declarada relação com essa corrente, o encenador, ao selecionar *Os Cegos*, um texto em que palavra, forma e ação quase se imobilizam em densidade poética, visava acima de tudo fins pedagógicos. Tratava-se, para ele, precisamente, de experimentar com uma obra não-judaica os três pilares de sua concepção teatral: "homem – as massas (e a relação entre elas); volume – luz, cor; fala – movimento, som"[2]. Nessa tripla perspectiva, os atores foram treinados a entender o silêncio e a captar o início de um som de modo a semantizar a imobilidade física e carregar na palavra o movimento, pois "a arte de falar é essencialmente a arte do silêncio e a palavra é uma ponte entre duas ações... o movimento no palco é do mesmo modo uma ponte entre dois momentos estáticos"[3]. Além do preparo geral na arte do ator, Granóvski tinha em mente um segundo objetivo, que era o de depurar o ídiche, teatralizando-o, e apurar a sua tonalização característica, musicalizando-o. Em outros termos, o diretor começava a desenvolver os elementos de uma integração dramático-cênica judaica de fala, movimento, que, acrescidos de música e cenário e submetidos aos princípios do ritmo, forneceriam o desenho e a dinâmica de uma entidade cênica viva e cadenciada.

Seis meses depois da estreia, em julho de 1919, o estúdio realiza a segunda récita, com *Amnon e Tamar*, de Scholem Asch, e um texto de Míkhoels, *O Construtor*. Pouco se sabe a respeito do texto dessa peça, que parece ter sido a única incursão de seu autor no terreno da dramaturgia. Ela era de cunho simbolista, como se depreende, se não do título, pelo menos das designações de três personagens: o Espírito do Passado, representado pelo próprio Míkhoels, o Presente, por Granóvski, e o Futuro, por Mme. Granóvskaia. Demonstração de um esforço programático e estilístico continuados, o espetáculo não ia além do terreno da experimentação, não trazendo ainda vislumbre da procurada singularização artística. O próprio encenador não a entrevia em seu horizonte e se indagava: "O que será de nosso teatro? A que deuses servirá ele? Nós não podemos responder à pergunta. Nós não conhecemos os nossos deuses... Nós os procuramos... Procurar... Eis o nosso programa"[4].

---

2   A. Bakshy, *apud* L. Adler, "Alexander Granovsky and the Jewish State Theater of Moscow", *The Drama Rewiew*, vol. 24, n. 3, setembro de 1980.

3   A. Deutsch, *op. cit.*, supra.

4   A. Efros, *apud* Béatrice Picon Vallin, *Le Théâtre Juif Soviétique pendant les Années Vingt*.

Tampouco *Uriel Acosta* colocaria o estúdio na trilha desejada. A peça de Karl Gutzkow não constituía maior novidade no repertório teatral judeu e russo. Afora Stanislávski, que lhe dera uma interpretação marcante, em 1896, ainda na fase de amador, ela fora periodicamente reapresentada, sobretudo no palco ídiche. Agora, tratava-se de mostrá-la com o poder de impacto de que o teatro moderno poderia dotá-la. No entanto, o oposto é que veio à cena, nos faz crer a reação da época. Entregue a dois colaboradores de Granóvski, Ungern e Schternberg, a nova montagem viu-se sob pesado fogo crítico, sendo considerada elementar, claudicante em seu texto mal-transposto para ídiche e oferecendo uma visão contestável do herói daquele drama do livre-pensamento e da luta pela liberdade, que estaria sendo reduzido a uma passividade simbolista. Era o primeiro revés efetivo do grupo. (Mesmo assim, o trabalho trouxe frutos valiosos no curso do tempo, pois três anos mais tarde Granóvski levaria uma outra variante, reelaborada por ele e interpretada por Míkhoels, que conquistaria um lugar definitivo no repertório do Goset.)

A terrível situação em que se viu mergulhado o país no inverno de 1919-1920 obrigou o estúdio a interromper os espetáculos daquela temporada. Mas isso não impediu que prosseguissem os ensaios das peças de Vaiter (*Antes do Amanhecer*), Andrêiev (*Vida de Homem)* e Scholem Aleikhem (*Os Agentes*), escolhidas para a temporada seguinte. Nem Petrogrado assistiria a essa estreia, nem o programa subiria à cena.

Não obstante, o trabalho de Granóvski e de seu elenco começava a repercutir, despertando o interesse de alguns críticos. Um deles, A. Efros, que havia criado uma pequena escola de arte dramática judaica em Moscou, teve a ideia de unir forças com o estúdio a fim de estabelecer um teatro ídiche na nova capital do Estado soviético. A proposta foi aceita e, com as bênçãos do Comissariado para esses assuntos, os dois grupos fundiram-se em novembro de 1920, convertendo-se no Teatro de Câmara Judeu de Estado (Gosekt), denominação mais tarde mudada para Goset (Teatro Judeu de Estado).

Desde logo a liderança artística e a capacidade organizacional de Granóvski se impuseram. Numa pequena sala de 90 lugares, em janeiro de 1921, a trupe apresentou sua primeira criação: *Mazeltov* (Boa Sorte, Parabéns), um espetáculo composto de três peças de um ato, *Os Agentes, É Mentira* e *Mazeltov*, de Scholem Aleikhem. Tanto quanto o autor e os textos, tornou-se significativo e inaugural nessa representação o visual cenográfico, uma projeção chagalliana da imagística do *schtetl* configurando uma visão de mundo num estilo de arte e pautando ritmos de uma interpretação cênica.

Na sala e no palco, o pincel de Marc Chagall entregou-se a um rito de figuração invocatória, ao ritmo da energia plástica liberada pela Vanguarda e pela Revolução. *Purim-schpilers* (*performers* da festa de *Purim), badkhonim* (festeiros), *klézmers* (músicos), *hassidim* (discípulos de um rabi hassídico), *kasrílevkers* (habitantes da Kasrílevke scholem-aleikhiana), saltimbancos e acrobatas circenses pulavam, cabriolavam, dançavam e levitavam sobre os tortos telhados e as tortuosas vielas nos painéis que introduziam o espectador na paisagem humana de uma estilizada teatralidade judaica e o preparavam para as réplicas animadas que iria ver nas ações do palco.

A promessa representada na primeira tela, em que Chagall surge nos braços de Efros, que o oferece a Granóvski, em meio aos membros do coletivo, parece haver-se efetivado na *mise en scène*. A visão do pintor esteve presente em tudo, da cenografia aos figurinos e à maquilagem dos atores, e envolveu em sua carnavalizada dinâmica o próprio ritmo da interpretação e do espetáculo. O seu entusiasmo hassídico--dionisíaco por esse trabalho, onde se relacionou como em nenhum outro com o fazer teatral, transparece num zelo tão infrene como o do incidente relatado por Míkhoels:

> No dia da *première,* Chagall veio ao meu camarim. Ele dispôs as suas tintas e começou a trabalhar. Dividiu o meu rosto em duas metades, colorindo uma de verde e a outra de amarelo; afinal de contas nós temos a expressão ídiche "ele parecia verde e amarelo" (quer dizer, adoentado e incomodado). Chagall ergueu minha sobrancelha direita dois centímetros mais alto do que a esquerda. Estendeu os vincos em torno de meu nariz e de minha boca ao meu rosto todo [...] para enfatizar e ressaltar a situação trágica da personagem [...] De repente, o dedo de Chagall ficou pendurado no ar diante de minha face, incerto. Algo o perturbara. Pôs o dedo no meu olho, retirou o dedo e recuou alguns passos, contemplou o meu rosto e disse tristemente: – *Ach*, Schloime, Schloime, se você não tivesse um olho direito, quanta coisa eu poderia fazer.

Ou, como reza uma outra versão: "Se eu pudesse arrancar teu olho direito, que máscara eu poderia te fazer!".

Esta máscara e seu grotesco tragicômico na realidade foram criados pelo artista e ela se imprimiu no semblante do Melukhe Teater e na arte de seu encenador. Há pois alguma verdade no que Chagall disse certo dia: "Se Granóvski é a mãe do Goset, então eu sou o pai". O êxito de *Mazeltov* foi o de uma primeira caracterização de um estilo cênico que iria buscar no plástico a substância de seu gesto dramático. Outros pintores-cenógrafos, como Altman, Rabinóvitch, Falk, Tischler, dariam continuidade a este traçado da expressividade, que reprojetava a imageria do tradicional no imaginário da vanguarda expressionista-construtivista. Eles combinavam os recursos da estilização artística europeia com uma tipificação mímica de uma galeria representativa do repertório judeu processado por seu teatro. Mas, de outra parte, sintetizava-se aí, pela precipitação alquímica do folclore, da gestualidade, dos idiomatismos, da oralidade ídiche, não só algo da natureza e da mentalidade do universo judeu do *schtetl,* como, pela concentração da crítica social e ideológica, um certo discurso, polêmico, político, a seu respeito. Iconizados, os arcaísmos da condição e da vida judaicas eram lançados, num jogo onírico-farsesco, à arena do teatro revolucionário a fim de contraproduzirem dialeticamente, com o fantástico de sua mascarada grotesca, as figuras cênicas do novo, isto é, de uma arte militante do povo judeu renovado num contexto proletário e socialista.

O tríptico scholem-aleikhiano fez jus ao título, *Mazeltov,* em vários planos. Além de colocar Granóvski e sua direção na trilha de uma definição artística e de uma linguagem própria, revelou a veia cômica de dois atores que formariam a chave interpretativa desse estilo, Míkhoels e Beniúmen Získin. O sucesso da peça também trouxe à companhia maiores subsídios para suas atividades e instalações mais amplas, ou seja, um teatro de quinhentos lugares, que foi decorado com as telas de Chagall.

Duas outras montagens, *Antes do Amanhecer*, de Vaiter, e *Deus da Vingança*, de Scholem Asch, foram exibidas na temporada de 1921. Em ambas, a encenação ter-se-ia orientado para uma forma "tragigrotesca", designação que também remete ao eixo principal das pesquisas do Goset na época, agora pela via do drama. Sem dúvida, a escolha dos dois textos ocorrera ainda em Petrogrado, na perspectiva estética do estúdio, porém sua realização em Moscou incorporou-se aos esforços de explorar mais amplamente o veio estilístico detectado. Apropriar-se da outra face da máscara dramática e integrá-la na unidade de um teatro total era a contrapartida formal de um repertório capaz de resgatar criticamente a especificidade, a problemática e os mecanismos coletivos. Mas, seja por um vezo ainda demasiado simbolista, seja por uma inadequação entre a linguagem textual e a proposta teatral, seja pela impropriedade dramática de uma das peças, como sugere Béatrice Picon-Vallin, o fato é que essas encenações fracassaram. Para a trupe, no entanto, o trabalho desenvolvido no plano da atuação, maquilagem, indumentária e cenário, a fim de trazer à tona o "grotesco oculto" e de levar ao nível que Mme. Granóvskaia, em seu depoimento, chamou de "alta tragédia", foi bastante profícuo. *Deus da Vingança*, em particular, trouxe aperfeiçoamentos na técnica do desempenho e nos efeitos cênicos que, ao ver de alguns críticos, far-se-iam sentir na maturidade do Goset.

Assim, o envolvimento de Granóvski e seu teatro com a esfera do judaico era cada vez maior e mais profundo. Porém, para se avaliar os interesses e os caminhos de um e outro, vale lembrar que aquele preciso momento vai assinalar a representação, em tradução alemã de Rita Rait, perante o congresso da Internacional Comunista, no Circo Estatal de Moscou, de *O Mistério-Bufo,* de Vladímir Maiakóvski, pelo diretor do Ídischer Melukhe Teater, com a participação de muitos de seus atores, entre os quais Míkhoels e Mme. Granóvskaia, e a cenografia de N. Altman, com a colaboração de F. Revdel, e a música de I. Sakhnóvski.

Granóvski visto por Chagall.

Isso aconteceu em junho de 1921, um mês depois de Meierhold e Maiakóvski haverem apresentado, em remontagem, sua antológica versão da mesma peça estreada por eles em 1918.

À distância, isso poderia ter o sabor de um atrevimento, se não se considerar que, àquela altura, o *régisseur* do Goset era colocado entre os grandes criadores do "novo espírito do teatro russo", o quinto nome, ao lado de Stanislávski, Meierhold, Taírov, Vakhtângov, como o abaliza Huntly Carter, em seu célebre livro[5]. De fato, não faltou inventividade nessa *mise en scène* que ocupa um lugar à parte, mesmo se confrontada à meierholdiana, não só por trazer um texto modificado pelo poeta, que introduziu um novo prólogo e um epílogo endereçados aos arautos da "Comuna Universal", bem como um diálogo a mais no segundo ato entre o menchevique e os Impuros.

Pelas descrições subsistentes, três aspectos chamam a atenção no tratamento dispensado ao espetáculo e talvez tenham sido eles que incitaram Granóvski a empreendê-lo: a fusão de gêneros (bufo-tragédia); o jogo de massas (350 atores dos quais quatorze com papéis falados representavam os membros do proletariado e da burguesia); a dinâmica circense (movimento incessante de feira popular, animação de teatro de revista e estardalhaço de cartaz e comício, ao som de fanfarra, com acrobacias de trapézio sob um jato de luz vermelha e a dança feérica dos refletores).

Distribuídos em três planos – terra, inferno e paraíso –, ocupados por plataformas, cubos e cones e interligados por escadas, tais elementos compunham, nesse cenário construtivista, uma girândola de imagens ao ritmo de uma movimentação incessante de grupos antagônicos, cujo vaivém obedecia a uma lei de ação e reação, numa ocupação ininterrupta do espaço cênico. O efeito era como se uma máquina teatral maiakovskiana encenasse o *Mistério-Bufo* à luz dos *150.000.000* e da *V Internacional* juntos.

Eis como Ripellino apresenta a função:

> No início, arlequins vermelhos com tochas moviam-se pela pista ao som das fanfarras. Cada um dos "puros" era acompanhado por uma multidão de compatriotas. Os diabos vestiam trajes negros de veludo e os "impuros", os habituais macacões azuis.

E levando à cena o testemunho da própria Rita Rait, o crítico italiano prossegue:

> Em lugar de uma só Mulher histérica apareciam duas. Esvoaçavam de lados opostos da arena com roupas ajustadas, uma de azul, a outra de rosa. Atrás de cada uma saltava um pretinho-*groom*, com um monte de elegantes caixas de papelão listadas, que pareciam saídas das prateleiras de uma loja parisiense...

---

5 *The New Spirit in the Russian Theater*, editado em 1929.

O espetáculo desenvolvia-se num mar de luzes multicores, que inundavam a arena ora do azul das ondas do mar, ora de escarlates chamas infernais...
A ação culminava na marcha vitoriosa dos "impuros" e numa parada de todos os participantes, ao som da Internacional, ecoada pela plateia poliglota[6].

Contudo, havia quem destoasse no coro dos aplausos, a se dar fé à tradutora cujas *Reminiscências Apenas* guardam a memória de duas representações somente: "No terceiro dia – diz a amiga de Maiakóvski – o espetáculo foi desmontado. Os chefes do circo decidiram que os cavalos ficaram parados tempo demais". O próprio poeta pôs os cavalos a correr por mais tempo, uma vez que nos fala em cem récitas. *Wishfull thinking* de autor ou lapso de lembrança?...

Na filtragem histórico-crítica dessa produção de Granóvski, ganhou destaque a referência à alacridade de sua retórica cênica e à relativa brevidade de sua carreira pública. A sugestão é de algo despropositado ou demagógico, que observações como a de Lília Brick – "De qualquer modo, não se entendia nada" – tenderiam a confirmar. Todavia, não é a sensação que nos causa o próprio autor da peça, cujo temperamento crítico certamente não perderia o ensejo nem teria papas na língua, mesmo não sabendo alemão, se a sua reação fosse de desaprovação.

De toda maneira, representação inovadora ou exibição espalhafatosa, não há como negar o impacto que o trabalho desenvolvido no *Mistério-Bufo* exerceu sobre o Goset e a decantação de sua arte, já que foi, reconhecidamente, o "trampolim" para as montagens de *Koldúnie* (A Feiticeira), de Avrom Goldfaden, e de *200.000*, de Scholem Aleikhem – dois espetáculos que inauguram a maturidade estilística do *ensemble* dirigido por Granóvski. Como que unindo uma imagística chagalliana a uma verbalização maiakovskiana, pelo crivo da *Commedia dell'Arte* e do *Purim-schpil*, instala, no discurso dramático ídiche-judaico, formas cênicas inéditas de uma moderna teatralidade, veloz na ação, polêmica na linguagem, universal no alcance de sua entranhada especificidade cultural.

Enquadrar uma opereta como a de Goldfaden, de feitio tradicional, sem maiores compromissos doutrinários, salvo uma lúdica crítica de costumes, num tablado de militância comunista e de cenismo diretorial era um projeto que tinha de se haver em primeira instância com a letra da peça. Granóvski, contemporaneamente a Meierhold e avançando pelas trilhas de Craig e Reinhardt, interveio cirurgicamente no texto. Pô-lo em cartaz, numa montagem "segundo Goldfaden", significou cortar, alterar ou adicionar à vontade. Do original, por inteiro só foi mantido o enredo, cuja ingenuidade se prestava à maravilha para a operação inseminadora do novo espírito no velho *schtetl*. Porém,

---

6 *Maiakóvski e o Teatro de Vanguarda*, pp. 102-103.

foi somente no palco que a mágica da metamorfose da *Koldúnie* (de Goldfaden) em *A Feiticeira* (de Granóvski) operou-se efetivamente, materializando, a olhos vistos e pasmos, os prodígios cênicos de seus passes. Numa apresentação ginástica e acrobática de exercitada e destra corporeidade circense-teatral, os comediantes lançavam-se com incrível agilidade pelas escadas e plataformas da cenarização construtivista dos telhados da cidadezinha e de sua praça do mercado. A ação se desenrolava aí, na feira popular, como aliás já previa o original. Mas o encenador, aproveitando a deixa, o agitado ir e vir da multidão, converteu-a no epicentro de uma inusitada movimentação coral destinada a sublinhar o coletivo, como linha de força, e a sobrepô-lo ao individual, contraposto criticamente à massa, ao seu vigor e alegria de viver e criar o novo, sob a forma de uma galeria de caracteres mecânicos e grotescos, que desfilavam, com nomes goldfadianos, a paródia e a sátira ao modo de vida antigo, à religião e à tradição *do schtetl*. Nem mesmo a figura de Hotzmakh (Míkhoels), o imbatível bufarinheiro-herói que desfaz as intrigas de Koldúnie e salva a mocinha das garras da velha bruxa (Získin), escapava incólume. Derrisório e, a um só tempo, funéreo, tudo nessa celebração burlesca da morte do antigo, nas crenças tidas como superstições, nas mentalidades vistas como retrógradas, era sacrificado no conflito de ideias, que substituía o conflito dramático entre ou no interior das personagens. Mas por isso mesmo o plástico e o musical tomavam relevo, compondo, como disse Efros, uma verdadeira "sinfonia da teatralidade judaica", que se tornou o primeiro "clássico" do Goset.

O sucesso foi enorme. *A Feiticeira* galvanizou as plateias. Estas sentiam-se, como os atores, embriagadas com o poder de contestação e de revolução que era ali atualizado, numa lúdica representação da História. Porém, mais do que a energia revolucionária de um clima *agit--prop*, o que eletrizava era a força do próprio espetáculo. Pois, como observa Nahma Sandrow, "a perfeita síntese das intenções intelectuais de Granóvski com seu estilo criativo tornou *A Feiticeira* e os principais projetos subsequentes mais do que simples declarações políticas ou jogos juvenis, elevava-os à condição de arte"[7].

A *Koldúnie,* na temporada de 1922, seguiram-se, em 1923, *O Carnaval das Máscaras Judaicas*, uma composição cênica de Granóvski, com *décors* de Rabitchev e Stepánov, e *200.000*, baseada na peça de Scholem Aleikhem *Sorte Grande* (*Dos Groisse G(u)evins*). Se das duas realizações a primeira não se inscreveu na história do conjunto ídiche--moscovita por nenhum aspecto artístico que mereça particular atenção, exceto o próprio título, que parece epigrafar a linha de pesquisa e os alvos visados então pelo diretor do Goset *e* seu elenco, o mesmo não ocorre com a segunda, que se constituiu numa concretização significativa dessa proposta de teatro.

7   *Vagabond Stars: A World History of Yiddish Theater.*

B. Ziskin no papel da Feiticeira contracenando com M. Stelman como Marcos na peça de Goldfaden, Koldúnie, *1922.*

Modelo de cenário por Isaak Rabinovich para A Feiticeira *(Koldúnie) no GOSET.*

Em casa da Feiticeira, na peça do mesmo nome, com a direção de A. Granóvski.

Com música de Leo Pulver e cenários de Rabitchev e Stepánov, a peça sofreu uma "livre" reescritura, sendo apresentada em quatro atos e cinco cenas. Tirando partido das reviravoltas da fortuna que dão a um pobre alfaiate, Schímele Soroker (Míkhoels), o grande prêmio da loteria e as pretensões sociais da riqueza, para fazê-lo perder o dinheiro nas mãos de trapaceiros e reduzi-lo de novo à sua humilde condição, o encenador procurou plasmar imagens nítidas das relações de classe na sociedade judaica, da oposição entre burgueses e trabalhadores, do poder do dinheiro e de seu caráter atentatório à dignidade humana. A polarização social era traduzida inclusive para a psicologia dos comportamentos: nos pobres, disposição feliz e alegre; nos ricos, pretensiosa e enfastiada. Mais ainda, pelo contraste, duas éticas se desenhavam: dos desapossados e dos possuidores.

Mas, nessa apresentação, o recorte marxista no argumento scholem-aleikhiano não estava convocando para um *meeting* teatral e, sim, para uma representação de arte. Assim, os encargos estéticos requeriam muito mais do que as técnicas do *slogan,* do cartaz berrante, do esboço rápido de figuras e de situações frouxamente tramadas. Granóvski não as baniu de todo de seu arsenal encenante, porém submeteu os seus *aportes* a um processo de estilização funcionalista, condensado por um jogo de recursos que iam das máscaras tipificantes e dos padrões prefixados de comportamento das personagens aos desempenhos altamente individualizados, como o de Míkhoels em Schímele Soroker.

Anos mais tarde, o grande ator pretendeu que, ao proceder à *mise en scène* de *200.000*, a companhia desenvolvera uma nova abordagem do trabalho criativo, "o método cênico de análise social", calcado na dialética de bem definidos sentimentos e paixões de classe e utilizando as ações personalizadas no indivíduo para desencadear multiplicada intervenção das massas. Isso teria permitido, através da urdidura das oposições conjugadas, oferecer um espetáculo muito dinâmico, com os diferentes ritmos e tonalidades, associados aos diferentes motivos, propulsionando-lhe o fluxo numa sucessão de quadros. Como consequência, impor-se-ia, no plano da realização pelo grupo, a metodologia do trabalho coletivo, na medida em que a própria natureza da concepção obrigava a praticar, entre comediantes, cenaristas, músicos, uma coordenação absoluta dos operadores da criação.

É sensível a dobra ideológica que está aí inserida como articulador da práxis teatral do Goset e é difícil precisar o efetivo papel metodológico que lhe coube exercer na montagem da peça de Scholem Aleikhem. Mas os registros do espetáculo não deixam dúvida de que uma orquestração quase perfeita de actantes foi de fato conseguida por Granóvski. Era uma condição indispensável para levar a cabo o complexo projeto cênico, tendo uma música por pivô. Pois seu habitual papel subsidiário, de acompanhamento ou acentuação, viu-se substituído aqui por uma função dramática central, constitutiva da ação. Sob a forma de ritmos folclóricos gerados pela vida do povo, competiu-lhe ordenar e coordenar os movimentos personificados, sua gestualidade, e integrá-los na representação grupal. Note-se que o encenador fez esse uso da música no teatro não para suscitar uma expressão romântica ou subjetivante do individual-psicológico e do coletivo-nacional, mas para instrumentar uma exposição racional de um e outro, segundo a lógica interna da interpretação crítico-ideológica como regra da construção do argumento e da cena. Não é o espírito da associação operística, nem mesmo wagneriana, apesar do aproveitamento técnico do *leitmotiv* e do envolvimento artístico com a *gesamtkunstwerk*, mas a razão calculadora de uma "psicoengenharia", construtivo-expressionista que inspira o *régisseur* dessa coribântica celebração, cuja fúria cômica é assim descrita num jornal alemão:

Com a subitaneidade de um raio, uma transição do lento para o furioso.

Mas as pausas são esquisitas. Os enfoques em *close*. As interrupções. Os intermédios.

Não só cantando; mas quando param – como na *Aída*, quando o coro de súbito se detém, seguindo-se um maravilhoso silêncio; aqui a gente experimenta isso com frequência.

Nenhum instante de relax. Não aqui. Animação cubística... Eles falam não só com as mãos, mas com seus cabelos, suas plantas dos pés, suas panturrilhas, seus dedos dos pés.

Você acha que alguém está andando e ele já está deitado no chão. Você acha que alguém está esperando e ele já fugiu...

Rostos e corpos. Um ritmo maravilhoso em tudo... Às vezes, títeres bizarros. Às vezes, portadores de êxtase.

A figura-gueto e a maneira-gueto aparecem de forma concentrada – a ponto de quase intimidar o burguês ocidental.

Os aleijados, com barrigas inchadas... figuras do exílio; vem então a judiaria rica de uma cidadezinha oriental; com barbas pretas e chapéus altos, todos parecidos. O casamenteiro de faiscante vivacidade. O violinista na festa de Purim; um jeito de salgueiro pendente.

Todas essas criaturas estão embaixo, em cima, no palco. Em rampas, em pranchas vertiginosas, distantes, bem alto.

Elas andam, elas pairam e gritam e sobem e escorregam e se sentam e se torcem como enguias, batem uma nas outras... e no fim arrumam um casamento. Granóvski é um malabarista; guiado apenas por considerações do palco[8].

Com essa peça, seguida em 1924 por *G(u)et* (Divórcio), de Scholem Aleikhem, e pela colagem paródística *Di Drei Pintelekh Iid* (As Três Pintinhas de Judeu), o Goset atingiu um grau de conjugação no trabalho de equipe e domínio virtuosístico dos meios que levou um crítico da época, Pavel Markov, a lhe atribuir "dentre todos os teatros de Moscou [...] a maior expressividade na organização rítmica de

---

8   W. Kerr, numa crítica publicada em abril de 1928, no *Berliner Tageblatt*, por ocasião da visita da trupe à capital alemã.

movimento, fala e gesto". A ajustada máquina teatral preparada por Granóvski estava, pois, em pleno funcionamento e, em 1925, com a montagem do poema dramático de I. L. Peretz, *Noite no Mercado Velho*, ela pôde mostrar sua notável eficácia artística. O rendimento espetacular de um corpo de atores altamente treinados e entrosados, potenciando com destreza quase mágica a composição cênica, traduziu-se então numa das mais contundentes representações daquele ciclo, por assim dizer, de revisão acusatória do "passado judeu" e de sua "execução" revolucionária, no palco "implacável" desse Teatro Ídiche de Estado, e sob o seu gesto indigitado.

"Granóvski já havia montado uma tragédia, *Uriel Acosta*, e, embora a maior parte de sua obra cênica fosse composta de comédias e operetas, ele irá encontrar mais uma vez a inspiração trágica encenando um drama simbolista de Peretz, que o autor aliás não destinava à cena...", escreve Béatrice Picon-Vallin em seu estudo[9], tornando sua a afirmação de Granóvski, no programa russo do espetáculo: "O texto da *Noite* não foi escrito para o teatro, é mesmo uma obra que se situa fora do teatro"[10]. Não se sabe de onde veio tanta certeza, uma vez que "até a sua morte (oito anos antes dessa montagem), Peretz ansiou ver a sua obra no palco", lê-se numa recente e bem documentada história do teatro ídiche[11]. Também é fato conhecido que, além de se ter dedicado à literatura dramática e produzido várias peças, o autor nutria especial interesse pela arte cênica e pelo movimento teatral ídiche, para cuja elevação artística escrevera a sua dramaturgia. Mas, não bastassem tais elementos, poder-se-ia aduzir em contrário o próprio texto de *Noite no Mercado Velho*. Com efeito, por que haveria o escritor de abrir o seu poema de quatro atos com um prelúdio a cargo de um Diretor, um Contra-regra (com o caderno da distribuição do cenário na mão), um Leitor, um Poeta, um Errante, e fechá-lo com um epílogo onde aparecem, com exceção da figura onírico-simbólica do Errante, as mesmas personagens, com as mesmas funções dramáticas: introduzir e encerrar o teatro no teatro?

No entanto, não é necessário grande esforço para compreender por que essa clara destinação cênica não é levada na devida conta pelo encenador do Goset. A questão não se restringe ao fato, como ele alega, de se tratar de uma escritura poética, frouxamente tramada, ao menos nos padrões de dramatização convencional, pois até Max Reinhardt, um dos expoentes da *mise en scène* europeia de então e mestre de Granóvski, sentira-se tentado a encená-la, considerando-a "raro espécime de peça simbolista-universalista", em outros termos, de vocação francamente teatral. Mas de que teatro?

9 *Op. cit.*, p. 107.
10 *Idem, ibidem.*
11 *Op. cit.*, p. 234.

Na verdade, o que Granóvski pretendeu colocar é que somente a leitura por ele realizada, transformando aquilo que o autor subtitulara "sonho de uma noite febril" num "carnaval trágico"[12], poderia dar status teatral à peça. Ora, tal operação implicava, de um lado, em desvincular o mundo projetado, do delírio onírico do poeta ("– Quer dizer, que eu vi um de seus sonhos e é este que se vai representar. *Junta as coisas do Errante. Cortina – Segue-se Primeiro Ato*"), como consta do texto peretziano, e apresentá-lo como visão direta de uma forma de vida essencialmente desnaturada, e por isso carnavalizado, isto é, de uma realidade objetiva de mortos-vivos; e, em consequência, de outro lado, no abandono do prólogo e do epílogo e, no reordenamento da ação, em quatro atos. Granóvski o fez, dividindo a peça em duas partes, Mercado e Cemitério, com quinze cenas na primeira e dezesseis na segunda numa sequência de cenários como "tomadas" de cinema, e concentrando seu curso dramático em torno do *badkhan* (desdobrado em dois "festeiros", um lírico e outro dramático) e da massa, que adquiriram uma feição de personagem. O simbolismo poético daquele teatro no teatro convertia-se, sob a máscara mesma de um mistério tragigrotesco, no realismo crítico de um teatro político.

Visão radicalmente negativa de uma sociedade e de uma tradição que, encaradas exclusivamente sob o prisma das relações de interesse entre religião e dinheiro, esquematizavam-se e despoetizavam os simbolismos espectrais do drama peretziano, a alegoria cênica desse ajuste de contas dogmático se constituiu, não obstante, num espetáculo de impressionante vitalidade artística. Nesse particular, houve pouca discrepância de opiniões. O desacordo da *Ievseksia* (Seção Judaica do Partido Comunista) e dos que seguiam ortodoxamente sua linha era de outra natureza. Censuravam a falta da menor alusão à saída que o processo revolucionário teria dado à situação histórica dramatizada – redução monocromática da verdadeira dialética da história e invalidação de um misticismo religioso por outra mística, não menos irreal, a da negatividade. Críticos, como Litvakov, julgavam que o Goset carregara nas tintas, apresentando um painel da vida judaica por demais torvo, com figuras excessivamente mutiladas, e cobravam, em nome do público soviético, uma presença mais explícita da positividade na função teatral. Restringi-la à aurora de um novo dia e às zombarias do *badkhan* era positivamente dar razão a quem, como Markov, elogiava a audácia da proposta, mas a considerava venenosa. Porém, mesmo Litvakov não alimentava dúvida de que "tudo quanto o Ídischer Melukhe Teater fez questão em suas apresentações anteriores

---

12 "A bem dizer, não se pode considerar *Noite no Mercado Velho* como uma peça, com suas trezentas linhas de texto, ausência de tema central e constante mudança de cenas não ligadas entre si: é antes uma espécie de carnaval trágico". *Idem, ibidem.*

é levado nessa montagem a um ápice, a um rigor e a uma concisão monumentais". De fato, como diz Picon-Vallin, "esse espetáculo é verdadeiramente a obra-prima de Granóvski, pois é aí que ele consegue a mais precisa concordância entre discurso, movimento e música. Tudo quanto foi elaborado nas encenações precedentes se alça aqui à sua perfeição, limite de sobriedade e de concentração"[13].

Ao contrário do que prometia o programa do espetáculo, *Noite no Mercado Velho* não encerrou a incursão do Goset pelo universo do *schtetl* e sua tipologia teatral. Nem seria fácil fazê-lo. Granóvski afinara de tal modo os seus instrumentos de expressão desse repertório e harmonizara-os de forma tão peculiar que os transformara não só numa linguagem de interpretação, como num estilo original. É certo, todavia, que diziam respeito àquele mundo específico representado naquelas peças. Substituí-lo não seria apenas uma questão de linha política, disposição psíquica ou postura artística. Importava mudar muito, senão tudo o que fora conquistado e incorporado em termos teatrais e estéticos. Ainda que o elenco e seu diretor se distinguissem justamente pelo talento, versatilidade e atualidade dos interesses, engajar-se noutro projeto e renunciar à pesquisa vanguardista, cedendo às pressões sectárias, seria abandonar um trabalho em progresso, que estava obtendo reconhecimento artístico e de público.

Compreende-se, pois, que o Melukhe Teater retornasse a Goldfaden, mostrando em 1926 *O Décimo Mandamento*, numa adaptação feita por Dobruchin e que introduziu flagrantes modernos no velho texto, a fim de compor e salientar mais agudamente a sátira e a denúncia, que visavam desde o antigo modo de vida até a burguesia judaica e o sionismo. Mas assinale-se aqui, não só a retomada do alegre jogo parodístico com o musical goldfadiano em registro reinhardtiano, isto é, a majoração da mistura de gêneros, canções e bailados por massas corais, movimentos de multidão e multicoloridos efeitos de luz, como em *Koldúnie*, mas também sua intensificação polêmica, por contraste espalhafatoso e chocante, com os recursos do teatro de variedades, do café-concerto e das habilidades circenses. Eram os elementos que o *excentrismo*, a Fábrica do Ator Excêntrico (FAKS), em sua campanha de revolução futurista-popular (americanização[14]) da arena teatral, fazia pregão desde 1922 e que encontravam rendimento certo na "opereta--panfleto" pretendida pelo Goset nesta exibição de suas "artes" em cena de tablado.

Se o *Décimo Mandamento* representava o tipo de peça que estava inteiramente na lógica do repertório e das formas cênicas desenvolvidas

---

13 *Op. cit.*, p. 111.
14 Americanização como sinônimo de alta tecnologia e mecanização da vida que o FAKS combinava à então chamada "cultura vulgar", isto é elementos provenientes do circo, *music-hall*, jazz, quadrinhos, novelas sentimentais, anúncios etc.

pelo teatro de Granóvski, foi sucedido por duas montagens que não tinham essa pertinência e traduziam sobretudo o esforço de abrir a programação do grupo ídiche aos temas contemporâneos. Uma, *137 Casas de Crianças*, de A. Viévorkes, tentava retematizar em contexto judio-soviético a denúncia gogoliana da impostura, mas o espetáculo estreado em abril de 1926 redundou em completo fracasso. A outra, uma leitura granovskiana de *Monsieur Le Trouhadec Saisi par la Débauche* (O Senhor Le Trouhadec Tomado pela Devassidão), de Jules Romains, trazia ao palco aspectos da vida moderna e, levada em ídiche com o título de *Trouhadec* (janeiro de 1927), fez jus a um lugar próprio nas realizações da companhia. Com música e canções de Leo Pulver e cenários de Altman, a peça converteu-se numa ritmada "opereta excêntrica", que mobilizava no *music-hall* e num visual hiperbólico os operadores de seu grotesco carregado de crítica social.

Mas a montagem para a qual convergiria a maturidade técnica e formal da companhia de comediantes do IMT, sob a direção de Granóvski, seria *Viagens de Benjamin III*, do romance de Mêndele Mokher Sforim. Mais uma vez, em princípio, tinha-se a teatralização radical de uma obra referencial da literatura ídiche e agora tanto mais quanto o original nem sequer era um texto dramatúrgico e, sim, romanesco. Que a reescritura foi drástica, nem é preciso reiterar. O material narrativo sofreu aquele gênero de compressão verbal e estrutural que o reduzia, por assim dizer, à condição de um conjunto de "cenários". Embora distantes das esquematizações sumárias a serem preenchidas dramaticamente apenas pelo livre jogo da improvisação, como acontecia na *Commedia dell'Arte*, esses enquadramentos das viageiras tribulações de Benjamin e Senderl implicavam a intervenção assumida do teatral e demandavam sua "ação" máxima em termos da corporeidade ("fisicalização") interpretativa dos atores e de invenção representativa da *mise en scène*. Entretanto, a celebração dos ritos metamórficos e teatrocêntricos ao gosto do "cenismo" granovskiano não iria propiciar aqui, de novo, os deuses satíricos do Goset, com a entrega paródica do "tradicional", sua vítima preferida, à "joco-gozosa" devoração carnavalizada do "velho".

De fato, o espetáculo marcou presença não só porque reforçava a relação do repertório com uma expressão, digamos, "nacional", na medida em que incorporava uma obra do "avô" da literatura ídiche moderna e um de seus "clássicos", ao lado de Scholem Aleikhem e de I. L. Peretz, ambos já encenados pelo Goset. Um outro aspecto foi não menos ponderável. É o que se registrou na caracterização da peça como "epopeia em três atos". Era a promessa não só de uma narrativa qualquer, como de um relato de algum modo heróico. Aí estava algo que não podia deixar de surpreender num palco como aquele que porfiava em pintar o *luftmentsch* como o típico judeu da "cidadezinha" e o seu modo de existência como o domínio da ignorância, do parasitismo e da alienação, sem o menor espaço para uma figura inteira, sob algum

A Prostituta e a Personagem Sem Nome. Abaixo: silhuetas para o trabalho dos atores em desenho de R. Falk. Noite no Mercado Velho, *de I.L. Peretz, 1925.*

Os Mortos na concepção de R. Falk.

Grupo cênico encabeçado por Míkhoels no papel de Badkhan, Noite no Mercado Velho, *de I.L. Peretz, direção de A. Granóvski. Teatro Ídiche do Estado (GOSET), Moscou 1925. Acima: outra personagem dos Mortos (desenho de R. Falk).*

ângulo. Tudo em branco e preto, no traçado grotesco de uma ironia vitriólica e impiedosa, mesmo em seus momentos lúdicos de trauteante burlesco. Tripúdio cênico de um carnaval, ele só tinha lugar para a máscara e nunca para a personagem. E menos ainda para o herói.

No entanto, foi esta a feição que Benjamin acabou assumindo, na interpretação de Míkhoels, coadjuvada pelo trabalho de Získin no papel de Senderl. Não que o teatro de Granóvski houvesse renunciado ao grafismo de suas representações tipológicas e estilizações cênicas, imperativos de seu estilo. Assim, no desenho dos dois quixotescos aventureiros de Mêndele lançados nas pobres façanhas do homem do *schtetl* em seu mundo medíocre e provinciano, os caracteres de ambos eram exteriorizados plasticamente pelas linhas verticais de um e pelas horizontais do outro, numa clara consignação visual prévia do sentido e da função dos agentes principais da ação em curso. Mas, dessa vez, a encenação não quis deter o olhar do espectador apenas na superfície de rápidos esboços e perfis. Como que em busca de uma dimensão que até então, salvo nos pendores simbolistas de primeira hora, pouco lhe interessara no seu modo de construir as *dramatis personae* e os significados dramáticos de seus procedimentos, impeliu a atuação para o mundo interior dos dois imaginativos viajores. Tornou-se possível, destarte, pelo aprofundamento psicológico de suas máscaras, rebater sobre o primeiro plano, sintético e satírico, um segundo, analítico, emotivo e épico, que deu especialmente à figura de Benjamin o feitio de um herói tragicômico.

O desempenho de Míkhoels, uma feliz incorporação de cálculo racional e expressão emocional, foi a chave dessa personificação em que a palpitação do sublime da condição humana, seu voo poético e sua busca do ideal, se faz sentir na insignificância ridícula e feia de uma existência judaica parasitária e improdutiva. O resultado é um chaplinesco Benjamin, um lírico e esfarrapado sonhador do gueto, um pássaro de asas cortadas, que caminha porque não pode voar, para usar a imagem com que o próprio Míkhoels descreveu o seu papel.

A crítica ficou admirada. Era uma novidade que, sob certo aspecto, contrastava com o padrão circense e cabaretístico firmado pelo Goset. Falou-se em "jogo sentimental" e em "epopeia comovedora", como se a projeção heróica da personagem não pudesse nascer justamente da cisão e da energia diferencial entre sua pequena estatura externa (cômica) e sua imensa vitalidade interna (trágica na sua impotência), da dialética da complementaridade dos perfis e das proezas de Benjamim e Senderl, tais como traduzidos estilisticamente na atuação e na cenografia pelo jogo das oposições conflitantes. Na verdade, ainda que no limiar de uma reviravolta no seu percurso, o Teatro Judeu de Estado apenas chegava, com essa realização, ao seu pleno amadurecimento artístico.

Viagens de Benjamin III, com adaptação e canções de I. Dobruchin, música de L. Pulver, cenários e figurinos de R. Falk, teve sua *première* em abril de 1927. O êxito do espetáculo foi extraordinário e, enquanto o Goset existiu, a peça constou de seu repertório. De fato, nesse "poema" lírico-filosófico, com o seu típico humor judaico do "riso entre lágrimas", a arte do teatro ídiche moderno havia alcançado uma de suas realizações exemplares. Por outro lado, pelo menos numa visada em retrospecto, parecia constituir também, em seu contexto particular, um primeiro fruto significativo do processo de transformação de valores e práticas a que estava sendo submetida a cena soviética dos anos 20 e dos novos rumos estético-ideológicos. Assim, no acento que imprimiu à relação Granóvski-Míkhoels, pôde-se ver uma importante sinalização da tendência para reinstalar a primazia do ator em detrimento do diretor e, com ela, a da palavra falada. Nessa perspectiva, estima Picon-Vallin, o IMT "volta ao indivíduo, abandonando o mundo [...] e parece confessar o malogro do judeu na Revolução, bem como a permanência do problema judeu [...] Os judeus abordam, como parece testemunhar esse espetáculo, a fase do lento retorno à sua condição passada que, aliás, jamais cessou de estar em seu espírito"[15].

No plano da consciência imediata, porém, a questão se revestiu de outras formas, tanto para a direção quanto para o coletivo. A problematização do devir artístico da trupe podia implicar em crise, mas não de volta ao passado, que continuava a ser recusado, e, sim, de avanço para um futuro, que era o ideal sancionado. O pressuposto não era que se encerrava, com o abandono da ironia e a negação contra toda a herança cultural, o período revolucionário do Goset, mas, ao contrário, que ele prosseguia e tomava novo alento, o exigido pela sociedade soviética em construção.

A força de convicção e militância dessa projeção não pôde neutralizar perfeitamente o impacto de realidades e práticas que, sob a capa das contingências da luta socialista, a stalinização estava instaurando na vida cultural e artística. O dirigismo, a censura, o controle partidário do coletivo teatral na escolha das peças e nas diretrizes da encenação, em suma, a crescente falta de liberdade de criação, e não o alegado apoliticismo e formalismo ou, sequer, a resistência a uma nova dramaturgia (Bergelson, Peretz, Markisch e outros) e o apego aos temas esgotados de um mundo desfeito no passado, são os fatores que levarão Granóvski a sentir o terreno fugir-lhe sob os pés. Percebeu que não havia mais clima para a sua arte, como expressão de valores universais e, menos ainda, de uma especificidade judaica, mesmo porque o antissemitismo, ainda disfarçado, voltava a ameaçá-la. Parece até simbólico que sua última apresentação, na Rússia, com o IMT, tenha sido "a opereta excêntrica" *Der Luftmentsch* (O Homem-Ar, 1928), uma montagem de textos de Scholem Aleikhem que, retomando o temário tradicional, retrata a condição desarraigada do judeu.

15 *Op. cit.*, p. 151.

Aproveitando a excursão à Europa empreendida pelo elenco ídiche de Moscou, em abril de 1928, Granóvski desligou-se do Goset. E ele o fez justamente num momento em que seu teatro conquistava o reconhecimento da crítica e das plateias de alguns dos grandes centros do Ocidente. Alemanha, França, Bélgica e Áustria viram no estilo que desenvolvera e nos atores que educara uma realização original da arte dramática judaica, soviética e moderna.

No entanto, a sua obra recebeu pouca atenção ou foi mesmo relegada a segundo plano mesmo por críticos, como Ripellino e Rudnítzki, a quem os estudos contemporâneos sobre a cena russa dos anos 20 tanto devem. A grande exceção é a análise de Picon-Vallin de 1973, que, embora ainda marcada por um certo viés ideológico, lançou uma luz de resgate sobre o trabalho do diretor do Goset e sua contribuição inovadora. Sob esse enfoque, é possível concluir que exatamente no espaço peculiar de seu palco e do gesto ídiche-judaico, Granóvski foi um dos interlocutores da modernidade teatral soviética, tendo levado a uma síntese própria a biomecânica meierholdiana e o espírito da *Commedia dell'Arte*, e tendo realizado, no dizer de L. Adler, "o tão buscado ideal dos anos 20 – a *'performance* popular' em que a emoção era amalgamada com a forma; em que os elementos de música, fala, movimento e gesto eram parte de uma estrutura rítmica unificada"[16].

* * *

Fixando-se em Berlim, num meio teatral que lhe era familiar desde a mocidade e onde fizera seu aprendizado, o encenador logo teve acesso à ribalta alemã. No mesmo ano, colaborou com Toller no Lessingtheater, trabalhou a seguir na Piscatorbühne, com Gustav Hartung no Am Schifbauerdamm e, como diretor, no Deutsches Theater de Reinhardt, em 1930. Nessa época, foi convidado pelo elenco do teatro hebraico Habima, que se encontrava então em Berlim, a montar a peça de Gutzkow, *Uriel Acosta*. Segundo os relatos, o espetáculo foi de grande beleza plástica e coreográfica, ainda que a interpretação tenha deixado a desejar, pois os primeiros papéis, nessa companhia regida ainda por princípios coletivistas, eram atribuídos em rodízio, e Granóvski tivera de aceitar, para a figura principal, um ator que não lhe parecia adequado. De todo modo, o trabalho de conjunto e a qualidade da *mise en scène* se fizeram notar. Além da atividade teatral, o cinema também atraiu o interesse desse diretor. Já na Rússia, rodara *Iídische Glikn* (Venturas Judaicas, 1925) ou *Menakhem Mendl*. Na Alemanha, filmou *Dos Lied von Leben* (A Canção da Vida, 1931) e *Die Koffer des Herrn O. F.* (A Mala do Senhor O. F., 1931); na França, para onde

---

16 Lois Adler, *The Drama Rewiew*, vol. 24, setembro de 1980.

O cavalo e o carrinho do vendedor de livros e uma figura da multidão, As Viagens de Benjamin III, *de Mêndele Mokher Sforim (Mêndele, O Vendedor de Livros). Desenhos, cenários e figurinos de R. Falk,* mise en scène *de Granóvski, GOSET, 1927.*

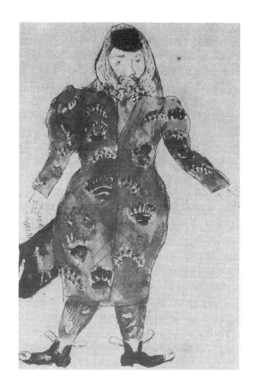

se transferiu em 1933, produziu *As Aventuras do Rei Pausolo* (1933), *Noites Moscovitas* (1934) e *Taras Bulba*, os dois últimos com o grande ator francês Harry Bauer. Quando faleceu, em 1937, seu nome estava proscrito na União Soviética e sequer aparecia nas peças por ele dirigidas, que continuavam em cartaz no Goset.

* * *

A decisão de voltar para Moscou correspondeu naturalmente aos sentimentos do *ensemble*. Mas a perda sofrida abalava-o em seus fundamentos. Desde a sua formação, durante mais de dez anos, fora dirigido somente por Granóvski. Sob a sua liderança é que se plasmara a identidade artística daquele teatro, seu estilo e técnica, seu repertório e visão de mundo. Compreende-se, pois, que o Goset estivesse desorientado e, para reencontrar-se, tivesse tido de percorrer um árduo caminho, semeado de riscos, nas condições da época e sobretudo para um grupo judeu.

Sob a condução de Míkhoels, o Ídischer Melukhe Teater ingressou em sua nova etapa. Basicamente realistas, pelo menos de início, peças de autores soviéticos de língua ídiche, como I. Dobruchin (*O Julgamento*, 1929), D. Berg(u)elson (*O Surdo*, 1930), P. Markisch (*A Terra*, 1931) e M. Daniel (*Os Quatro Dias*, 1931), foram encenadas por Radlov, Kavérin, ambos em colaboração com Míkhoels, que continua atuando como principal intérprete, ao lado de Získin. Mas nem eles, atores da melhor qualidade, lograram salvar alguns dos espetáculos que tiveram de apresentar nessa linha, como aconteceu com *Midas Hadin*, adaptação do notável romance de Berg(u)elson, e *O Especialista*, de Dobruchin.

Houve críticos que atribuíram tais malogros ao tipo de teatro, sintético, excêntrico e cabaretístico, a que os comediantes do Goset estavam acostumados a fazer e para o qual tinham sido treinados por Granóvski. Mas não deixavam de ter razão aqueles que, por seu turno, imputaram o fato à falta de efetiva força dramática dos textos, que não teriam oferecido aos intérpretes a oportunidade de criações convincentes, mesmo porque artistas como Míkhoels e Získin, entre outros, já haviam demonstrado sobejamente sua versatilidade. Que isso era verdade, ainda que uma parcela da questão correspondesse à mudança de orientação então em curso, seria visto a partir de 1934, quando o grupo se abriu para obras estrangeiras, como *Os Trinta Milhões de Gladiator*, de Labiche – que é apresentada em ídiche como *O Milionário, o Dentista e o Pobre* e é encenada pelo diretor francês, Léon Moussinac, em 1934 – e o *Rei Lear*, de Shakespeare.

Assinada por S. Radlov, essa última realização teria sido, como nos assegura K. Rudnítzki,

[...] um choque para a Moscou teatral, e difícil de explicar. Pois não só a magnífica atuação de Míkhoels [Rei Lear] e Získin [o Bobo] extasiava e não só a forma original descoberta pelo artista [cenógrafo] A. Tischler encantava, mas a direção era extremamente empolgante. Isso era algo deveras surpreendente... naquela época, nos anos 30, ninguém julgaria [o diretor citado] capaz de causar surpresa ou espanto: fazia muito tempo que obra alguma sua se distinguira pela originalidade. Só agora, meio século depois, encontrou-se uma explicação para um enigma de há muito subsistente. Descobriu-se que a interpretação diretorial da peça foi criada em suas linhas básicas originais pelo maravilhoso diretor ucraniano Les Kurbas, um dos mais atrevidos inovadores teatrais dos anos 20. Radlov apenas completara e "assinara" a última obra de Kurbas[17].

De todo modo, quem conduziu a montagem soube aproveitar o jogo virtuosístico de teatralidade em que o elenco se adestrara na fase granovskiana para potencializar a arte da vivência trágica personificada. A força assim infundida ao drama shakespeariano trouxe ao Goset como conjunto e aos seus principais atores, individualmente, um triunfo memorável, tanto na União Soviética quanto na Europa, por onde o grupo excursionou então. Gordon Craig, por exemplo, escreveu: "Desde o tempo de meu mestre, o grande Irving, não me lembro de um desempenho que me haja comovido tão profundamente quanto o de Míkhoels representando o Rei Lear".

Shakespeare foi sucedido, no palco do *Goset*, por uma peça de Moische Kulbak. *Boitre, o Bandido* trazia à baila uma espécie de vingador judeu das injustiças de classe no tirânico reinado do Czar Nicolau I e, com sua montagem, o IMT tentava mostrar, disse Míkhoels numa entrevista, "o peso da miséria e do ódio das massas judaicas por seus opressores..." Mas a matilha crítica não se deu por convencida, mesmo porque a temporada era de caça. Açulada sem dúvida pela palavra de ordem do realismo socialista, lançada por Jdanov e Górki (1934), farejou em Míkhoels e Získin, no cenógrafo Tischler, no autor do texto e na trupe como um todo pecados de formalismo, expressionismo, nacionalismo e pessimismo, expressos num repertório retrógrado, medieval, que deturpava e aleijava a figura do judeu, alheando-o à cultura proletária e socialista.

O furioso ladrar dos mastins indicava que a presa começava a ser encurralada, e nem *Boitre, o Bandido*, ou outro herói-bandido de virtualidades revolucionárias judaicas poderiam livrá-la. O judeu, como grupo nacional e como identidade cultural, tornava-se inaceitável à sanha ideológica e política stalinista. Diabolizado como um princípio dissolvente e dissidente que, sob o nome de trotskismo, formalismo, vanguardismo, conspirava com o capitalismo e traía com todos os inimigos de classe o Estado soviético e o processo de instauração da ordem comunista, conduzidos pelo "guia genial". Por isso precisava ser, não exterminado fisicamente, porém "desenquistado" e excisado de suas particularidades chauvinistas e malsãs. Em 1935, exceto em

17 *Russian and the Soviet Theater: 1905-1932*, pp. 107-108.

Birobidjan, foi liquidada toda a rede escolar ídiche. Era um primeiro passo, pois a atividade na cultura e a produção de arte em ídiche prosseguiram, ainda que sob estrito controle partidário.

Na verdade, o que foi se delineando ao longo de mais de um decênio e se consumou em 1948, teve um desenvolvimento sinuoso em que não faltaram reversões aparentes, ditadas por razões de política interna ou externa e sobretudo pela guerra. Mas hoje é perceptível uma continuidade de propósitos a alimentar um projeto antissemita. Assim, não deve causar espanto que precisamente então o Goset fosse estimulado a apresentar judeus que lembrassem os Macabeus e Bar Kokhba. Tratava-se do mesmo apelo que levaria Eisenstein a *Alexandre Névski* em 1938 e que, "buscando temperar o aço" para o iminente confronto, foi o fermento de um *revival* nacionalista na criação literária e artística russas. A resposta de Míkhoels e sua companhia deu-se com duas obras de Goldfaden, *Schulamis*, 1937, e *Bar Kokhba*, 1938. Baseadas em temas bíblicos e episódios da história judaica, ambas faziam gala de intenso romantismo siônico, uma com uma visão idílica e outra com uma pintura heróica da vida na antiguidade hebreia. De outra parte, era uma oportunidade de retomar um gênero no qual o Melukhe Teater primara e que lhe dera um lugar próprio no mundo teatral. Mais uma vez, graças ao caráter operístico das duas peças, com movimentação de massa ou de batalha, policromia cenográfica, sincronização coral e gestualização de balé, pôde embevecer o público espectador com o exímio jogo cênico de seus comediantes e deslumbrá-lo com uma feérica montagem de espetáculo. Mas haveria de pagar caro por essa atrevida e reivindicadora exibição "judaica".

Percebendo logo que havia avançado o sinal, apressou-se a bater prudentemente em retirada e voltar ao cardápio prescrito. Para celebrar os vinte anos da conquista do poder pelo proletariado russo, o Goset preparou, em 1937, *Di Mischpokhe Ovadis* (A Família Ovadis), texto de Peretz Markisch, que, nas palavras de Míkhoels, haveria de "revelar uma nova galeria de gente forte, heróis, que pela primeira... vez farão uma peça da maneira como uma peça deve ser", quer dizer, um retrato positivo da participação judaica na construção do "socialismo" na URSS. Nessa linha, focalizando o cenário da vida judio-soviética, encenou, nas temporadas subsequentes, *Dônia*, de L. Resnick, *Aarão Friedman*, de S. Halkin, *As Estepes Estão Ardendo*, de A. Viévorkes. No fim de 1939, a trupe moscovita tornou a arrancar os aplausos de seus espectadores, e desta vez numa abordagem pronunciadamente realista, com a adaptação da obra de Scholem Aleikhem, *Tevie der Milkhiker* (Tobias, o Leiteiro), personagem que propiciou a Míkhoels a criação de um de seus maiores papéis no teatro ídiche.

É uma cintilação num apagar de luzes. Entre o pouco expressivo e o malogrado, começam a alongar-se as sombras da ribalta para a plateia do Goset, que, apesar de patéticos esforços em contrário, com alguns êxitos de permeio, vai mergulhando no ocaso. Teatro judeu, comprometido com a vanguarda estética dos anos 20, já não tem amanhã. A estrela vermelha, que infundiu um novo brilho às pálidas "estrelas errantes"[18] do palco ídiche, mal consegue encobrir o poder das trevas. Tevie incorpora, quase simbolicamente, no seu drama, o drama da língua, da cultura e da arte da vida judaica na União Soviética.

O mundo em que o Goset tinha sua razão de ser, o da liberdade e da criação revolucionárias, estava em grande parte perdido, como estavam liquidadas ou reduzidas a silêncio muitas das vozes para as quais fazia sentido e que, de um ou de outro modo, compunham com ele o seu fórum de interlocução, como Mandelstam, Bábel, Meierhold e tantos outros. Ainda assim, continuou a bater-se, sob a liderança de Míkhoels, para preservar as conquistas da renovação estética da cena, nos termos de Granóvski e Meierhold, defendendo a cultura corpóreo-plástica do ator, o "subtexto" gestual, o pensamento vivo que haure sua energia nas imagens da realidade e no recontro de seus opostos e do contraditório. Seu interesse pelas pesquisas da forma, embora entre na clandestinidade, não decai e se manifesta no vigor de sua luta contra todos os tipos de estereotipia, esclerose, mumificação e fossilização da expressão teatral. Ao mesmo tempo, procura não perder de vista os valores e a peculiaridade dos grupos nacionais, a tal ponto que, em 1941, quando o Goset é evacuado para Taschkent, põe a sua experiência a serviço do teatro Khamza uzbeque. De outra parte, também aí, numa atmosfera cultural totalmente alheia, sem o seu público, não interrompe a atividade criativa, e o Ídischer Melukhe Teater encena *Olho por Olho*, de Peretz Markisch, sobre a ação dos guerrilheiros judeus na resistência à ocupação alemã. Não se restringiu, porém, ao plano artístico o papel de Míkhoels no combate ao nazismo, pois foi um dos principais integrantes do Comitê Antifascista Judaico de Moscou e, na qualidade de seu presidente, viajou para a América, com Ítzik Fefer, a fim de obter o apoio político da comunidade judio-americana e mobilizar sua ajuda material.

Tão logo terminou a guerra, o Goset voltou a Moscou, retomando o ritmo do trabalho artístico. Dentre as novas montagens então planejadas, constava o texto de Berg(u)elson, *Príncipe Reuveni*, sobre a tentativa pseudomessiânica de libertação do povo judeu ocorrida no século XVI. Com o mesmo espírito de afirmação judaica, mas transpondo-o para um gênero de espetáculo que tinha uma afinidade eletiva com o grupo, com as raízes de sua mestria e de sua linguagem, Míkhoels montou *Freilakhs* (Alegro), em 1945. Ao anunciar essa produção, declarou:

---

18 *Blondjende Schtern* (Estrelas Errantes), título de um romance de Scholem Aleikhem sobre a vida dos atores e das pequenas trupes judaicas que erravam pelas cidades e cidadezinhas da Europa Oriental.

Míkhoels e Získin: no alto pintado por Falk e abaixo, em cena.

Acima: Míkhoels no papel de Rei Lear, na peça de W. Shakespeare, levada em ídiche pelo GOSET; direção Radlov e Míkhoels, cenário de A. Tischler, 1935.

Abaixo: Získin no papel do Bobo da Corte em Rei Lear.

Nossa tarefa é mostrar que não se pode destruir um povo. Não importa o quanto possamos sangrar, nós prosseguiremos como povo e continuaremos a celebrar casamentos e a trazer filhos ao mundo. Nossa resposta será uma representação que terá o nome de *Freilakhs* e que mostrará um casamento judeu. Um casamento é o laço da vida e a geração de filhos, o começo de uma nova vida.

Assim, reavivando a gaia bufonaria e a animação carnavalizada de inspiração granovskiana e folclórica, pôs em cena o ritual religioso e a alegre comemoração de um matrimônio tradicional judaico, com festeiros, músicos, danças e uma animada multidão de convidados. Mas tampouco aí esquecia a contraparte da exaltação jubilosa, ou seja, o lado doloroso e sombrio da existência humana, cenicamente desdobrado pela ação de dois *badkhonim,* um duplo do outro. Era o jogo da vida e da morte, numa desafiante defesa de um *ethos* ameaçado, que se constituiu no último sucesso do Ídischer Melukhe Teater de Moscou. Porém diante do projeto antissemita em execução, essa afirmação de nada adiantou, como foram em vão as desesperadas representações do valor dos combatentes judeus, em *O Levante do Gueto*, de Peretz Markisch, *O Sol não se Põe*, de Ítzik Fefer, *Véspera de Feriado*, de Moische Broderson e *As Árvores Fazem Barulho*, de Brat, a última encenação de Schloime Míkhoels.

* * *

"No inverno de 1948, Míkhoels e o crítico judeu Golubiev-Potatov foram chamados a Minsk para assistir a uma montagem local de ópera e considerar sua indicação para o Prêmio Stálin. Todo mundo sentia que Míkhoels corria perigo. Os atores judeus de Minsk revezavam-se pelos corredores do hotel, na esperança de protegê-lo. Aparentemente, Míkhoels recebeu um telefonema em seu quarto, de alguém que dizia ser seu velho amigo e que o convidava a um encontro em algum lugar. Se houve de fato um amigo assim, ninguém jamais soube. Mas na manhã seguinte o cadáver ensanguentado de Míkhoels, juntamente com o de Golubiev, foi encontrado perto do hotel. Estavam cobertos de neve. No funeral ninguém pôde aproximar-se o suficiente para olhar os corpos, mas murmurava-se que as unhas das mãos do ator revelavam sinais de que fora torturado antes de morrer.

Por um breve espaço de tempo Získin assumiu o lugar de Míkhoels como diretor e dirigente do grupo. Stálin determinou que o teatro não mais se intitulasse "de Estado" e cancelou os subsídios. Os atores deixaram de receber seus salários. Era impossível montar novas produções. Os judeus de Moscou conseguiram reunir uma pequena soma de dinheiro, que bastava apenas para umas poucas apresentações. Alguns dos organizadores da coleta foram para a "Sibéria"...

Em 1949, o último jornal ídiche da Rússia, *Einikait*, deixou de ser impresso. O Comitê Antifascista Judaico foi dissolvido. As portas do

Ídischer Melukhe Teater foram trancadas, cenógrafos de outros teatros moscovitas vieram e repartiram entre si os cenários e os costumes.

Em 1950, B. Získin estava num hospital para ser operado. A polícia o tirou do leito e o deteve, carregando-o numa padiola, em sono profundo, dopado por medicamentos. Em 12 de agosto de 1952, o antigo *badkhan* amador e o grande parceiro cômico de Míkhoels, a quem Chagall chamara de "tesouro de expressividade", foi fuzilado em companhia da maior parte dos escritores ídiches ainda vivos na União Soviética[19].

Caíra o pano sobre o Goset.

---

19   N. Sandrow, *op. cit.*, pp. 249-250.

Meierhold e Grotóvski

O acento antropológico de natureza existencial que caracteriza o teatro grotovskiano não constitui o objeto essencial da busca meierholdiana, apesar da presença de tais elementos em algumas de suas encenações simbolistas e sobretudo nas de caráter experimental, ligadas ao grotesco, como é o caso particularmente de *Balagantchik* (Barraca de Feira), de Aleksandr Blok.

Mas se o interesse basicamente formal coloca Meierhold, de certo modo, nas antípodas de Grotóvski, nem por isso se pode afirmar que inexiste entre eles um ponto de convergência, e precisamente no âmbito do fator central da ação teatral: o ator. Tanto para um como para outro é este, na sua *ação física*, o núcleo de qualquer acontecimento dramático que possa ocorrer num espaço passível de receber o nome de cênico.

Pode surpreender essa afirmativa, pois Meierhold é conhecido como uma das expressões máximas do teatro dito diretorial, isto é, onde o diretor modela de maneira autocrática a representação, convertendo os intérpretes em simples portadores e realizadores de sua vontade. É claro que o primado criador da *mise en scène* é um traço marcante de toda obra teatral desse "autor do espetáculo", como chegou a intitular-se. Mas a concepção meierholdiana, nas suas diferentes fases, jamais colocou a direção, pelo menos teoricamente, como uma força soberana em detrimento da função primordial do comediante na criação do jogo e do papel cênicos.

Se examinarmos, por exemplo, o trabalho de Meierhold no período simbolista, veremos que ele procura a forma de atuação, o gesto e os movimentos capazes de dar plena expressão plástica e rítmica ao signo dramático que se deve constituir, antes de mais nada, com base no corpo do ator. Assim, quando tenta reduzi-lo à imobilidade, a questão não é convertê-lo em simples mancha pictórica ou pedra escultural, como pretende Taírov em sua polêmica contra o "teatro da convenção", mas, sim, levá-lo a uma imobilidade dinâmica, "atuante", transformá-lo, por assim dizer, num corpo irradiante de ação, configuração e significação, numa imobilização em movimento onde o espiritual, tão importante para a cena simbolista, emane dionisíaca, energeticamente do material. O mesmo sentido físico lateja nas suas pesquisas sobre o grotesco, a partir das quais cresce incessantemente a participação dos elementos de teatro de feira, de circo, pantomima, *guignol*, *Commedia dell'Arte*, na forma de Meierhold plasmar o espetáculo dentro da caixa cênica e de estendê-lo, numa contínua aproximação com a sala, a áreas inatingidas corporeamente, espacialmente, pelo ilusionismo naturalista ou esteticismo impressionista. E pode-se dizer que precisamente esse fulcro de sua busca, a de uma representação totalmente calcada no gesto e no movimento do ator como fundamento da palavra no palco[1] e de uma relação mais intensa com o espectador, é que irá levá-lo às suas maiores inovações no período pós-revolucionário, sobretudo na década de 1920. De fato, é pelo corpo do intérprete que passam as preocupações fundamentais de Meierhold nas fases de sua evolução artística que se costuma chamar de "construtivista" e "sintética" (uma síntese de construtivismo, cubofuturismo e grotesco).

Trata-se então de encontrar um método de desempenho que possa servir de tribuna e trapézio para um novo discurso cênico, que se faz imprescindível, ao ver de Meierhold, em decorrência da Revolução de Outubro. Para atender ao novo tipo de público, a "massa", que irrompeu nas salas e comunicar-lhe a mensagem dos novos tempos, o vanguardista impenitente considerou que uma teatralidade direta como um cartaz, incisiva como um *slogan*, devia subir ao tablado com os músculos ginástico-acrobáticos de um novo jogo de ator, proletário. Daí resultou, embora não se possa falar de um resultado final, a assim chamada biomecânica de Meierhold. Sistema apenas esboçado, sem que seu idealizador tivesse tempo ou vontade de formulá-lo plenamente, pelo menos por escrito, deixa ele entrever, nos poucos componentes codificados, a preocupação com uma linguagem teatral em que o desempenho do comediante seja essencialmente "trabalho", isto é, ação física útil, "produtiva". Execução objetiva, econômica, precisa,

---

1   É preciso dizer que, não obstante, não há em Meierhold qualquer negação do verbo e do logos no teatro. Muito pelo contrário.

Exercícios de biomecânica meierholdiana.

Trabalho corporal grotovskiano.

dinâmica e coordenada numa linha de "montagem" coletiva, sua resultante cênica é a "produção" de arte teatral mas também de lazer ativo e participante, de *ludus*, numa sociedade igualitária e industrial, onde o trabalho deve ser forma de diversão, o divertimento, forma de utilidade e a utilidade, forma de arte.

Compreende-se, pois, que na "oficina" teatral em que se "monta" o "produto" espetacular a "máquina de atuar" seja o ideal, impondo-se nela como critério a "rentabilidade" e a "automatização" do gesto e do movimento do "produtor" corpóreo de configuração e significação cênicas, com recurso, aparentemente tão espantoso no palco de arte, ao taylorismo atoral – racionalização das operações produtivas do ator e do elenco – e à reflexologia – processo de condicionamento das respostas psicofísicas do intérprete, de modo a torná-las tão imediatas quanto possível, automáticas, ao mesmo tempo que independentes de indução emocional. Como se vê, mais do que superar o psicologismo mimético e vivencial por motivos de originalidade artística, trata-se, para Meierhold, ao subordinar a reação psíquica à ação física, de aplicar utilitariamente o desempenho psicomotor dos atores, incrementando ao máximo sua "produtividade" lúdico-artística e sócio-comunicacional.

Contudo, mesmo quando essa pragmática estético-social o coloca no limiar da utopia, que aliás é o horizonte das projeções vanguardistas[2] desse período febricitante da arte soviética, Meierhold manteve o ator e a atuação estritamente dentro dos limites formais do teatro. Pois, se ampliou seu espaço a ponto de transcender, por vezes, o palco e a sala da casa de espetáculos tradicional, e se alguns de seus discípulos ou colaboradores experimentaram até operá-lo no cenário real das fábricas, jamais renunciou à formalização do trabalho interpretativo e da *mise en scène*. Assim, a convenção teatral, o caráter de signo e ficção de todo ato ou palavra em cena e da "função" em conjunto ficam ressalvados, não importa o tipo de local, indumentária, jogo, ritmo e coordenação que se apresentem – eles sempre representam. Isto significa que Meierhold nunca ultrapassa efetivamente a relação ator/espectador, palco/plateia, ou seja, o jogo de arte no teatro.

Ora, é exatamente esse domínio, com suas convenções e "arte-fatos" que Grotóvski quer transpor pela conquista total do corpo do ator, na sua interioridade. Fazer com que ele "sinta" e "viva" cada fibra de seus músculos e cada ramificação de seu sistema nervoso, é o ideal grotovskiano. O teatro desfaz-se em existência, em consciência antropológica vivenciada da maneira mais radical.

---

2   Em que se cruzam cubofuturismo, construtivismo, *proletkult* nas suas formas mais extremadas.

Parte IV
Apêndice Histórico

Nota

Como já observei na abertura deste livro, o apêndice ora inserto tem caráter puramente informativo. Constituído de anotações colhidas na bibliografia corrente sobre o tema, seu propósito foi, desde o início, essencialmente didático e destinado aos alunos dos meus cursos. Assim, não alimenta nenhuma pretensão de especificidade interpretativa ou de originalidade de pesquisa, embora em seus limites possa oferecer ao leitor subsídios úteis sobre a moldura histórica do teatro russo e sobre alguns de seus problemas no limiar do século XX.

O Teatro Russo no Século XIX

O século XIX foi de particular importância para o desenvolvimento do moderno teatro russo. Mas as raízes diretas desse processo dramatúrgico e cênico devem ser procuradas no século XVIII. É então que, em imitação a modelos da Europa Ocidental, se constituiu, na linha do texto literário, um repertório de peças não só traduzidas, como autóctones, de feitio marcadamente neoclássico. O primeiro representante típico desse transplante é Aleksandr Sumarókov (1718-1777). Tradutor de Boileau e autor da *Carta sobre a Versificação*, onde elabora uma teoria da tragédia calcada na *Art Poétique*, foi chamado de Racine do Norte e alimentava a pretensão de ter sido o criador da nova literatura russa. Escreveu, de 1747 a 1774, nove tragédias, entre as quais *Khorev*, *Sinav e Truvor*, *Dmítri, o Usurpador*, *Mstislav*. Nelas, reis, príncipes e nobres se debatem entre o amor e o dever, a paixão e a lealdade, sem fugir às três unidades aristotélicas. Seu *Hamlet* apresenta-se expurgado dos elementos sobrenaturais, o número de personagens é reduzido a cinco e o enredo trágico vê-se convertido numa história de amor com *happy end*. Iakov Kniájnin (1742-1791), genro de Sumarókov, escreveu *Dido*, *A Clemência de Tito*, *Sofonisba*, com nomes eslavos e sentimentos patrióticos russos, baseado em Racine, Metastásio, Voltaire, mas *Russlav* e *Vadim de Nóvgorod* são vazados com mais autonomia, estando já animados de um sopro russificante. Nesse período, também foram compostas um bom número de comédias, inclusive doze por Sumarókov e duas por Kniájnin. Mas, apesar do importante papel da dramaturgia molieresca nessa produção, trata-se de textos que permanecem restritos ao retrato em branco e preto da caractereologia e das paixões do "vulgar" e são poucos os que fixam traços mais genuínos da vida propriamente russa. A exceção é constituída por Denis Ioánovitch Fonvízin (1745-1792), que, em *O Brigadeiro*, uma pintura do modo de existência da pequena nobreza provinciana, e *O Menor*, uma crítica realista de costumes, assinala de modo efetivo o surgimento de uma comediografia literária na Rússia. Recheada de didatismo moral, mas vigorosa na ação, com excelentes esboços de figuras secundárias e grande humor nos diálogos, a crítica satírica de Fonvízin logra ultrapassar os padrões correntes do classicismo na comédia. Se conserva a disposição em cinco atos e a nomeação quase tipológica, indicativa da natureza das figuras (Sr. Prostákov – Sr. Simplório; Mitrofan[1] – Menor de Idade; Právdin-Verídico etc.), matiza seus perfis e busca sua configuração na realidade social em derredor, a exemplo de Ludwig Holberg, o "Molière dinamarquês", cuja obra o influenciou. O comediógrafo russo também transfunde em seu teatro elementos do drama burguês e do sentimentalismo pré-romântico, associados às ideias ilustradas. Púschkin o chamou de "amigo da liberdade", aludindo às tendências liberais e reformistas que marcam visivelmente o seu teatro.

Esse repertório, assim como o trazido pelas companhias visitantes, era levado, para os altos dignitários e a nobreza, no Teatro da Corte do Hermitage, nos Teatros Imperiais de S. Petersburgo e Moscou (antecessores do Bolschói e do Máli); em salas de espetáculo auspiciadas pelo governo, para os estratos mais baixos da população; em teatros provinciais, pertencentes às cidades e às administrações locais, e em teatros particulares, de propriedade de ricos aristocratas e senhores de terra. Além de peças russas e forâneas, exibiam-se nesses palcos óperas e balés.

Por volta da mesma época, os atores nativos, que já haviam revelado anteriormente valores dignos de nota, começaram a rivalizar com os de fora. O recrutamento dos comediantes efetuava-se, na maior parte, nos elencos que os nobres formavam com os servos de seus domínios, ou em algumas das escolas dramáticas que surgiram então com subsídios oficiais ou, ainda, em grupos amadores, alguns de cujos membros se tornaram profissionais. É o caso de Fiódor Grigórievitch Vólkov (1729-1763), que passou a "ator russo da corte", em 1756, quando a imperatriz Ielizaveta criou "um teatro russo estável para a representação de tragédias e comédias", isto é, o primeiro conjunto profissional daquelas plagas. Considerado pelo crítico Belínski o "pai do teatro russo", Vólkov foi também diretor e professor. Como intérprete, fazia papéis trágicos e cômicos. Empregava o recitativo introduzido pelos franceses e nas cenas de clímax dramático não poupava

---

1 Tradução aproximada derivada do título da peça e não do nome da personagem.

os gritos patéticos e, no conjunto, imprimia uma caráter fortemente emocional ao seu desempenho.

Outra era a fibra de Ivan Dmitrévski (1734-1821). Ator, pedagogo, encenador, tradutor, sua personalidade foi uma presença marcante na vida cultural não menos do que no tablado russo. De feições agradáveis, porte altaneiro e sereno, trabalhava os papéis de maneira bastante fria, calculada, por análise intelectual, visando a efeitos de antemão demarcados e que eram quase sempre atingidos. Foi a Paris para aperfeiçoar sua arte e estudou com Talma, cujas reformas inovadoras para desinflar a interpretação e torná-la mais natural na voz, no gesto, na indumentária, adotou, ao mesmo tempo que acentuou a tendência racional de seu desempenho. Dmitrévski representou as tragédias de Sumarókov e Kniájnin, as comédias de Molière, Beaumarchais e Lúkin, contribuiu para a encenação de *O Menor*, de Fonvízin, interpretando a figura do velho *raisonneur* Starodum.

Dmitrévski e Vólkov, inicialmente, faziam papéis tanto masculinos quanto femininos. Mas, pouco a pouco, um número crescente de mulheres passou a atuar no palco, sendo uma das primeiras Agrafena Mússina-Púschkina, que trabalhou na companhia de Vólkov e se casou, em 1758, com Dmitrévski.

* * *

O século XIX encontrou a arte do teatro já firmada no contexto russo, com elencos formados por atores naturais do país, um repertório de peças escritas por autores nacionais e de obras estrangeiras traduzidas para o russo, bem como um conjunto de casas de espetáculos e uma organização para prover o funcionamento e a continuidade das programações. Tudo isso pudera desenvolver-se rapidamente graças ao apoio imperial, que assumiu inclusive a forma de um serviço governamental especialmente criado para dirigir os tablados oficiais, o que por certo o deixava na inteira dependência do czar. Em função de tal arbítrio, a Administração Imperial dos Teatros foi um órgão cuja ação extremamente negativa no reinado de Paulo I veio a tornar-se das mais benéficas no de Alexandre I.

As oscilações políticas desse imperador, a luta contra Bonaparte e o embate entre as forças conservadoras e as modernizadoras refletem-se na vida do teatro, no primeiro quartel do século XIX. Trata-se de um período em que cresce rapidamente uma consciência nacional russa, fato que se manifesta também sob a forma de exigências específicas ao repertório. A esse fenômeno alia-se também o choque entre o classicismo imergente e o romantismo emergente, o que acrescenta novos pontos às discussões sobre a composição de peças e as maneiras de interpretá-las.

De outra parte, as diferenças sociais, que mudam de caráter e adquirem novos e mais nítidos contornos, também exercem papel de certo relevo nas preferências do público e nas expressões que estas assumem. Assim, a alta aristocracia e a Corte, patronos principais das artes do espetáculo, favorecem companhias e atores estrangeiros, sobretudo franceses e alemães. Seus espetáculos prediletos são o balé e a ópera. Em contrapartida, a nobreza e os terratenentes provinciais, a *intelligentsia* – que começava a distinguir-se –, a nascente classe média e os burocratas liberais preferiam o drama e demonstravam maior interesse por um repertório nacional. O último representante da tragédia clássica, Vladislav Alexândrovitch Ózerov (1770-1816), obteve grande êxito com *Dmítri Dônskoi*, uma peça que vinha ao encontro dos sentimentos nacionalistas exaltados pela guerra contra Napoleão. Todos os comediantes russos da época sentiram o apelo desse texto em que o herói, ao dirigir-se ao conselho de príncipes e boiardos, proclamava: "Ah, é melhor a morte em combate do que aceitar uma paz desonrosa!" E foi com *Dmítri Dônskoi* que Dmitrévski encerrou sua carreira teatral. A representação efetuou-se em S. Petersburgo no momento em que os exércitos do imperador francês ocupavam Moscou, e o velho ator provocou, com seu trabalho, um verdadeiro delírio de entusiasmo patriótico na plateia.

Os sinais de uma nova percepção das coisas fazem-se sentir de vários modos, entre os quais se pode incluir a acolhida então dispensada aos espetáculos de comédia e a sua crítica de costumes. E nesse campo, a figura que se constitui no mais representativo laço entre a fase anterior e a que se iniciava foi Ivan Krilov (1768-1844). Suas fábulas satíricas, carregadas de saber e sabor popular, inauguram de certa forma, na Rússia, a literatura para as massas. E as mesmas qualidades que o notabilizaram no relato fabulístico – estilo direto, observação realista e sabedoria do senso comum – surgem em comédias como *Uma Lição para as Filhas*, *A Loja da Moda*, onde põe no pelourinho a galomania, o sentimentalismo e outros vezos então reinantes.

O realismo de Krilov foi partilhado por um grupo de dramaturgos secundários, como Nikolai Khmelnítzki (1789-1740), autor de *O Tagarela*, e Aleksandr Pissarev (1803-1828), que escreveram comédias e *vaudevilles*, conquistando o favor das plateias na segunda década do século, principalmente devido à simplicidade de linguagem e à familiaridade das personagens apresentadas.

Uma das melhores comédias do fim do século XVIII, *A Chicana*, de Vassíli Kapnist (1795-1829), não teve acesso fácil à publicação e ao palco. Escrita em 1796, na época de Catarina II, constituía uma pintura do meio judiciário russo da época, cuja burocracia e corrupção denunciava em termos ásperos e com força de convicção. Impedido pela censura, o autor só conseguiu comunicá-la ao público de leitores e espectadores dois anos mais tarde, 1798, depois de refazer partes do texto. Mas suas tribulações não haviam cessado. Acesa discussão deflagrou-se com a representação daquela sátira mordaz, de evidente alcance social, cujo sucesso foi enorme. As reações não se fizeram esperar e os interesses agravados tiveram, como sói acontecer, força suficiente para obter a interdição do espetáculo e da edição da comédia, tendo Kapnist escapado por pouco de um banimento. Levou sete anos para que a obra pudesse voltar à cena. Em 1805, ela mereceu a graça de Alexandre I.

Mas a linha comediográfica desse período só chegou efetivamente ao ápice com Aleksandr Griboiêdov (1795-1929), autor de *A Desgraça de Ter Espírito*, uma obra de filiação molieresca (*O Misantropo*), que expõe a tragédia do homem que compreende e fala, mas nada faz. Numa fusão genial de regras clássicas (as unidades) com elementos realistas e psicológicos, de composição em verso e dialogação solta, quase coloquial, desenvolvida em quatro e não nos cinco atos clássicos, Griboiêdov construiu, apesar das longas tiradas e monólogos, "um edifício de novo estilo sobre uma estrutura clássica", diz A. M. Ripellino. Sua peça, onde um espírito racional se defronta com 22 tolos e se choca com a sociedade à sua volta, reflete o estado de ânimo dos jovens da nobreza que regressaram imbuídos de ideias liberais, e mesmo revolucionárias, depois de lutarem na Europa Central e Ocidental contra Napoleão. Essa insatisfação e fermentação, que se traduz em crítica ao caráter retrógrado da vida russa e dos padrões aí vigentes, foram a fonte de onde proveio a reivindicação Dekabrista ou Dezembrista de 1825, ou seja, o movimento de revolta contra Nicolau I, que havia sucedido no trono imperial a seu irmão Alexandre I. Griboiêdov pinta em sua peça o conflito entre a velha e a nova geração, bem como o rastilho por onde começam a correr as novas ideias. Tchátzki, a jovem inteligência brilhante (que talvez afirme demasiado esta qualidade), é o protótipo do intelectual russo cujos talentos e desprendimento idealista são desperdiçados, sem empenho objetivo, inaugurando a série dos "homens supérfluos", que receberá nas transcrições de Turguêniev, Gontcharóv (no seu famoso *Oblomov*), Tchékhov, entre outros, personificações sócio-psicológicas marcantes na literatura romanesca e teatral da Rússia. A comédia de Griboiêdov, concluída em 1823, mas proibida pela censura até 1831, e só levada sem cortes a partir de 1863, tornou-se um dos textos dominantes do repertório dramático russo. O papel de Tchátzki, "sonhador ardente na terra da neve eterna", foi galardão na carreira de atores como Karatíguin e Lênski, Stanislávski e Katchálov, ao passo que Schchépkin, um dos maiores expoentes do realismo cênico russo do século XIX, marcou época com sua criação de Fámussov. Na verdade, somente a partir da época realista é que a comédia de Griboiêdov passou a receber da encenação um tratamento teatral mais adequado a seu espírito realista. Mas, embora anunciasse um novo clima, *A Desgraça de Ter Espírito* não era parte dele.

Em termos dramatúrgicos, na Rússia o romantismo expressou-se principalmente pelas composições em verso de Aleksandr Púschkin (1799-1837) e Mikhail Lérmontov (1814-1841). *Mozart e Salieri, O Convidado de Pedra, A Festa Durante a Peste* são produções de Púschkin para a cena. Mas, nesse domínio, sua principal contribuição é *Boris Godunov*, "uma tragédia romântica", como a definiu o próprio Púschkin. Inspirada na dramaturgia e na crônica histórica de Shakespeare, deus tutelar do romantismo, desenvolve-se sem unidade de tempo e lugar e frouxa unidade de ação, tramando, em prosa e verso, cômica e tragicamente, personagens de todas as classes sociais. A liberdade e variedade das cenas, a significação nacional dos protagonistas, a profunda e abrangente interpretação da história russa são outros tantos elementos que, catalisados por uma extraordinária força poética, convertem essa peça, onde documento histórico se combina com tensão dramática, num dos principais marcos teatrais do movimento romântico russo. Entretanto, o triunfo dessa obra-prima só ocorreria na década de 1870 e, assim mesmo, como libreto para a ópera que Mussórgski escreveria.

Na verdade, não só as peças de Púschkin conheceriam tal sorte. O teatro de Lérmontov não seria menos favorecido. O chamado Byron russo, além de uma poesia em que sua revolta contra a sociedade se faz estado d'alma expresso por símbolos audazes e acento emocional, compôs alguns dramas – *Os Espanhóis, Homens e Paixões, O Homem Estranho* –, todos sob um estro altamente romântico, ao mesmo tempo que pleno de substância autóctone, nacional-russa, mas sua principal contribuição para a literatura cênica reside na *Mascarada* (1835), escrita, como manda a boa regra da genialidade romântica, quando o autor tinha apenas vinte e um anos. Arbênin, o herói do drama, desconfia que sua esposa, a formosa Nina, o trai, e num acesso de ciúme, mata-a, ainda que ela seja inocente. Trata-se de um estudo psicológico e de caráter, em que a apaixonada, solitária e amarga personalidade de Arbênin cai vítima do mundo aristocrático, cheio de vícios e hipocrisias, que ele despreza, porém não tem coragem de repudiar, por uma ação de efetivo abandono. A personagem lembra Tchátzki, de Griboiêdov, mas pintado com tintas violentas, com sarcasmo sombrio e protesto veemente.

O romantismo entrou em cena na Rússia principalmente após a subida ao trono de Nicolau I. O czar, aficionado do teatro, assistia com frequência às representações e deu muito dinheiro, quer para os Teatros Imperiais, quer para astros estrangeiros. Foi nessa época que se fixaram os regulamentos teatrais que, como tudo no reinado de Nicolau I, codificavam estritamente todos os aspectos da atividade cênica: papéis, ensaios, indumentária, comportamento, convertendo os comediantes em verdadeiros funcionários do Estado, cujas transgressões e faltas eram punidas com multas e penalidades regulamentares. Os atores eram classificados como principais, substitutos, secundários, comparsas e figurantes, ao passo que os papéis, seguindo os moldes franceses do *emploi*, dividiam-se em dama principal, primeiro amante, ingênua, pai nobre e zeloso etc. Do ponto de vista social, os intérpretes dos Teatros Imperiais, dispostos em três graus hierárquicos, gozavam de um status privilegiado, principalmente os de nível superior, que foram incluídos na categoria urbana de "cidadão honorário hereditário". Esse fato e o número de poemas a eles dedicados mostram o quanto sua posição, desde a época em que eram quase exclusivamente servos, havia melhorado em termos de valorização social.

Nicolau I gostava em especial de peças grandiloquentes e grandiosas, que narrassem ao modo estrondoso e exaltassem os feitos dos czares e do regime monárquico, o que favoreceu o romantismo, sobretudo as produções históricas com forte ênfase nacionalista. M. V. Kriukóvski (1781-1811), N. V. Kúkolnik (1809-1868) e N. Polevói (1796-1846) são os principais fornecedores dessa dramaturgia verbosa e vazia. Polevói, que além de prover a cena da época com efusões patrióticas e enfáticas expressões de devoção ao trono dos Romanov, abasteceu-a também de um profuso e derramado sentimentalismo, conta em seu ativo com uma contribuição valiosa, a tradução e adaptação de *Hamlet* que, encenado em 1832, constitui um ponto de viragem na evolução do teatro russo, assinalando o preciso momento em que Shakespeare passa a integrá-lo de maneira mais orgânica e que o drama romântico, cujo modelo e ideal é o autor de *Macbeth*, substitui a tragédia clássica no repertório de S. Petersburgo e Moscou.

Como já se indicou, com Polevói não só a patriotada romântica, como o patetismo lacrimoso se instalam no drama. Trata-se de uma consequência natural de um novo tipo de espectador que começa a adquirir ingressos nas bilheterias dos teatros. Embora na Rússia, por razões econômicas e sociais conhecidas, o fenômeno seja menos acentuado, também aí o contingente urbano de extração burguesa aumenta muito. Funcionários públicos, comerciantes, artesãos, industriais e estudantes universitários, bem como senhores de terra empobrecidos constituem uma plateia crescente nos teatros. As aspirações, os problemas e as tendências que caracterizam tais públicos de classe média começam a fazer-se sensíveis por um padrão de gosto bastante diferente do que prevalecia no século XVIII e que se manifesta na pronunciada preferência pela peça chorona e mormente pelo melodrama e *vaudeville*.

A história do teatro europeu acusa, no início do século XIX, uma súbita ampliação da assistência teatral e um concomitante surto de formas cênicas que até então permaneciam esporádicas ou embrionárias. Uma delas é o melodrama. Este acentua os traços da *comédie larmoyante* e do drama burguês *à la* Diderot e sobretudo Lessing. Suas colorações berrantes, suas peripécias rocambolescas, o ímpeto desmedido da ação, o desenlace surpreendente, a falta de matizamento na configuração, as personagens ferreteadas por sua destinação são de particular serventia para a montagem de uma máquina teatral onde as emoções se apresentam sempre ao rubro, levadas ao clímax por meio de agudos contrastes que falam imediatamente de si e diretamente ao espectador, sem que ele tenha necessidade de maior esforço intelectual para penetrar no mundo que se lhe oferece no palco e para envolver--se em seus conflitos. Em vez da arte racionalizada e requintada da tragédia clássica, com seus protagonistas da realeza e nobreza, tem-se aqui um mundo onde – como no folhetim de Dumas Pai, Süe e tantos outros, do qual é, aliás, a contrapartida romanesca – a intriga, o crime e a violência, as inversões de situações – como demonstra Antônio Cândido em seu notável estudo sobre *O Conde de Monte Cristo* – a paixão individual, a ascensão a todo custo, o princípio do prazer e da autossatisfação, do egotismo stendheliano se fazem, não apenas espelho convexo da passionalidade (com sua destilação da passionalidade), mas outrossim maquinização teatral da comédia humana balzaquiana. E tal aspecto não é válido apenas para Paris, Londres ou Viena. Moscou também se encontra em peças como *Os Dois Órfãos*, *Trinta Anos da Vida de um Jogador* e outras do mesmo jaez.

Por volta dos anos 30, a divisão dos gêneros, em drama, balé e ópera, tornou-se definitiva, e cada um deles começou a levar vida independente no universo do espetáculo do século XIX. Isso não impediu que o *vaudeville*, com sua mistura de *chansonnettes* e danças, se desenvolvesse grandemente, tornando-se um dos espetáculos preferidos do teatro popular. Na Rússia, consistia em geral de uma peça de um ato com as devidas coplas. Esse gênero foi dominante até a metade do século, quando abandonou o cetro à opereta e a outras formas de comédia ligeira e teatro de variedades.

O balé recebeu grande impulso na Rússia, ao iniciar-se o século XIX, graças à atividade de Charles Didelot (1769-1837). Com seus ensinamentos, a pantomima e os passos aprendidos com os italianos coloriram-se e altearam-se. De fato, foi esse mestre quem não só pôs os dançarinos russos, seus alunos, na ponta dos pés, como os lançou às alturas dos saltos românticos. Já em meados do século XIX, a lição de Didelot e de outros professores e bailarinos estrangeiros havia sido de tal modo assimilada que executantes russos, como Ielena Andrêievna (1819-1857) e Nadejda Bogdánova, puderam arrancar aplausos em Paris, Londres, Milão e Berlim.

Como em outros gêneros ditos "elevados", também na ópera havia uma espécie de reserva de domínio da nobreza, que acompanhava apaixonadamente as produções de Bellini, Rossini, Donizetti e Meyerbeer. Mas também aqui, e tendo-se em vista que a ópera constituía o espetáculo por excelência da sociedade europeia de então, começa a verificar-se, a partir da década de 1830, o ingresso de grupos mais amplos de espectadores e aficionados. Ao lado dessa popularização e implícita democratização, corre com não menos celeridade o processo de nacionalização. Após algumas tentativas, como a do italiano C. Cavos, um regente de orquestra, ou a de A. Verstóvski, que escreveu uma ópera romântica, *O Túmulo de Áschkold* (1835), coube a Mikhail Glinka (1804-1857) criar uma obra inteiramente russa, com *Uma Vida pelo Czar*, que veio à luz em 1836, ano em que apareceu também o *Revizor* (Inspetor Geral) de Gógol.

Ao mesmo tempo que a tendência romântica prevalecia na ópera, no balé e no melodrama, o realismo não desaparecera de cena. O fato não representava uma exceção russa, uma vez que se pode constatar algo semelhante no romance francês (Balzac, Stendhal e Flaubert[2]), para não citar outros exemplos. Assim, se a comédia de Griboiêdov encerrava o período encetado com a peça satírica do século XVIII, iniciava de certo modo a comédia social de Gógol e a comédia da sala de visita de Turguêniev.

A peça de Nikolai Gógol (1809-1852), que é considerada a obra-prima do humor dramático russo (a de Griboiêdov ocupa o mesmo lugar de relevo como comédia intelectual e de espírito), foi escrita por um autor que teve um interesse contínuo pelo teatro, exprimindo-o em artigos, onde diz, por exemplo: "[O diretor teatral] deveria ouvir a vida interna encerrada numa peça e tentar harmonizar suas partes, como numa orquestra: um papel deveria ser estudado no palco em companhia de outros atores e não em casa, e o diretor deveria assistir aos ensaios sentado na primeira fila de cadeiras". Mas, de maior interesse ainda, e revelando a linha principal de seu pensamento, é o que ele declara, ao exigir "verdade na representação da vida": "Ó grande Molière, aquele que desenvolveu seus caracteres tão plena e amplamente e observou tão profundamente todos os seus matizes, e tu, severo e cauteloso Lessing, e tu, nobre e altivo Schiller, que mostraste a dignidade do homem, com tão intenso brilho poético, olhai o que aconteceu depois de vós, que estranho monstro, sob o disfarce de melodrama, se insinuou entre nós. E onde está a nossa vida, onde estamos nós próprios com as nossas próprias idiossincrasias e características? O melodrama está mentindo de maneira despudorada..."

Em 1832, Gógol escreveu uma comédia da qual restam apenas fragmentos, *A Condecoração Ordem de Vladímir de Terceira Classe*. Seguiram-se *Os Jogadores*, *A Manhã de um Homem de Negócios*, *A Sala dos Criados*, *O Processo* e *O Casamento*, mas nenhuma dessas peças foi representada antes de 1842. Todavia, sua incursão mais profunda no palco e, por incrível que seja, a última, foi o *Revizor* (O Inspetor Geral), encenada em 1836 no Teatro Alexandrínski, em presença do imperador. A comédia provocou imediatamente o mais vivo debate e polêmica, tendo seus reflexos atingido de tal modo o próprio Gógol

---

[2] Embora Flaubert recusasse a identificação de "realista".

que não só escreveu vários artigos para justificar-se, como deixou a Rússia em seguida, cansado da explosão que deflagrara.

Na verdade, o quadro pintado acertava em cheio em momentosos problemas sociais e políticos da Rússia, a tal ponto que o texto só ficou a salvo de cortes maiores de parte da censura devido ao claro agrado que o czar demonstrara em relação àquela obra. Pois os conservadores consideraram-na uma perigosa peça de propaganda subversiva, enquanto os liberais sustentavam que ela traduzia fielmente a ordem de coisas imperante. Belínski disse "[...] as obras de Gógol são todas consagradas à representação fiel do mundo e da vida russa, e nisso não têm rival [...]"[3], vendo nela um exemplo da "escola natural" e, mais ainda, uma obra-prima que não apenas descrevia uma cena contemporânea, mas procedia a um julgamento moral da realidade no país dos czares.

* * *

O próprio Gógol, que talvez não media inteiramente o alcance do quadro que pintara, sentiu-se transtornado quando, diante da imagem apresentada, a sociedade russa se reconheceu e a ordem burocrática do Estado czarista se horrorizou, maldizendo o diabólico criador de uma encarnação, a seu ver, deturpada, grotesca, ao passo que os grupos que aspiravam à renovação e à transformação da vida russa se identificavam com o autor, que no entanto os repudiava.

Cabe assinalar que, definida por Belínski como obra realista, inscrita no consenso dos críticos ulteriores como produto caracterizado essencialmente pelo estro da mímese "natural", especular, o *Revizor* ficou no teatro russo como sendo a primeira comédia verdadeiramente realista, em oposição ao melodrama, à farsa e ao *vaudeville* então vigentes. A sua decodificação exclusiva como sátira social, acentuada pela unidade de ação psicológica e comportamental que preside coerentemente a ação de seus agentes dramáticos, não levou em conta, todavia, os numerosos traços que, ultrapassando o lance cômico e a crítica da realidade social, chegavam ao grotesco, constituindo ironia romântica a abrir incisão não apenas no homem de uma certa época e um certo meio, mas no ser humano como tal, desmascarando-o em sua comédia existencial de erros. Foi isso que permitiu a gerações ulteriores, sobretudo aos simbolistas, uma leitura inteiramente nova da peça de Gógol, leitura que, no modernismo, culminaria na encenação que Meierhold fez de o *Revizor*.

O aparecimento da comédia realista russa processou-se num momento em que alguns atores russos, nos seus métodos e técnicas de interpretação, começavam também a manifestar inclinações da mesma natureza, em contraposição à escola romântica. O Alexandrínski de S.

---

3 "Vista d'olhos sobre a Literatura Russa em 1847".

Petersburgo e o Máli de Moscou, centros rivais, deram abrigo às duas tendências também rivais.

Em 1832, o Teatro Alexandrínski instalou-se em seu novo edifício neoclássico, projetado por Carlo Rossi. Atraía um público amplo, composto de oficiais das forças armadas, servidores civis de vários graus hierárquicos e estudantes universitários, os quais vinham assistir a um repertório integrado por dramas românticos, tragédias clássicas, *vaudevilles*, peças históricas, traduções de Shakespeare, Schiller e outros autores europeus. Dentre seus intérpretes, dominou o vulto de Vassíli Karatíguin (1802-1853). Tinha voz vibrante e expressiva, feições atraentes e alta estatura. Dispensava particular atenção à maquilagem e indumentária, usava os efeitos teatrais românticos, mas sabia também dosá-los. Combinava com desembaraço modo de andar, falar, gesticular e capacidade de fazer a coisa devida no devido momento. Embora sua atuação se distinguisse pelo autocontrole, análise e conhecimento de palco, gostava de utilizar contrastes, saltando do registro baixo ao alto, valorizando as partes de uma maneira tal que, aliados a outros efeitos, acentuassem a tensão, sobretudo nos papéis heróicos, o que não estava isento de um certo pendor melodramático. A influência de Karatíguin sobre o desempenho teatral russo foi profundo e fazia-se sentir ainda na época de Stanislávski.

À tradição de Karatíguin no Alexandrínski, opuseram-se os métodos que floresceram no Máli, um teatro erigido em 1808 e completado em 1824, que se tornou o palco do drama e da comédia, enquanto o Bolschói se reservava à ópera e ao balé. Um público de intelectuais, literatos, universitários e burgueses, principalmente, aplaudiu em seus auditórios o gênio romântico de Pavel Motchalóv (1800-1848). Filho de servos, foi louvado por Belínski e considerado por muitos outros o maior ator russo do século. Homem de fortes impulsos, atuava por inspiração. A arte se lhe afigurava uma força divina, misteriosa e, segundo os testemunhos da época, quando se sentia possuído por ela, sua interpretação se convertia num fluxo apaixonado de palavras e de gestos empolgantes e nervosos, que arrastavam o espectador a sublimes momentos de êxtase. Esse arrebatamento não era provocado por sua aparência nem por suas maneiras, visto que ambas deixavam muito a desejar, mas por sua personalidade a fremir sob um indômito espírito de protesto, um anelo veemente que o convertiam num incomparável intérprete romântico dos papéis de Otelo, Ricardo Coração de Leão, Romeu ou Don Carlos. Em *Hamlet*, em vez da personagem passiva que então se costumava apresentar em cena, criou[4] uma figura enérgica e ativa que lutava pela justiça e não pelo trono, como o Hamlet de

---

4 É claro que, dada a quase inexistência da *mise en scène* como fulcro estético e teatral do espetáculo, o trabalho do ator assumia em muitos casos uma função diretora.

Karatíguin, no dizer de um crítico da época. Motchálov afirmou que "a profundidade da alma e a imaginação ardente são as duas qualidades fundamentais do ator romântico", e foi com elas que alimentou os sonhos e as aspirações mais íntimas da geração que, após a derrota Dezembrista, continuava a encontrar nos heróis por ele moldados os marcos de um possível universo liberal. A juventude universitária o admirava entusiasticamente e, com outros sequazes do movimento romântico, o tinha por uma espécie de Kean russo.

A maneira instintiva de Motchálov, baseada no temperamento e na inspiração, não foi partilhada por Mikhail Schchépkin (1788-1863), ator dotado de largos recursos, que o capacitavam a interpretar desde a farsa até o melodrama com notável força de caracterização. Contudo, sua propensão básica era para a comédia, sendo famosos os seus desempenhos nas personagens de Molière. Memoráveis, porém, foram suas criações das figuras de Fámussov (*A Desgraça de Ter Espírito*) ou de Governador (*O Inspetor Geral*) e, em desenho altamente patético, o do velho e pobre Kuzóvkin, em *O Parasita*, de Turguêniev. Seu *débit* manava do "laboratório interno" e era fruto de um trabalho incessante. Schchépkin chegou assim a um método e a um estilo inteiramente próprios. Abandonando a convenção teatral da época, onde a recitação pomposa, os murmúrios que contraponteavam com os gritos desenfreados reinavam incontestes, evoluiu no sentido de uma interpretação realista, que procurava conformar a personagem à máxima semelhança possível com modelos humanos vivos. Polia todo "detalhe de vida", usando a entonação, mudança de registro de voz, gestos e maquilagem para criar uma imagem viva. Simplicidade e inteligência constituíam o fulcro de seu estilo, ao mesmo tempo que o preparo cuidadoso. Graças ao seu empenho e reelaboração contínuos, surgiu no Máli uma tradição de diligência e serenidade interpretativas, bem como de alto nível de realização. Foi Schchépkin que introduziu a leitura preliminar da peça perante o elenco todo, antes da distribuição dos papéis, e salientou a necessidade de dar unidade e harmonia ao espetáculo como um todo organizado. Suas ideias, que se expressavam por meio de palavras como "estilo natural", "conjunto", "calorosa ingenuidade", não podiam deixar de pasmar os veteranos do palco e do gesto teatral por eles consagrado no discurso cênico. Mas a influência de seu ensinamento foi grande e inspirou toda uma geração de atores que se distinguiram especialmente nos "papéis característicos" das obras cômicas de Griboiêdov, Gógol, Turguêniev e Ostróvski. Grandes artistas da segunda metade do século XIX confessaram-se devedores de Schchépkin, e Stanislávski disse que Schchépkin estabeleceu as bases de uma arte dramática genuinamente russa.

Ligado aos escritores exponenciais da época, como Gógol, Púschkin, Belínski, Hértzen e outros, Schchépkin vinculou-se também, e o Teatro Máli com ele, ao mundo acadêmico, a ponto dessa casa de espetáculos ser apelidada de "Segunda Universidade de Moscou". Na verdade, acreditava no impacto educativo do teatro e esforçou-se para que o palco cênico refletisse as principais tendências artísticas e intelectuais de seu tempo.

Por volta dos anos 60, ocorreram grandes modificações na vida do Império Russo. Além de abolir a servidão camponesa, o reinado de Alexandre II encetou uma série de reformas no domínio judicial, administrativo e educacional, as quais traduziam não só uma visão aparentemente mais liberal dos problemas políticos e sociais, como integravam os efeitos de processos econômicos que começavam a operar de maneira eficaz no contexto russo. Foi então que vieram à tona algumas das tendências e aspirações que se tornariam conducentes da história da Rússia moderna. Na literatura, nas artes plásticas, na música e no teatro, na ciência e na tecnologia verificou-se um notável florescimento e um novo espírito passou a dominar essas manifestações.

Por outro lado, o aumento da população urbana, com o advento de novos contingentes de homens e mulheres com estudos secundários e superiores, de classe média e mesmo baixa, trouxe um novo sangue, seja entre os leitores, seja entre os ouvintes, seja entre os espectadores. As propensões antirromânticas, quer em virtude desse afluxo de elementos burgueses e populares, quer em função do que ocorria na literatura e nas artes da Europa Ocidental, quer em decorrência de processamentos sócio-estéticos interiores à vida cultural russa, assumem uma envergadura correspondente nas atividades literárias e artísticas.

Na prosa de ficção e na poesia, as obras de Turguêniev, Gontcharóv, do jovem Tolstói e outros assinalam o triunfo da escola realista. No teatro, porém, por muito tempo persiste o primado do melodrama e do *vaudeville*, pois as sementes plantadas por Gógol representavam na época, ainda, feitos isolados de um gênio, como afirmou Turguêniev.

Na realidade, incumbiria ao próprio Turguêniev dar sequência à trilha aberta pela comédia gogoliana, pelo menos no sentido da crítica social realista. Muito embora sua primeira tentativa, *A Imprudência* (1843), exibisse um cunho romântico, já sua comédia ulterior, *Sem Tostão* orienta-se para o novo rumo. *O Parasita*, que visava a atender um pedido de Schchépkin, não pôde ser montado devido à censura, que proibiu a apresentação dessa pintura de um palhaço patético. *O Solteiro* está escrito em tom mais ligeiro, e seu humor se mescla com sentimentalismo, graças ao que veio a ser encenado no ano em que foi escrito, isto é, 1849. As produções subsequentes de Turguêniev oferecem maior interesse, não só porque de certo modo formam um elo pelo qual a dramaturgia russa se liga a Tchékhov, mas também porque nelas aparece o que Turguêniev produziu de melhor para a cena. Em *Almoço com o Marechal da Nobreza*, o autor pinta uma inconciliável tentativa de conciliar irmão e irmã que se desavieram por causa de uma propriedade herdada dos pais (os protagonistas são tratados como máscaras e as situações são grotescas nessa peça de um ato). *Um Mês no Campo*

(1850), texto escrito sob a influência de *La Marâtre* (A Madrasta), de Balzac, é provavelmente a melhor obra de Turguêniev para o teatro. Trata-se de uma comédia de sala de visita, com um enredo simples, mas uma análise psicológica bastante complexa. A situação central gira em torno da rivalidade entre uma jovem mulher casada, Natália Isláeiva, e uma mocinha cuja feminilidade desperta, Verótchka, ambas disputando o amor de um jovem, Beliáev. A peça apresenta, nas personagens, sutis inflexões de ânimo e profundas correntes de vida interior, como nos textos tchekhovianos.

Um Mês no Campo sofreu muito nas mãos da censura czarista, que só permitiu a publicação do escrito completo em 1869, e sua encenação, em 1872. Duas outras obras seguiram-se: *Uma Dama da Província* (1851) e *Um Anoitecer em Sorrento* (1852), ambas como que provérbios dramáticos *à la* Musset.

Uma das obras mais representativas da escola de que Turguêniev foi um dos expoentes, é *Dura Sorte* ou *Destino Amargo* (1859), de Aleksei Píssemski (1820-1881). O tema procura expor a situação dos camponeses pouco antes da abolição da servidão. Baseado num fato de crônica – a sedução de uma camponesa por um nobre senhor, que se aproveita da ausência do marido de Elizaveta, Anâni; o assassinato pelo esposo ultrajado do fruto desse amor ilícito; o remorso e o anseio de autopunição do criminoso que se entrega à polícia – constituiu uma novidade para os espectadores russos devido ao desenho forte das personagens, ao desenvolvimento implacável, ao espírito trágico levado às últimas consequências e ao realismo decidido que chegava à beira do naturalismo. Seu êxito foi grande e a polêmica que provocou não menor, representando um triunfo do retrato cênico impiedoso da realidade social.

Pouco antes de Píssemski, Mikhail Saltikóv-Schedrin (1826-1889), também romancista como Turguêniev e Píssemski, escreveu uma sátira em que o assim chamado Swift russo criava uma imagem nunca vista na dramaturgia russa, pelo ríctus de seu riso amargo e pelo terrível uso das paixões baixas. É *A Morte de Pazúkhin*. A ação gira em torno de um velho e avarento ricaço, Pazúkhin, que, moribundo, se recusa a estabelecer seu testamento e conserva o dinheiro num baú embaixo da cama. À volta desse fato, toda uma galeria de personagens se agita em intrigas ridículas e incidentes grotescos, que desvendam brutalmente a cobiça e a hipocrisia numa sociedade dominada por determinado tipo de valores. Após a estreia, o texto foi proscrito pelos censores, sendo reencenado no Alexandrínski em 1893, com Varlámov. Mais tarde, o Teatro de Arte de Moscou o representou (em 1914 e depois da Revolução).

Ao lado dessa linha realista, ligada diretamente ao gênero de romance cultivado por esses mesmos autores, a tradição gogoliana é retomada, em termos puramente teatrais, por Aleksandr Sukhovó-Kobilin (1817-1903), uma das figuras centrais da dramaturgia russa do período. Sua obra, no entanto, resume-se numa trilogia, *Quadros do Passado*, composta de *As Núpcias de Kretchínski*, *O Caso Judicial* e *A Morte de Tarêlkin*.

Iniciada em 1854, a trilogia foi escrita em meio a uma complicada e atribulada vida pessoal em que o autor, acusado de assassinar sua amante, passou por vicissitudes das mais diversas: prisão, julgamentos, apelações, contra-apelações e as mais variadas manobras judiciárias, até que o próprio czar pôs termo à questão. Durante esse período, Sukhovó-Kobilin familiarizou-se com toda espécie de procedimentos ilegais e conheceu toda sorte de funcionários, falsas testemunhas, burocratas pomposos.

Tais elementos irão aparecer principalmente nas duas peças finais da trilogia. A primeira, *As Núpcias de Kretchínski*, desenvolve-se em um tom algo mais ligeiro do que as outras, combinando humor e ironia, num quadro de desintegração da nobreza, encarnado sobretudo em Kretchínski, um aventureiro bem-nascido e elegante, capaz de toda baixeza sob os modos aristocráticos, um jogador e ave de rapina em busca de uma presa que lhe restabeleça a fortuna. Na segunda, Lidioschka, a noiva de Kretchínski, e o pai dela, Muromskói, as duas vítimas inocentes das proezas do fidalgo e elegante escroque, veem-se enredados numa trama policial, acusados de cumplicidade com o cavalheiro de indústrias. Sucedem-se investigações desonestas e extorsões que expõem cruelmente o fato de que ninguém se incomoda com a justiça e de que o Império todo é uma imensa armadilha à espreita dos pobres e dos fracos. É o que sucede com o ingênuo Muromskói, que fica enredado em seus esforços ingentes e sempre malsucedidos, morrendo, ao fim, no escritório de Varrávin, um insigne trapaceiro, e seu astuto subordinado, Tarêlkin. Este, na terceira peça, rouba os papéis de Varrávin a fim de lhe extorquir dinheiro. Mas o chefe percebe a cilada e faz com que Rasplioiev, personagem que se notabilizara nas *Núpcias de Kretchínski* como escuso conselheiro deste último, e que surge agora com a farda de policial, prenda Tarêlkin e o acuse de vampiro e íncubo. Rasplioiev consegue armar toda uma absurda peça processual, com testemunhas e provas, obtidas pela tortura e pela chantagem, levando Tarêlkin ao reconhecimento da derrota. Ele devolve a Varrávin os papéis e é libertado, encetando uma nova série de falcatruas e trampolinagens.

Sukhovó-Kobilin chamou à primeira e terceira partes da trilogia de comédia e à segunda, de drama. Na realidade, a bufonaria e o grotesco vigem no conjunto, ainda que as três apresentem como elemento predominante a exposição realista, sendo que, na primeira, ressalta a análise psicológica, na segunda a social e, na terceira, o caráter simbólico e filosófico. *As Núpcias de Kretchínski*, que estreou em 1855, no Máli, tornou-se logo uma das peças mais populares do repertório russo. Além de personagens brilhantemente caracterizados, distingue-se ela pelo brio rítmico, agudeza verbal e impiedosa dissecação da realidade. Mais acerbo e menos lúdico, *O Caso Judicial* desmascara a hipocrisia, o suborno e a desonestidade das camadas dirigentes, ao mesmo tempo põe a nu a natureza irracional e irresistível das forças cegas que, sob a organização estatal, se compõem para esmagar o indivíduo. Não escapou, sem dúvida aos censores imperiais o poder de impacto e denúncia contido nessa criação dramática, a profunda veracidade do retrato que era aí feito, dos postos policiais, dos tribunais e das prisões russas, e não é de admirar que só a liberassem para encenação em 1882, e assim mesmo com muitos cortes, que só após 1917 foram suprimidos. O grotesco levado ao absurdo e ao macabro convertem *A Morte de Tarêlkin* num verdadeiro pesadelo, em que, em vez de personagens inteiramente tridimensionais, civil e psicologicamente moldadas, surgem, como fantasmas e máscaras, decomposições da condição de homens, cuja afinidade, passando por sobre a época em que foram moldadas, é com as personagens de Kafka ou Pirandello. A qualidade fantástica da situação e dos diálogos, ladeada por um emprego absolutamente preciso dos pormenores, tornam essa obra algo inusitado na dramaturgia russa de então e, por assim dizer, precursora de tendências do teatro europeu que só viriam a manifestar-se muito depois, no século XX, com o expressionismo, o surrealismo e o teatro do absurdo. Não é preciso dizer, pois, que foi proibida em sua época, sendo levada unicamente depois da Revolução de 1917.

Só com Aleksander Ostróvski (1823-1886) a escola realista ou "natural", que havia muito se fixara na ficção narrativa, conquistou idêntico reconhecimento no palco. A obra desse autor, que se distingue por uma caracterização quase estática, com enredos sem grandes surpresas e expedientes teatrais que beiram a ingenuidade, constitui-se, no entanto, numa das pedras de toque do repertório teatral russo. A razão talvez esteja em que, por trás da simplicidade, há a mão de um mestre a manipular efeitos e técnicas cênicas, a suscitar um clima onde tudo parece real e verdadeiro, a configurar criaturas que se impõem à primeira vista ao espectador como dignas de credibilidade e dotadas de organicidade vital e humana. Cumpre ainda assinalar, como fatores que contribuíram para tornar incomparável a posição de Ostróvski no teatro de seu país, o forte sabor nacional de seus escritos, que mergulham fundo no mundo russo e trazem à tona figuras profundamente expressivas da vida na Rússia e de sua tipologia humana. Todavia, foi o senso extraordinário da construção dramática e dos recursos cênicos, bem como os conhecimentos adquiridos no curso de uma existência inteiramente devotada ao trabalho teatral e relacionada com atores, diretores, cenógrafos e outros componentes da função cênica, que deram à obra de Ostróvski uma adequação ao tablado como nenhum outro autor conseguira até então. Todo o seu pensamento e observação assumia diretamente forma teatral expressa em ação dramática. Seus diálogos, que fluem com oralidade popular, cheios de provérbios e rimas correntes, proporcionam elementos de giro coloquial dos diferentes grupos sociais, o que não impede que cada personagem de suas peças fale de forma inteiramente individualizada e marcada por uma expressão pessoal. As construções de Ostróvski são, em sua maioria, habitadas por gente do povo, sendo tipicamente russas na forma, espírito e linguagem. Delas, saltam essas mesmas classes médias em seus estratos mais baixos, que seriam as principais defensoras da "escola natural" e que se viam refletidas nela, com seus problemas e suas maneiras de viver. Assim, chega a um ponto de cristalização o curso evolutivo que, de Fonvízin e Griboiêdov, retratistas das categorias da nobreza, foi naturalizando a comédia inspirada em modelos estrangeiros e concomitantemente russificando-a, através de Gógol, Turguêniev, Píssemski, Sukhovó-Kobilin. Com Ostróvski, tal processo penetra efetivamente nas camadas menos favorecidas. Pintando-as com humor, mas sem exagero grotesco ou peripécias excepcionais, tão-somente no cotidiano de histórias triviais de gente trivial, compôs uma galeria de fazendeiros provincianos, funcionários de baixa gradação, pequenos comerciantes, burgueses tagarelas e pequenos artesãos, ao mesmo tempo que captou uma imagem singular daquele povo que vivia e labutava por trás da fachada magnificente da nobreza em decadência. Sua sabedoria, vitalidade e engenho são as das massas populares. E essas qualidades ele dosa com uma atitude crítico-realista, um humor benevolente, uma visão otimista e um senso de justiça que impregnam sua obra dos sentimento e das vibrações mais específicas da coletividade cujo perfil dramatúrgico e teatral ela configura.

A produção de Ostróvski divide-se em três períodos. No primeiro, prevalece o interesse pelo ambiente; no último, volta-se para o mundo financeiro; e, na fase intermediária, escreve dramas históricos, quadros da vida teatral e uma "fábula primaveril" em versos, *A Donzela da Neve*. Ao todo, entre 1855 e 1886, elaborou cerca de oitenta peças, sem contar as traduções de Molière, Dumas e Shakespeare (*Antônio e Cleópatra*). Essa fecunda carreira começa com *A Bancarrota* ou, título posterior, *É um Caso de Família*, na qual pinta Bolschov, um rico e enfatuado comerciante arruinado por astutos malandros que jogam com a teimosia e o caráter voluntarioso de sua presa. O texto circulou primeiro em manuscrito, sendo entusiasticamente acolhido pelos meios literários de Moscou, mas a censura o julgou perigoso, interditando-o. Essa obra só foi encenada quando *Pobreza não é Vício* subiu ao palco e conquistou a plateia moscovita.

Embora interessado na alma popular e no passado russo, como atestam as peças históricas (*Kozma Minin*, *Dmítri, o Usurpador* e *Vassíli Schuíski, Vassilissa Melêntieva*) e as fantasias folclóricas e poéticas (*A Donzela da Neve*, libreto para a ópera de Rímski-Korsakov; *O Sonho às Margens do Volga*, que inspirou Tchaikóvski e outros), Ostróvski não se fixou nas buscas românticas e nacionalistas, nem na glorificação do despotismo czarista, que o movimento eslavófilo, sobretudo na década de 1860, desencadeara e cultivara. Ligado por algum tempo a essa corrente, recusou-se a renunciar ao espírito crítico e ao traço satírico, que são o fulcro da maioria de suas comédias sobre a sociedade russa.

Ostróvski expôs a corrupção de pequenos funcionários públicos (*Um Emprego Lucrativo*, 1857), nobres esbanjadores e cavadores de ouro (*Dinheiro Selvagem*, 1859), caçadores de fortuna, parasitas da alta sociedade e ociosos (*Lobos e Ovelhas*, 1872), fidalgos sem coração (*Sem Dote*, 1863), vítimas da servidão (*A Pupila*, 1859) e da pobreza (*A Noiva Pobre*) e apresentou retratos notáveis de atores da província (*A Floresta*, 1870; *Talentos e Pretendentes*, 1882). Em *A Tempestade*, considerada sua obra-prima, põe em cena os padrões despóticos de família e o atraso da cidade provinciana russa de então. Katarina, uma mulher jovem e sensível, casada com Tikhon, o filho submisso de uma criatura tirânica e cruel, é levada, pela sufocação num ambiente familiar opressivo, a um breve caso de amor, durante a ausência do marido. Mas depois de pecar com Boris, rapaz simpático e alegre, é assaltada pelo arrependimento e, durante uma tormenta no Volga, com os nervos estraçalhados, confessa a falta cometida. O esposo e a sogra passam a atormentá-la de tal modo que a pobre mulher se suicida, atirando-se às águas do rio. O caráter de Katarina, com seus sonhos e anelos religiosos, não se reduz à configuração de um fenômeno social, simbolizando antes, no seu dramático conflito com o meio, exaltado por pressentimentos místicos e pela atmosfera soturna da tempestade, o inevitável esmagamento da "alma pura" pela crua realidade.

Mas na obra de Ostróvski não ressoam apenas a nota poética, de um lado, e a realista, de outro. É possível ler nas representações que nela se estruturam, principalmente nos quadros de opressão, rudeza e despotismo familiar, numerosas alusões ao sistema vigente na Rússia da época, totalmente submetida à autocracia policial. Essa mensagem, ao que parece, era evidente aos homens a quem incumbia censurar os textos de Ostróvski, pois, embora ele nunca tirasse conclusões nem se afastasse da exposição "natural" e objetiva, teve que haver-se a vida inteira com proibições e empecilhos oficiais. De todo modo, a força de seu talento avassalou de tal forma o que se lhe antepunha, que as portas do Máli e do Alexandrínski tiveram de se lhe abrir e, só entre 1854 e 1872, mais de trinta peças suas conheceram cerca de oitocentas apresentações.

Homem essencialmente ligado ao teatro, viveu-o sob todos os aspectos. Foi diretor do departamento artístico dos Teatros Imperiais de Moscou, sendo o primeiro profissional a ocupar o cargo. Fundou escolas dramáticas e ensinou atores, encarecendo sempre a importância da interpretação natural e realista. Como muitos outros em seu tempo, atribuía pouco valor à *mise en scène*, convencido como estava de que o diretor de cena e o cenógrafo (pintor ou arquiteto) desempenhavam um papel inferior em relação ao intérprete. Por isso mesmo procurou elevar o status do comediante e ampará-lo na velhice e na necessidade. Fundou a Corporação dos Atores e várias instituições de assistência médica e financeira à gente de teatro.

O repertório de Ostróvski criou toda uma escola de interpretação. Além de Schchépkin e seus sequazes, surgiu um elenco inteiro de atores que procuravam imbuir-se do "espírito da terra", tido como indispensável à representação desse autor. Um deles foi Prov Sadóvski (1818-1872), cabeça de uma dinastia teatral. O palco de sua atuação, assim como de outros intérpretes notáveis do repertório ostrovskiano, foi o Teatro Máli de Moscou, que se tornou a "Casa de Ostróvski".

Por uma estranha coincidência, os dois escritores que ocupam os principais lugares na produção dramática dos anos de 1880 a 1890 trazem o nome de Tolstói: *O Poder das Trevas*, uma das mais vigorosas representações da vida dos camponeses russos, a comédia *Os Frutos da Instrução* e o drama *Cadáver Vivo* são as mais importantes realizações dramatúrgicas de Leão Tolstói (1828-1910), o grande mestre da narrativa romanesca russa do século XIX: enquanto o Conde Aleksei Tolstói (1817-1875), poeta e ficcionista, é o autor da trilogia histórica, em versos brancos, que compreende *A Morte de Ivan o Terrível*, *Czar Fiódor Ivánovitch* e *Czar Boris*.

O Poder das Trevas (1886) é uma peça realista, com acentuadas marcas naturalistas. Assim, comparecem aqui a força direta e a completitude psicológica da caracterização que, somada a uma análise social do meio e das causas, cria aquela "ilusão de vida" que envolve o leitor dos grandes romances de Tolstói. Por outro lado, a crítica à sociedade e a sugestão do eticismo tolstoiano configurado, por exemplo, no confronto entre os poderes do bem e do mal, Akim e Matrióna, também não deixam de imprimir-se fortemente no desenvolvimento da peça e no seu desenlace, principalmente na confissão de Nikita e na sua plena assunção de uma culpa por um ato criminoso do qual, na verdade, havia sido antes o executor e até certo ponto a vítima de uma engrenagem cujas alavancas foram movidas por outrem. Esse sombrio quadro de um mundo onde a violência, o crime e a crueza do desejo são forças dominantes, que a busca de ascensão material manipula diabolicamente, pareceu demasiado carregado e mesmo perigoso para a rigorosa censura czarista. Assim, sua estreia russa só veio a ocorrer em 1895, quando Antoine já o levara em seu Théâtre Libre em Paris. Mas depois de encenado por Suvórin em S. Petersburgo, tornou-se um item permanente nas programações do Teatro Alexandrínski, embora a montagem que realmente lhe rendeu justiça se verificasse apenas em 1902, no Teatro de Arte de Moscou.

Os Frutos da Instrução é uma comédia ligeira, que mostra a nobreza entretida em sessões espíritas e entregue a superstições que parecem ao dramaturgo mais grosseiras do que a de seus supostos servidores ignorantes. Stanislávski a levou em 1891, no Clube dos Caçadores de Moscou. Porém, uma das obras teatrais mais populares de Tolstói seria *O Cadáver Vivo*, onde retrata a vida de um homem sensível mas fraco, descontente consigo mesmo e com o modo de existência das classes superiores, que são as suas.

Alexei Tolstói, um opositor da corrente realista, escreveu peças históricas em que procura ater-se aos fatos tais como a crônica histórica os registra, tramando-os por meio de conflitos psicológicos entre personalidades acentuadamente contrastantes. Suas personagens apresentam-se, pois, em tonalidades vivas e constituem caracteres inusitados, ao modo de Shakespeare, autor a quem muito admirava e do qual derivou também a forma intensamente dramática de desenvolver a ação. Sob esse ângulo, sobretudo, é um romântico, embora se empenhe em vazar suas figuras não só com autenticidade documental, mas também com forte motivação e realidade interior.

O monopólio dos Teatros Imperiais impedia a existência, na segunda metade do século XIX, de empresas teatrais privadas, situação que favoreceu o aparecimento de diferentes maneiras de burlar a lei, principalmente em Moscou e S. Petersburgo, onde, além da via corriqueira para obter-se a boa vontade dos funcionários responsáveis, ou seja, o suborno, amadores e profissionais representavam em clubes fechados e em reuniões familiares. Na década de 1860, cabe assinalar os espetáculos oferecidos em Moscou pelo Círculo de Amantes da Arte Dramática, ou nos palcos da Assembleia da Nobreza e do Clube dos Comerciantes, bem com o dos Pintores em S. Petersburgo. O teatro de opereta e as companhias de verão não tinham dificuldade em obter a necessária licença especial. Seja como for, em meados dos anos setenta, as duas capitais russas contavam com cerca de 25 empresas teatrais em funcionamento regular. Nas províncias também se verificava um florescimento sub-reptício da mesma ordem, sendo elas visitadas por sucessivas trupes de profissionais, encabeçados por artistas de renome. Nessas condições, o governo, em 1882, sob a pressão da opinião pública e de personalidades teatrais, como Ostróvski, decidiu consagrar *de jure* uma situação que já existia de fato, abolindo o monopólio imperial.

Isso contribuiu por certo para a expansão das artes teatrais, principalmente no último decênio do século XIX. Paralelamente, mas não independentemente, aumentou o número de escolas para o ensino de teatro e a melhoria de seus programas. As principais reformas surgiram com a abertura, pela Sociedade Musical Russa, do Conservatório em S. Petersburgo (1862) e em Moscou (1866), duas instituições que passaram a formar cantores, atores e dançarinos. Em vista desses novos competidores, as escolas imperiais modificaram seu currículo e estrutura, separando ópera, drama e balé, sendo que este último gênero acabou por ter uma escola à parte. O exemplo das duas capitais foi seguido pelos centros provinciais de maior porte, que instalaram conservatórios próprios. Assim, na Primeira Conferência Teatral Russa, realizada em 1897, o item educação e treinamento artísticos já se tornara dos mais importantes, e seus problemas foram objeto de grande atenção.

Até a década de 1890, os Teatros Imperiais continuaram a desempenhar papel central na vida teatral russa. E o quinhão maior no interesse que despertavam coube, na segunda metade do século XIX, ao Máli, cujos laços com o mundo acadêmico, afinidades com o liberalismo humanista, adesão às tendências realistas e ao mais significativo do repertório clássico o fizeram uma espécie de Academia Teatral russa, "a segunda Universidade de Moscou", de que já falamos, pois os estudantes afirmavam aprender mais em seus espetáculos do que nas aulas dos professores.

O Máli, com numerosos intérpretes de grande nomeada e com os cuidados que dispensava aos trabalhos de qualificação do elenco, mereceu o nome de "casa do ator". Contudo, no que diz respeito aos outros elementos envolvidos na montagem de peças, desde a *mise en scène* até a indumentária, a preocupação não era a mesma e reinava uma pobreza e desleixo amesquinhadores do espetáculo.

No desempenho, a escola de Schchépkin era dominante no Máli, sendo seu espírito e método seguidos com tal constância no treinamento do ator que a companhia apresentava perfeita homogeneidade nesse particular. Tal orientação, entretanto, não impedia que, em peças de Schiller, Hugo, Shakespeare e outros, a linha interpretativa se pautasse pela gesticulação e declamação românticas. Era uma rotina firmemente arraigada e da qual só alguns artistas de coragem e talento conseguiram escapar.

Uma delas foi Maria Iermolova (1853-1928), principal atriz da companhia, chamada por Stanislávski de "sinfonia heróica do Teatro Russo". Seu labor artístico desenvolveu-se inicialmente no balé, mas logo passou para o teatro dramático, estreando em *Fuente Ovejuna*, de Lope de Vega. Seu trabalho como Laurencia logo a consagrou não só como atriz, mas como ídolo da juventude progressista. A seguir, desempenhos como Mary Stuart e Joana D'Arc (Schiller), Lady Macbeth, Cordélia e Imógena (Shakespeare) e outros papéis dramáticos e trágicos tornaram-se memoráveis. Dotada de grande sensibilidade e penetração nos meandros da emotividade, sabia como expressar-se em mil disfarces diferentes, de modo a aparecer como uma criatura nova em cada *persona* diferente, sem que sua personalidade apaixonada deixasse de assinalar presença dominante. Combinação de força e feminilidade, de inspiração e autocontrole, aliada a um rosto expressivo e a uma bela figura, representava de maneira intensa, dinâmica, passional, sem que perdesse, no entanto, nas explosões mais violentas, o senso do ritmo, da harmonia plástica e do equilíbrio estético. Ao mesmo tempo a interpretação era simples e natural, o que lhe permitia percorrer as mais variadas gamas da representação, desde o retrato direto até as mais sutis sugestões psicológicas e os mais intensos efeitos dramáticos. Foi uma das primeiras atrizes a receber, depois da Revolução de Outubro, o título de Artista do Povo.

Glikéria Fedótova (1846-1925) encarnou outra tendência no Máli. Seu particular talento para papéis característicos, em que articulava todo o humor e precisão de uma moldagem interpretativa ao nível do cotidiano terreno, converteram-na numa das expoentes da escola realista. Suas caracterizações, muldimensionais, eram tão completas e naturais que pareciam produzir-se por pura e simples espontaneidade, aqui e agora, dando ao microcosmo cênico uma qualidade sanguínea e uma pulsação vital que colocavam a realidade referida e chegavam mesmo a dar a impressão de que eram "mais verdadeiras que a realidade".

Fedótova constituiu de certo modo, no Máli, a contraparte feminina de Prov Sadóvski e Serguêi Schúmski. Este foi considerado o mais importante seguidor de Schchépkin: nunca deixava nada ao acaso, estudava seus papéis cabalmente, preparando-os de modo sistemático e racional, acabando-os em cada pormenor.

Por volta do fim do século, dois outros atores do Máli destacaram-se e passaram a exercer influência na vida teatral russa. Aleksander Lênski (1847-1908), filho do Príncipe Gagárin, foi não apenas um "amante" extraordinário nos papéis de Don Juan, Romeu, Petruccio, Tchátzki, mas também um professor de grandes méritos, um produtor e diretor que se empenhou enormemente em melhorar o repertório e reformar o convencionalismo cênico então reinante. Nessa tarefa, encontrou grande apoio no Príncipe Sumbátov ou, como foi conhecido teatralmente, Aleksander Iujin (1857-1927), um intérprete notável de personagens heróicas e românticas, além de autor de várias comédias e dramas, algumas das quais alcançaram sucesso junto ao público da época. Mais tarde, em 1909, tornou-se diretor do Máli e defensor ardoroso do realismo e do repertório clássico, chegando mesmo a ser louvado por Aleksandra Iablóchkina, uma atriz da companhia, por não haver deixado uma só "peça simbolista, decadente, mística, subir no palco do Máli"...

O principal competidor russo do Máli foi o Teatro Alexandrínski, que atraía também um auditório da classe intelectual e média. A nobreza frequentava os balés e óperas do Mariínski e os espetáculos franceses do Mikhailóvski. Além dessas casas teatrais, salientaram-se em S. Petersburgo as empresas particulares de Korsch, com seu repertório de comédias ligeiras e, eventualmente, com obras mais ponderáveis; e a de Aleksei Suvórin, jornalista, editor e dramaturgo, muito relacionado com o meio intelectual russo da época, inclusive com Tchékhov, era, de outra parte, um defensor da autocracia czarista e ligado às mais altas esferas governamentais, laços de que tirava, no entanto, proveito para encenar, entre outras, peças banidas ou cortadas pela censura, tais como *O Poder das Trevas*, de Tolstói.

O repertório do Alexandrínski, embora mais ou menos similar ao Máli, era no conjunto mais conservador, de um lado, e, de outro, mais sintonizado com o teatro de *boulevard* francês. A grande figura de seu elenco foi Vladímir Davídov (1849-1925), nome artístico de Ivan Gorelov, filho de um nobre que era oficial de marinha. Como intérprete, Davídov deu notáveis versões das personagens de Mochálin em *A Desgraça de Ter Espírito*, de Fámussov na mesma peça, do governador em o *Revizor* de Gógol e de diferentes figuras das comédias de Ostróvski, conquanto não hesitasse, em anos posteriores, em atuar em farsas e comédias triviais e puramente comerciais. Mas sempre que teve oportunidade de encarnar papéis do repertório clássico suas caracterizações foram tidas como extraordinárias. Antoine e Lucien Guitry consideravam-no um mestre na arte de combinar a verdade realista com o efeito teatral. Procurava o elemento humano em toda e qualquer figuração, por mais humilde que fosse, e tentava expressá-la através de uma atuação cheia de vitalidade. Assim, reunia uma fundamentação analítica em sua arte, em que estudava cada gesto e cada postura, com uma teatralidade sem exagero, porém marcada, que atenuasse a crueza realista. Suas interpretações cômicas tinham algo de positivo e saudável que anulava sempre o grotesco amargo e trágico.

A estrela do Alexandrínski foi Maria Savina (1850-1915). Admitida no elenco desse teatro em 1874, *Um Mês no Campo* e *Uma Dama da Província*, de Turguêniev, de quem foi amiga, estabeleceram marcos de sua presença no teatro russo. Contudo, foi em textos de pouca valia, onde dramaturgos medíocres lhe afeiçoavam papéis sob medida, que pôde criar as suas célebres encarnações de mulher da sociedade, em que um brilho exterior de caracterização se unia a um leve toque de boêmia.

Outro artista talentoso do Alexandrínski foi o cômico Konstantin Varlámov (1848-1915), famoso por seus desempenhos vaudevillescos e por ser frequente contraparte de Davídov. Caberia ainda citar o sombrio e melodramático Mamont Dálski (1865-1918), cujo Otelo e cujo Karl Moor faziam o público delirar, e Vassíli Dalmátov (1862-1912), o dândi do palco russo.

O desenvolvimento teatral russo, como já se indicou, não foi um fenômeno restrito às capitais imperiais. Na província também se estabeleceram companhias permanentes para o drama e a ópera. É o caso de Odessa, com seu Teatro Municipal para a ópera italiana e outras casas para os demais gêneros. Kíev, Khárkov, Rostov, Nóvgorod não deixaram igualmente de dispor de palcos similares. Mas, nas cidades menores e nas trupes que nelas representavam usualmente, o nível dos espetáculos e a situação dos atores eram bastante baixos. A insegurança financeira, a dependência em relação a especuladores e trapaceiros que faziam as vezes de empresários, a necessidade de correr as casas ricas para vender ingressos, a atitude cínica dos patronos para com as atrizes que eram tidas como pouco mais do que prostitutas, afora as péssimas condições dos edifícios teatrais e de suas instalações, dos cenários e o baixo padrão da roupagem, faziam da vida do ator de província um drama bem maior frequentemente do que os dramas que encarnava. Ostróvski e os principais intérpretes e diretores de Moscou e S. Petersburgo empenharam-se bastante no início da década de 1890 para melhorar o status moral, material e artístico das companhias itinerantes e dos teatros de província.

Por volta do fim do século XIX, o teatro russo concedia um bocado de atenção ao trabalho do ator, mas os demais elementos do espetáculo cênico não recebiam o mesmo tratamento. Os cenários não obedeciam quase a nenhum critério de estilo ou de história. Eram, conforme os padrões reinantes nos teatros europeus, telões pintados que obedeciam, nas mãos do principal cenógrafo da época, o alemão Andreas Roller (1805-1891), a um "estilo geral", inteiramente despido de qualquer acento nacional, onde as casas russas eram chalés suíços e Kíev medieval (em *Russlan e Ludmila*, de Glinka) apresentava uma arquitetura gótica germânica.

No balé, a evolução da indumentária deu maior liberdade ao corpo, com o encurtamento dos saiotes e túnicas. No conjunto, esse gênero, consumido pela aristocracia e alta burguesia, converteu-se crescentemente em grande espetáculo, com enormes telões pintados como fundo, complexos sistemas de luz e trajes exuberantes. No Mariínski de S. Petersburgo, no Bolschói de Moscou, ou nos teatros provinciais por onde excursionavam as Companhias Imperiais de Balé, o espectador esperava que lhe fosse proporcionada uma noite inteira de exibição, com um balé em cinco ou seis atos, com prólogo, epílogo e talvez apoteose. Isto exigia um enorme corpo de baile, disciplinado e dotado de amplos recursos.

Entre 1870 e 1903, Marius Petipa (1822-1910), um marselhês, imperou inconteste no balé russo. Autor de setenta e quatro balés e trinta *divertissements*, esse mestre, que começara a carreira de dança com Fanny Elssler e Carlotta Grisi e que a encerrou dirigindo Ana Pávlova, demonstrou grande poder criativo. Sua arte coreográfica foi certamente das que mais influenciaram a forma e o estilo da maioria dos bailarinos russos do século XIX e início do XX. Sob sua direção é que a escola russa se firmou como uma manifestação nacional de arte. Assim, nas cercanias dos anos 80, a autonomia do balé russo em relação ao estrangeiro e às numerosas companhias que visitavam o país já era um fato consumado. Quando o sopro renovador varreu o teatro e os diretores começaram a procurar pintores e arquitetos para inovarem os cenários e a *mise en scène*, o balé foi dos primeiros a seguir-lhe a tendência. Petipa, apesar do conservantismo e do convencionalismo que caracterizavam seu gosto, compreendeu que o balé não se resumia na apresentação de números de dança, mas era um espetáculo completo e buscou a seu modo acompanhar o desenvolvimento cênico que assomava.

O mesmo aconteceu na ópera, na qual o domínio italiano tampouco era contestado, bem como a encenação convencional do *Rigoletto* ou da *Traviata*. Por volta do fim do século, porém, começou a crescer a popularidade das óperas nacionais russas, de autoria de compositores russos e realizadas com temas da história e da literatura russas. Com o surgimento de tais obras, aflorou também a tendência a integrar em sua encenação pintores, arqueólogos e arquitetos russos a fim de obter-se uma inflexão condizente, no tocante aos cenários e vestimenta, com os contextos invocados. Por outro lado, o estilo operístico na Rússia evoluiu no sentido do drama musical e o recitativo começou a substituir a cantilena do *bel canto*.

Depois de Glinka, a música russa passou a recorrer cada vez mais às fontes populares, às canções, ritmos e toadas geradas em seu bojo, e foi com esses elementos que os Cinco, Balakírev, Borodin, Cui, Mussórgski e Rímski-Kórsakov teceram suas obras, combinando-as com os refinamentos técnicos da música ocidental. A maioria dos libretos proveio da literatura romântica. *Boris Godunov* e *Khovantschina*, de Mussórgski, *Príncipe Ígor*, de Borodin, *Pskovitianka* e *Sadkó*, de Rímski-Kórsakov são outras tantas manifestações do novo acento, de inflexão impressionista de um lado, e nacional-realista de outro, que deu à arte da ópera na Rússia um enorme avanço, na segunda metade do século XIX, pondo-a muito à frente, em certos aspectos, da arte dramática.

A.P. Sumarokov
(1718-1777) por Losenko

D.I. Fonvizin
(1745-1792) por Fogel

I.A. Dmitrevski
(1760-1837) por Sokolov

A. Púschkin
(1799-1837) por V. Tropinin

A. Griboiêdov
(1795-1829) por Kramskoi

N. Gógol
(1809-1852) por Moller

P.S. Motchálov
(1800-1848)

V.A. Karatíguin
(1802-1853)

M. Schchépkin
(1788-1863)

M. Lérmontov
(1814-1841)

L. Tolstói (1828-1910)

S. Turguêniev
(1818-1883)

A.N. Ostróvski
(1823-1886)

Iermolova
(1853-1928)

Crítica às Condições do Teatro Russo no Fim do Século XIX

Pouco antes do histórico encontro, em 1897, entre Stanislávski e Nemiróvitch-Dântchenko, do que resultou a fundação do Teatro de Arte de Moscou, reuniu-se a Primeira Conferência Pan-Russa de Gente do Teatro. Nesse conclave, em que importantes membros da vida cênica russa puderam trocar ideias sobre a situação do teatro, desenhou-se um quadro que um dos participantes resumiu nos seguintes termos: "Pouco a pouco, o teatro está sendo sacrificado ao comércio e às empresas mercantis. Perdeu sua significação educativa e artística. O atual contingente de pessoas ligadas ao teatro abrange criaturas que não têm qualquer relação com a arte e que veem nela apenas um meio de ganhar a existência".

OS ATORES

A presença no palco teatral de numerosos amadores sem formação nem talento levou o ator e dramaturgo A. I. Iujin a afirmar: "Estamos recebendo massas de ignorantes, toda sorte de paus-pra-toda-obra [...] Por que está sendo o teatro, que é uma organização educacional, convertido num depósito da ignorância e numa espécie de asilo de todos os fracassos humanos? [...] Doze anos se fazem necessários para que uma pessoa seja nomeável para um posto judiciário; nove anos são requeridos para a patente de segundo-tenente. Para os atores, que são chamados a encarnar as alegrias e as tristezas tanto dos juízes quanto dos tenentes, é suficiente que a pessoa tenha sido expulsa do segundo ano da escola secundária? [...]"

Da mesma opinião é A. P. Lênski. Assim, declara que a grande maioria dos comediantes "nada tem em comum com a arte e paralisa qualquer iniciativa importante da minoria inteligente e talentosa", e considera que "A salvação do teatro... deve começar pela amputação de seus membros enfermos e infectados [...]"

Na verdade, para ser ator era mister, então, não mais do que uma voz vibrante, um misto de atrevimento e maneiras fáceis, maneiras que deveriam ser tanto mais fáceis caso se tratasse de atriz, cujo único requisito era um corpo bem-feito e um bonito palmo de rosto. Afora isso, faziam-se necessários apenas dois ou três ensaios, habituar-se a repetir quaisquer sons que o ponto soprasse, lembrar-se dos lugares de entrada e saída do palco, bem como das posições demarcadas em cena. Tais elementos deveriam somar-se a uma indumentária que impressionasse, a um arranjo de cabelos que explorasse ângulos favoráveis do semblante e uma maquilagem que produzisse uma boa aparência. No mais, tratava-se de dar a sensação de se estar representando algo, não importa como, a fim de atrair sempre a atenção do espectador. O enredo exigia que alguém fosse amado, odiado, esperado, injustiçado ou reparado, e isto era feito em cenas de amor, ódio, esperança, injustiça e reparação. Nelas, o intérprete procurava dar conta de sua incumbência, reproduzindo o que o ensaiador lhe ordenara fazer durante os ensaios ou copiando cenas similares que vira representadas por artistas de renome. O clichê reinava, pois, soberano em grande parte dos tablados dessa época.

A estereotipia faz parte da própria mecânica pela qual se cristaliza a expressão, ou seja, do gesto teatral. Mas, nesse caso, ela deve ser fruto de um processo de criação da personagem no palco, isto é, do papel que se traduz em signos gestuais, mímicos, sonoros, verbais, etc., e não da imitação servil, inassimilável pelo corpo do ator, por seu modo de sentir, daquilo que resultou do trabalho criativo de outrem. Fazê-lo é incorrer num plágio cuja prática generalizada pela mediocridade e facilidade instala, na cena, um convencionalismo teatral de segunda categoria (uma convenção de uma convenção, sem a finalidade precípua de sê-lo, ao contrário do que ocorre às vezes no teatro moderno, quando tais efeitos são empregados deliberadamente para fins de choque, contraste, paródia e outros mais).

Stanislávski caracteriza da seguinte forma essa estereotipia, que decorre da fossilização do gesto teatral dos grandes atores e de estilos de atuação que se sucedem na história do teatro:

> Com a ajuda da mímica, voz e movimento, o ator-artesão apresenta apenas estereótipos externos no palco, como se expressassem a "vida interior do espírito humano" a ser encontrada no papel, ou seja, uma máscara morta de sentimentos que não existem. Para tais realizações, um grande sortimento de artifícios foi elaborado para pintar todas as ocasiões possíveis.

E é justamente a utilização em larga escala, como padrão geral, desse estoque de desempenhos, que caracteriza os períodos de letargia na inventividade teatral. Ora, como vimos antes, e não apenas sob o ponto de vista da crítica stanislávskiana, como poderia afigurar-se, o teatro russo, apesar de sua grande expansão material e dos sérios talentos que para ele afluíram na segunda metade do século XIX, achava-se – talvez pelo próprio processo que o tornava um divertimento de massas crescentes – nessa situação (que é, aliás, a de todo teatro comercial na Europa e nas Américas).

Sem esposar as teses, segundo as quais tal declínio está ligado ao esquecimento em que teriam caído a escola e os métodos de representação de Schchépkin (porque no caso se trata de estabelecer a linha Schchépkin-Stanislávski, isto é, não só do realismo externo como a da verdade da natureza interna e espiritual da criação atoral), pode-se aceitar que a arte do comediante russo, no fim do século XIX, achava-se, de um lado, dominado pela clicheria teatral de um realismo lhano, sem dimensão de profundidade e, de outro, pela atuação "interna", quer dizer, pela teoria romântica da representação inspirada. O ator "interno" considerava que a elaboração cuidadosa de um papel, através de um trabalho sistemático, de uma técnica de interiorização, gesticulação, expressão facial e de voz, enfim do emprego deliberado de meios racionais e calculados, seria ruinosa para a obra de arte teatral. Esta deveria surgir da inspiração, das trevas e do mistério da interioridade, da subjetividade.

Mas o comediante obrigado a representar em uma dada hora, em certo local, em condições de saúde e de espírito dadas, não podia evidentemente contar a seu bel-prazer com o inefável auxílio. Assim, procurava obter o concurso da "grande força" aos gritos, com gestos convulsivos, precipitando-se através do palco e, muitas vezes com ajuda do "espírito" dos espíritos alcoólicos. Mas, quando muito, arrancava das entranhas não a inspiração, porém a transpiração e a expectoração de um certo tipo de histeria, Nessas condições, comandado pelo corpo em vez de comandá-lo, não lhe era dado mobilizar, quando necessário, os sentimentos que a criação do papel exigia. O ator ficava exposto aos caprichos de seu "temperamento cênico", da "fibra", do "nervo", de um "quê" interior, criando-se aquela situação paradoxal que Diderot descreve em seu notável trabalho sobre o comediante, pois a emoção sem controle e enformação intelectual pode produzir expressões simplesmente vitais, mas não pode plasmar papéis teatrais, ou seja, personagens atuando em cena.

Com a histeria a dominar a cena, que se enchia de gritos roucos e ensurdecedores, de correrias possessas, os sentimentos pintados no curso da ação tornavam-se indiscerníveis: amor e ódio, raiva e júbilo confundiam-se num só estertor epiléptico. Em consequência, o poder de gritar mais alto e de modo mais lancinante é que estabelecia o critério de valor com respeito ao maior ou menor mérito artístico dos atores dessa escola, os chamados "trágicos".

Por outro lado, os "inspirados" tendiam a confiar a moldagem do papel à graça do momento, como já dissemos, dispensando-o de uma ação organizada e uma busca sistemática da expressão representativa, quer dizer, de todo trabalho de aprendizado e aperfeiçoamento. Tal fato favorecia não só a improvisação amadorística, como o lucro do empresário, na medida em que um ou dois ensaios resolviam o problema de uma peça.

O efeito disso sobre a qualidade da interpretação corrente nos teatros russos, mormente de província, é assim descrito pelo principal ator do Máli, Iujin: "Recentemente, nosso desenvolvimento das técnicas do ator deteriorou-se. É o resultado da prolongada admiração que foi dedicada à escola "interna". Gostos correntes estimularam longamente uma aspiração ao rebanho, no sentido desse estado de espírito inconsciente que recebeu agora seu desenvolvimento mais sutil. A cada passo, a técnica é encarada como uma traição, e tal preconceito liquidou gradualmente com a disciplina que os grandes artistas de nossos dias elaboraram. Isso se reflete intensamente na presente geração de comediantes. O gênio e o talento só podem ser polidos pelo trabalho, mas o fato foi inteiramente esquecido".

TREINAMENTO DO ATOR

Já era fato notório, e os melhores sabiam-no perfeitamente, que a arte da interpretação cênica requer uma profunda compreensão do texto, uma análise cabal das personagens e suas relações e uma formalização cênica que dê conta inteiramente de tais requisitos. Isso exigia alto nível cultural e qualificação intelectual, cujo embasamento não podia decorrer de uma formação acidental, mas, sim, de uma instrução sistemática.

Ostróvski, por exemplo, já em 1881, enxerga a necessidade de uma formação nesses moldes, afirmando que a uma instituição com tal propósito compete "prover o palco de atores cuja estrita preparação lhes permita desenvolver aptidões próprias e aperfeiçoar-se [...] a fim de criarem personagens plenas de verdade artística [...] Atores que entram em cena sem preparo técnico não dispõem do material para dar vida às personagens que pretendem plasmar; enganam os espectadores e a si mesmos ao sugerir que estão representando algum tipo de pessoa viva. Daí por que, ao desempenharem uma dada figura, sua execução não ultrapassa a superfície externa do intérprete, nem transforma a parte num caráter claramente definido. A atuação por executantes sem treinamento não é personificação; é mais ou menos uma leitura apresentável do papel, acompanhada de esforços fúteis e incoerentes para harmonizar o corpo do intérprete com as palavras do papel [...]"

A instrução nas escolas dramáticas imperiais estava a cargo de atores de projeção. Mas nem todos eram bons didatas e, mesmo os que o eram, transmitiam, de um modo bastante ametódico, os artifícios e o jogo que haviam desenvolvido pessoalmente, sem se preocupar muito em saber se tais elementos se adequavam às características e aptidões do aluno. O estudo começava pelas aulas de dicção, nas quais era preciso decorar e declamar poesias. Além disso, havia lições de dança, esgrima e interpretação. Mas tais disciplinas eram ministradas de forma muito rudimentar, e na interpretação, o quadro, numa aula de Davídov, apresentava a seguinte feição: "Sua voz soava o tempo todo durante as aulas: 'Vida, vida, minha cara menina!','É necessário sentir a coisa!', 'Você precisa chorar com o papel!'" Mas Davídov nunca conseguia ensinar a seus alunos como dar vida a um papel, como fundir-se com a personagem, como adquirir uma técnica obediente, capaz de levar o ator a viver a vida da personagem no palco. Um de seus antigos alunos lembrava-se de que ele exigia que os atores-estudantes representassem de pronto tão bem quanto ele qualquer papel. "Sabem, dizia, é tão simples. Abram os olhos, tirem a cera do ouvido e sejam sinceros."

Um depoimento do mesmo gênero é o que Stanislávski presta, ao relatar, na autobiografia, sua breve tentativa de estudar na escola em que a Fedótova ensinava. Conta ele: "eles nos informavam de uma maneira hábil e muito visível o que um papel e uma peça deviam ser – isto, acerca do resultado final de um trabalho – mas silenciavam quanto ao modo de alcançar tais resultados, quanto ao método criativo a ser usado a fim de aproximar-se da meta desejada. Ensinavam-nos a representar em geral ou a realizar um desempenho em particular, mas não nos ensinavam a nossa arte. Não havia regras básicas nem sistematização. Os expedientes práticos não eram verificados pela pesquisa científica. Eu me sentia como uma espécie de massa com a qual estavam cozendo papéis de um gosto e aspectos definidos. Os alunos tinham de repetir tudo o que os professores faziam. E repetiam a mesma coisa, só que, naturalmente, de uma forma bem pior".

Vê-se, pois, que a instrução teatral não passava no fim do século de um trabalho de diletantes. O método básico, a atitude, não se adequavam absolutamente à formação de um ator capaz de desempenhar com independência e criatividade a função cênica.

STATUS

A sociedade russa, na época, encarava o artista de teatro como um ser bastante marginal, dedicando-lhe, segundo Iujin, uma mistura "de condescendência e um tratamento insultuosamente precavido, que ergue um certo obstáculo sutil e especial entre o público e os atores". Na verdade, os comediantes são postos no mesmo nível que os criminosos e as prostitutas. Descrevendo tais condições de vida, Stanislávski diz que "frequentemente não dispunham de um lugar próprio nos bastidores. Três quartas partes do edifício teatral eram entregues ao público, sob a forma de bufês, salões de chá, bares, salões de fumar, *toilettes* para homens e mulheres com água quente, e corredores de passeio. Apenas um compartimento do edifício ficava à disposição das artes teatrais. Aí se encontravam os cenários, os acessórios cênicos, o equipamento do eletricista, os escritórios, as oficinas, o ateliê da modista, do alfaiate. O que restava para o ator? Alguns estreitos camarins debaixo do palco, sem janelas nem ventilação, eternamente empoeirados e sujos..." O ambiente encontrava-se sempre enfumaçado pelos cigarros, cheirando a salsicha, arenque e presunto, repleto de fofocas e casos amorosos dos mais vulgares, explodindo a todo momento em palavrões e anedotas grosseiras, tudo como consequência "das condições desumanas em que vivia o ator".

ADMINISTRADORES

Os Teatros Imperiais eram administrados por indivíduos escolhidos pelo Ministério da Corte. O problema era que se tratava às vezes de pessoas totalmente alheias ao trabalho teatral, quando não inteiramente incapacitadas a realizá-lo. Mas o gabinete do administrador, nos Teatros Imperiais, dispunha de poderes discricionários, inclusive em matéria artística. "O gabinete não servia ao teatro, mas ao contrário, e o resultado foi que, para os elencos, o gabinete passou a ser uma maldição e, para o gabinete, o teatro passou a ser um elemento revolucionário" (subversivo).

Um exemplo desse tipo de administração é a de um certo Pchélnikov, diretor do *bureau* moscovita dos Teatros Imperiais, entre 1882 e 1898. Sua ignorância e falta de sensibilidade eram de tal vulto que, em relatórios enviados à capital czarista, informou que *O Poder das Trevas*, de Tolstói, não dava bilheteria por se tratar de uma peça inteiramente despida de virtudes literárias e artísticas.

Outro administrador do mesmo naipe foi A. A. Maikov, primo de um famoso poeta russo. Entre os episódios que imortalizaram sua gestão, há o seguinte: Alguém lhe entregou um papel pedindo estantes para os segundos violinos. A decisão não se fez esperar: "O Teatro Imperial é bastante rico para ter apenas primeiros violinos".

DIRETORES

Eis como uma testemunha da época descreve o trabalho de um diretor do Máli:

De posse do texto, designava os papéis. Poderia parecer que tal designação requeria algum esforço de pensamento, mas o elenco era tão rico em talentos que qualquer leigo poderia fazer o mesmo sem cometer erro sério. Afora isso, o diretor discriminava por escrito os títulos e os meros esboços das indicações cênicas: *dramatis personae*, cenário, mobiliário, costumes, perucas, adereços (havia nove ou dez títulos). Debaixo da palavra "mobiliário" escrevia "pobre" ou "rico". O traje era "urbana" ou "histórico". As perucas podiam ser "calvas", "grisalhas", "ruivas" etc.

O *bureau* executava tudo isso. Muitas vezes, o diretor e os atores não viam o cenário até o ensaio geral e, mesmo, com frequência, não antes da própria estreia, pois era opinião difundida de que o simples conhecimento do esquema do palco – isto é, de que uma porta estaria em determinado ponto e uma escrivaninha em outro – bastava.

Os ensaios eram efetuados de uma forma muito simples. Os atores vinham para o palco com suas cadernetas de anotações nas mãos; liam as partes e designavam os lugares, ou seja, decidiam que X ficaria ali parado e Y ficaria sentado aqui [...] E após o terceiro ensaio, a caderneta desaparecia. O papel tinha de ser decorado, tarefa para a qual se concedia um, dois ou três dias, conforme sua extensão [...] E nisso consistia o trabalho do diretor.

O CENÁRIO

Na Rússia, os cenários utilizados na montagem das peças dividiam-se em três tipos: gótico, para Shakespeare, Racine e Schiller, bem como teatro clássico e característico, isto é, tudo o que cheirasse a *pathos*, romantismo e poesia. Depois, o gogoliano, que abrangia as obras russas cuja ação ocorria entre o fim do século XVIII e meados do XIX. Por fim, o cenário urbano. Tudo isto era misturado sem maior consideração de realidade, história ou unidade de estilo. Eis como A. Lênski do Máli descreve as condições cenográficas reinantes nesse Teatro Imperial:

> Cenário novo era um acontecimento... O *décor* comum para todas as peças incluía: uma sala de estar, rica ou pobre; um gabinete de trabalho, do mesmo gênero; uma prisão, uma cabana; florestas no inverno e no verão; e também um "ar livre", isto é, um pano azul celeste para invocar espaços abertos. Se uma alcova ou escritório – ou algo dessa natureza – se faziam necessários, procurava-se combinar o que já se tinha em mãos.
> As peças clássicas de Shakespeare, Schiller e Hugo faziam uso quer dos *décor* góticos quer de suas variantes. O Rei Lear dividia o seu reino, Hamlet pronunciava "ser ou não ser", Elisabeth assinava a sentença de morte de Mary Stuart no mesmo cenário "gótico".

A situação do mobiliário não era melhor. Quanto aos efeitos de luz, havia de três espécies: luz branca e luz vista através de um vidro azul ou vermelho disposto diante da ribalta. As manhãs e as noites irrompiam como no equador – abaixava-se o vidro azul-escuro e instalava-se logo em seguida o vermelho, ou vice-versa, e tudo estava pronto.

O PÚBLICO

A arte teatral russa nascera e amadurecera como teatro de Corte, um teatro para um reduzido conjunto de espectadores das camadas superiores da sociedade. Na época de Schchépkin e Ostróvski, suas audiências foram aumentadas por funcionários civis, intelectuais, profissionais liberais e outros setores da população urbana, comerciantes, industriais e estudantes. Contudo, a presença de elementos até então menos notados, como artesãos, empregados de escritório e moradores dos arrabaldes operários começava a tornar-se perceptível no horizonte social, e o teatro, mais do que todas as demais artes da época, por sua própria natureza, tomou desde cedo consciência desse público potencial. Viu-se atraído pela ideia, que estava em sua essência mesma, de se abrir a ele de algum modo. Iujin, por exemplo, declara, referindo-se à plateia de elite, selecionada em parte por dispor dos meios de pagar um ingresso que não estava ao alcance do estudante e das categorias mais carentes: "Isso não é o *público*. É um pequeno grupo de gente educada e pensante, mas por isso precisamente o teatro torna-se demasiado dependente de um certo número de estados de espírito e tendências que são estranhas ao teatro como instituição, que é principalmente popular e exige, para sua avaliação, liberdade de quaisquer preconcepções e uma numerosa multidão, sensível e ardorosa. Nosso grande público é tão pobre quanto ignorante. Entrementes, não apóia o teatro".

O REPERTÓRIO

Em vista do reduzido conjunto de espectadores, havia necessidade de uma renovação constante do espetáculo em cartaz, o que diminuía o tempo disponível para os ensaios e preparação. Mesmo no Teatro Imperial Alexandrínski, oito sessões de ensaio foram suficientes para levar à cena uma peça como o *Fausto*, de Goethe.

De outra parte, o mesmo fator, exiguidade de público, que contribuía para a abundância de estreias e a curta permanência das peças em apresentação, rareava a assistência dos clássicos, excessivamente reapresentados e, por isso mesmo, incapazes de trazer às bilheterias espectadores que já os haviam visto numerosas vezes.

Considerando-se ainda que, para atrair a clientela, era mister satisfazer-lhe o paladar, quer dizer, o gosto de determinados estratos sociais, que desejavam simplesmente divertir-se. Assim, um variegado sortimento de melodramas, farsas e *vaudevilles* foi importado ou produzido no país e constituiu parcela ponderável do repertório do *fin de siècle*. Essa poluição dramática – aos olhos da *intelligentsia* teatral – que se fez sentir nas capitais e, de certa maneira, devido à falta de opções, mais ainda nas províncias, foi assim caracterizado por Iujin, no já mencionado conclave: "Nos últimos anos, o desespero dos críticos e espectadores atingiu os limites do pesar, por causa dos rios da Babilônia; a palavra 'dramaturgo', na linguagem elegante utilizada por nossa imprensa, é na maioria das vezes acompanhada de epítetos tais que, em conversação privada, provocariam um desafio a duelo".

Desse caráter dos textos encenados proveio uma denominação, a de *krilovismo* – devido a V. Krilov, autor de 115 peças menores e moralizantes – que passou a designar toda uma produção dramatúrgica. Ao lado desta, havia ainda uma série de pequenos enredos e tramas menores, habilmente afeiçoados, mas vazios de qualquer conteúdo mais significativo, destinados apenas a distrair as pessoas, mexendo gentilmente com seus nervos e miúdos sentimentos.

Tal é o panorama da vida teatral russa, ao fim do século XIX, à luz do que se deu a conhecer e do que se discutiu em seu primeiro congresso específico. Assim sendo, pode-se pensar, mesmo se tratando de uma reprojeção historicizante do passado, que foi em consequência da crise descrita e em reação a ela que Stanislávski e Nemiróvitch--Dântcheko conceberam o programa do Teatro de Arte de Moscou (Acessível a Todos) – como seus dois fundadores quiseram de início intitulá-lo numa deliberada declaração de intenções.

O Sistema de Stanislávski

Não parece difícil ligar o teatro de atmosfera e as buscas de aprofundamento psicológico empreendidas com o fito de solucionar a problemática às origens da técnica do desempenho interior e do chamado Sistema de Stanislávski. Como esse "método", a bem dizer, constitui, sob certo ângulo, não só o coroamento e a síntese das tendências teatrais que se polarizaram no Teatro de Arte coletivamente e em Konstantin Alexêiev individualmente, representando, por assim falar, a expressão técnica e estética de seu tipo de teatro, convém delinear suas origens e componentes, ainda que de um modo sumário.

Em 1906, Stanislávski, durante umas férias passadas na Finlândia, começou a refletir sobre as causas da insatisfação que sentia em face de seu próprio desempenho como ator no palco. Parecia-lhe não estar dando aos papéis a flexibilidade e a organicidade vital que deveriam apresentar. Considerando frontalmente o problema, chegou à conclusão de que acumulara em seu íntimo uma série de estereótipos cuja natureza não diferia daqueles que afligiam o velho convencionalismo teatral e contra os quais montara o movimento do Teatro de Arte. "Eu copiava a ingenuidade, mas não era ingênuo. Eu dava passos apressados a fim de caminhar de uma certa maneira, mas não sentia nenhuma pressa interna para efetuá-los. Eu representava de um modo mais ou menos artificial, imitando as aparências externas da ação e a própria experiência." Como consequência, tornou-se claro para ele que estava jogando com efeitos exteriores e não encarnando estímulos que lhe viessem da interioridade. A fim de trilhar, como ator dramático, a via da internação em si mesmo, precisava de algo, surgido da vida do espírito, capaz de introduzi-lo no "clima espiritual que possibilita, só ele, o sacramento criativo". A questão estava em fazer com que o intérprete infundisse emoção realmente sentida em seu papel e pudesse invocá-la, enquanto sopro vivificador da *persona* representada, sempre que o desejasse no tablado.

Stanislávski pôs-se então a observar a si mesmo e a seus companheiros, nos ensaios e nos espetáculos, ao mesmo tempo que convertia seus atores em verdadeiras cobaias de contínuos experimentos. Uma de suas primeiras e mais importantes conclusões ligava-se ao papel da liberdade corporal e de sua função essencial no suscitamento da emoção interna na atuação interpretante. Cumpria, pois, descarregar o ator de toda tensão física, relaxá-lo em termos musculares, para melhor subordinar seu mecanismo corpóreo aos ditames da vontade e da fantasia na encarnação dramática. Outra descoberta feita então, aliás de maneira casual, mas que seria de importância decisiva para a proposta da técnica interior, é que, juntamente com a "liberdade dos músculos", o comediante devia exercitar ao máximo a sua capacidade de concentrar-se, pois se trata de um operador fundamental do processo de emersão do sentimento interior e criativo. Diz Stanislávski que o trabalho do ator implica, acima de tudo, "completa concentração de sua inteira natureza física e espiritual". Todos os sentidos, o pensamento, a vontade, o sentimento, a memória e a imaginação, além do corpo, devem estar dirigidos para um único fim, o de "criar o que está ocorrendo no coração da personagem...."

Se a descoberta do papel da concentração deu origem a elementos tão vitais do método como o "círculo de atenção" e o da "solidão pública", pois a absorção do comediante em si próprio servia de alavanca para isolá-lo do auditório, para lhe instilar a sensação de estar só, estando perante uma plateia, condição indispensável para a requerida imersão nos pensamentos e vivências exigidos pelo papel – o achado da fórmula mágica do "se" permitiu determinar, na perspectiva stanislavskiana, o princípio do desempenho criativo. "Desde o momento em que o 'se' aparece, o ator é transportado do plano da vida real para o da vida que ele está imaginando. Uma vez que acredite nisso, pode começar a trabalhar. O palco é a verdade em que o ator crê sinceramente e mesmo uma falsidade óbvia pode tornar-se a verdade no teatro a fim de ser arte".

As indagações de Stanislávski e a tentativa de dar sistematicidade às respostas e soluções encontraram um apoio em Ribot (1839-1916), cuja *Psychologie des Sentiments* (1896) apareceu em tradução russa no mesmo ano em que o Teatro de Arte de Moscou fez sua estreia. Segundo o psicólogo francês, o objetivo final de qualquer lembrança é guardar a impressão de algo que uma pessoa experimentou um dia e fazê-lo de uma forma tal que a recordação se apresente tanto quanto possível com a força da impressão original. As ideias de Ribot não eram em si aplicáveis ao trabalho do ator, na medida em que pretendiam que a pessoa entendesse todos os aspectos das emoções reproduzidas. Mas Stanislávski jamais deixou de distinguir entre a experiência no palco e na vida, considerando que os intérpretes em cena, ao contrário dos indivíduos na existência corriqueira, canalizam sua alta capacidade de excitação emocional para os objetivos designados pelo papel. A consciência sempre controla neles as vivências e não permite que se percam nelas.

Stanislávski aprofundou muito a concepção de Ribot sobre as lembranças provocadas pela emoção altamente excitada, isto é, da memória afetiva, Tais lembranças serviram-lhe de instrumento potente para remover a estereotipia atoral, pois, se não apenas a psique, mas também o corpo recorda as experiências pelas quais passou, o ator é naturalmente levado à complexidade da experiência genuína. Assim, começa a conceder maior importância a tudo quanto vivenciou pessoalmente e a pôr em segundo plano os produtos de empréstimo ou cópia. Um sentimento experimentado torna-se parte autêntica da vida mesma e a sua representação constitui uma ponte segura entre o comediante e o referente vivido.

O complicado processo de retorno à vivência dá ao ator um belo ponto de partida e o converte num psicólogo mais sutil, não só em relação a si próprio, mas, pela autoanálise, das emoções e particularidades psíquicas de outrem, isto é, da constelação humana em que o indivíduo se inscreve. Essa consciência de si e dos outros é que serviu de base às reduções puramente realistas a que deu azo o método de Stanislávski, mas também às profundas penetrações na interioridade, nos termos de um Grotóvski, por exemplo.

O mecanismo da emoção altamente excitada seria a força que capacitaria o comediante a reproduzir facilmente todas as experiências desenvolvidas nos ensaios. O ator, ao ver de Stanislávski, não plasma um papel em um só golpe de inspiração, mas em vários lances desse tipo. São eles que o intérprete evoca e investe nos ensaios, repetindo-os de conformidade com a força da emoção sentida no momento em que realiza o desempenho.

Mas a técnica da atuação interna não se limita a reinvocar a emoção altamente excitada, visto que os elementos fornecidos por rememoração e associação, as vivências pessoais, constituem apenas sementes de um ato criativo autêntico, o qual só desabrocha com o concurso do imaginário.

Em seu primeiro esboço, o método previa seis procedimentos básicos no trabalho do ator para a construção do papel: *querer* – o desejo de atuar; *procurar* – as capacidades suscitadas pelo desejo encontram a matéria-prima para executar a tarefa por dentro e por fora; *experimentar* – o ator cria e vive interna e externamente a personagem por ele plasmada, ainda que seja de início apenas em sonho; *personificar* – o ator elabora o envoltório externo da figura a ser encarnada; *misturar* – efetua a mescla de vivências e personificações; *influenciar* – o desempenho do intérprete força o público a partilhar a experiência do ator.

O trabalho, nos moldes de Stanislávski, começa por numerosas sessões ao redor da mesa. O *régisseur* e os atores analisam o texto da peça e tentam detectar o curso principal da ação que recebe como tributária a ação de cada uma das personagens. Em *Hamlet*, por exemplo, ela consistiria em desmascarar e castigar o assassino do pai de Hamlet. A seguir, o problema é descobrir o jogo recíproco entre as linhas principais da ação de todas as personagens, com suas lutas, derrotas e triunfos, à medida que suas vontades se confrontam.

Ao contrário do que prevalecia antes, ou seja, não a emoção como tal, porém a *ideia da emoção*, a configuração admitida para expressá-la e o signo teatralmente convencionado, Stanislávski introduziu a experiência ou a vivência da emoção. Assim, uma estereotipia estática foi substituída por um processo. A paixão ou o sentimento denotado e experimentado pelo intérprete no palco é, nessa concepção, o elo terminal de uma cadeia de ações internas complexas cuja malha inicial está no *desejo humano*. A emoção divide-se, para Stanislávski, em células de desejo e a natureza complexa do resultado final, quer dizer, a emoção decorre dos conflitos, do êxito ou malogro na realização dos diferentes desejos. O desejo é, pois, a palavra mágica que leva da vida real à representada, pois a existência humana é uma corrente de desejos e anseios, na medida em que as pessoas estão sempre querendo alcançar ou evitar alguma coisa.

A exploração do subtexto, com suas remessas ao subentendido e subliminar na economia dos desejos e das ações, também constitui uma via importante para transferir os centros de gravitação da arte da corporificação dramática para além dos padrões convencionais dos estilos vigentes de representação teatral, realocando-os nas profundezas da psique. Abre-se assim a possibilidade de uma cena que revele os recessos da alma humana. Com essa ênfase na ação interna, é um teatro que vai buscar boa parte de seu alimento no subtexto, mediante longo e exaustivo trabalho de análise com respeito à peça e aos papéis, efetuado ao redor da mesa, como primeiro passo.

O empenho de memorização, nesse caso, perde o seu lugar privilegiado no preparo da apresentação, sendo adiado para depois que os intérpretes dominam as motivações psicológicas geradoras das ações consignadas aos papéis, e com isso, naturalmente, o "caráter" das personagens, sua mente e seu espírito. O método considera necessário que o ator desenvolva uma biografia da *persona* por ele incorporada, provendo-a de uma pré e uma pós-história, quer dizer, de um "antes" e um "depois" dos acontecimentos focalizados no texto. Além disso, o intérprete deve caracterizar, por um labor de improvisação, toda sorte de situações atribuíveis, como implícitas, à vida da personagem e que a peça não registra explicitamente. A suposição básica desses procedimentos é que o ator, realizando-os, há de sentir-se inteiramente em casa quando chegar o momento em que deverá pronunciar as palavras que o papel o incumbe de pronunciar, pois terá fixado e assimilado as feições personalizantes e o espírito da figura a ser representada. Segue-se, em sua elaboração, a tarefa de estudar e improvisar os atos e os desejos que acompanham a exposição do papel, de conformidade com a linha principal da ação. O trabalho preliminar, o do "pré-texto", fornece ao intérprete uma compreensão mais cabal e profunda da psicologia e dos atos da personagem, o que tornaria, crê Stanislávski, sua representação geral bem mais direta e flexível. O comediante se encontraria assim em condições de atuar em qualquer situação sugerida pelo curso de vida personificado, inclusive aquele que é especificamente desenhado pelo dramaturgo.

De início, como sói acontecer com toda inovação revolucionária ou que afeta hábitos – mesmo se artísticos – profundamente arraigados, tal método defrontou-se com fortes resistências, inclusive de parte do elenco do Teatro de Arte de Moscou, que o considerou mais um dos frutos das inquietações e do experimentalismo de seu diretor. Mas, Stanislávski insistiu na aplicação e, em dezembro de 1909, obteve a primeira grande recompensa de sua pertinácia e pesquisa sistemática, com a encenação de *Um Mês no Campo*, de Turguêniev. Trata-se de uma peça com pouco movimento, parecendo uma aquarela do mundo externo, mas que encerra grande riqueza em suas captações da vida subjetiva das personagens e da complexidade de sua tessitura emocional. Essa montagem foi um fator importante na evolução do Teatro de Arte de Moscou rumo ao princípio programático do realismo psicológico e à adoção do Sistema de Stanislávski – depois que a companhia levou à cena *Ressurreição*, de Tolstói, em 1911 – como o método que os atores deviam estudar e o Teatro acolher em suas futuras encenações.

Índice Onomástico

ABENSOUR, Gérard – 45, 92; *Vsévolod Meyerhold* – 45
ABRAMÓVITCH, Scholem Iaakov, v. Mêndele Moker Sforim
ADASCHEV, A. I. (pseudônimo de Platanov) – 114
ADLER, Lois – 233, 254; *The Drama Rewiew* – 254
ADLER, Stella – 199
ALEIKHEM, Scholem – 205, 218, 234, 239, 240, 243, 244, 248, 253, 258, 259; *200.000* – 239, 240, 243; *Agentes, Os* – 234; *Blondjende Schtern* (Estrelas Errantes) – 259; *Der Luftmentsch* (O Homem-Ar) – 253; *É Difícil ser Judeu* – 205; *É Mentira* – 234 *G(u)et* (Divórcio) – 244; *Mazeltov* (Boa Sorte, Parabéns) – 234, 235, 236; *Sorte Grande* (Dos Groisse G(u)evins) – 205, 240; *Tevie der Milkhiker* (Tobias, o Leiteiro) – 258
ALEKSANDROVITCH, Aleksandr – 51
ALEXÊIEV, Konstantin – 6, 31, 85, 87, 112, 114, 196, 199, 311, v. Stanislávski
ALTMAN, N. – 235, 236, 248
AMIARD-CHEVREL, Claudine – 38, 48, 92, 170, 179; *Symbolistes Russes et le Théâtrè, Les* – 38, 48; *Théâtre Artistique de Moscou, Le* – 92; *Théâtre Liberé, Le* – 170, 175, 179, 180, 181, 191
ANDRÉIEV, Leonid – 38, 52, 113, 143, 154, 234; *Anátema* – 154; *Vida de Homem, A* – 38, 52, 113, 234

ANDRÊIEVNA, Ielena – 280
ANDRÊIEVA, Maria F. – 230
ÁNENSKI, Inokênti – 166; *Famira Kifared* (Tamira, o Citarista) – 166, 169, 171, 176
ANGÉLICO, Fra – 47
ÂNNENKOV, Iúri – 143, 147
AN-SKI, Sch. – 210, 211, 216; *O Díbuk* (A Alma Errante) – 210, 211, 215-217, 223, 227
APPIA, Adolphe – 98, 130, 135, 161, 169
ARKÁDIN, Ivan – 176
ARTAUD, Antonin – 89, 140; *Teatro da Crueldade, O* – 140; *Teatro e a Peste, O* – 140
ASCH, Scholem – 33, 205, 232, 233, 236; *Amnon e Tamar,* 233; *Caminho de Sion, A* – 33; *Deus da Vingança* – 236; *Pecado, O* – 232
AUSLENDER, Serguêi – 51
AVÉRTCHENKO, Arkady (Timofêievitch) – 143
AVIVIT, Schoshana – 209

BÁBEL, Issac – 259
BABLET, Dénis – 16, 176, 187; *Décor du Théâtre, Le* – 16; *Révolutions Scéniques du XXème Siècle, Les* – 176, 187
BAKSHY, A. – 233
BAKST, Leon – 17, 101, 102, 107; *Dáfnis e Cloe* – 108; *Scherazade* – 107
BALAKÍREV, M. A. – 297

BALMONT, Konstantin D. – 17, 165; *A Liturgia da Beleza* – 19
BALZAC, Honoré de – 281, 286; *Marâtre, La* (A Madrasta) – 286
BARRYMORE, irmãos (Lionel, Esthel e John) – 200
BAUER, Harry – 256
BEARDSLEY, Aubrey – 129
BEAUMARCHAIS, Pierre Augustin Caron de – 165, 166, 275 ; *Le Mariage de Figaro* (As Bodas de Fígaro) – 165, 166
BEBÚTOV, Valeri – 87; *A Solidão de Stanislávski* – 87
BECKETT, Samuel – 141; *Última Fita Gravada de Krapp, A* – 141
BEETHOVEN, Ludwig van – 127; *Fidélio* – 127
BELIÁEV, Iúri – 45, 286
BELÍNSKI, Viosarion G. – 274,282,284
BELLINI, Vicenzo – 280
BEN-ARI, R. – 201, 202, 206, 210, 215, 220, 224; *Habima* – 201
BENAVENTE, Jacinto – 154; *Interesses Criados, Os* – 154
BENOIS, Aleksandr – 17, 101, 102, 107, 114; *Crepúsculo dos Deuses, O* – 107; *Giselle* – 107; *Pavilhão de Arminda, O* – 107; *Petrúschka* – 107; *Sylphides, Les* – 107
BERGER, Henning – 119, 197, 199, 220; *O Dilúvio* – 119, 197, 199, 220, 227
BERG(U)ELSON, David – 253, 256, 259; *Midas Hadin* – 256; *Príncipe Reuveni* – 259; *Surdo, O* – 256
BERGSON, Henri – 17, 135
BERKOVITZ, Ítzkhak Dov – 206; *A Peste* – 206
BIALIK, H. N. – 211, 220
BIELY, Andréi – 38
BIRMAN, Serafima – 114, 197
BLOK, Aleksandr – 21, 38, 45, 47, 48, 50-52, 63, 88, 99, 130, 147, 153, 265; *Barraca de Feira* (Balagántchik) – 37, 38, 48, 50-52, 63, 88, 153, 265; *Versos sobre a Belíssima Dama* – 21
BÖCKLIN, Arnold – 33; *A Ilha dos Mortos* – 33
BOILEAU-DESPRÉAUX, Nicolas – 273
BOLESLÁVSKI, Richard – 57, 114, 115, 195-200; *Arte do Ator: As Primeiras Seis Lições, A* – 195, 200; *Balyhoo* – 200; *Caminho de um Lanceiro, O* – 200; *Clive of India* – 200; *Cricket on the Hearth, The* (O Grilo na Lareira) – 115, 117, 199; *Homens de Branco* – 200; *Jardim de Alá, O* – 200; *Judas* – 200; *Kiki* – 199; *Milagre do Vístula, O* – 199; *Misérables, Les* – 200; *Miserere* – 197; *Misericórdia* – 199; *Mr Moneypenny* – 200; *Naufrágio de Esperança, O* – 114, 197; *Noite de Reis* – 197, 199; *O Doente Imaginário* – 199; *Os Hoop van Zegen* (A Boa Esperança) – 197; *Raspútin e a Imperatriz* – 200; *Romanesques, Les* – 199; *Vagabond King, The* (O Rei Vagabundo) – 199; *Véu Pintado, O* – 200; *White Eagle* (Águia Branca) – 200
BORGDÁNOVA, Nadejda – 280
BORODAI, M. M. – 153
BORODIN, Aleksandr P. – 297; *Príncipe Ígor* – 297
BOTTICELLI, Sandro – 33
BRAQUE, Georges – 108
BRAT – 262; *As Árvores Fazem Barulho* – 262
BRAUN, Edward – 32, 35, 44, 51, 92, 171; *Meyerhold on Theatre* – 44, 46; *The Theatre of Meyerhold* – 32, 35, 44, 51, 171
BRÁVITCH, K. V. – 45, 55
BRECHT, Bertold – 191; *A Ópera dos Três Vinténs* – 191
BRICK, Lília – 239
BRIÚSSOV, Valerii – 16, 17, 30, 55, 99, 186; "Verdade Inútil" – 16
BRODERSON, Moische – 262; *Véspera de Feriado* – 262
BULGAKOV, M. – 191; *A Ilha de Púrpura* – 191
BUTKÓVSKAIA, N. I. Mme. – 130

CALDERÓN DE LA BARCA, Pedro – 132; *El Purgatorio de San Patricio* – 132
CALLOT, Jacques – 179-180; *Balli di Sfessania* – 179;
CANDIDO, Antonio – 280
CARTER, Huntley – 129, 238; *Novo Espírito do Teatro Russo* (The New Spirit in the Russian Theater) – 129, 238
CAVOS, C. – 281
CHAGALL, Marc – 217, 234-236, 263
CHALIÁPIN, Fiódor I. – 107, 112, 217, 230
CHAPLIN, Charles – 81
CHESTERTON, F. K. – 181, 188; *Homem que era Quinta-feira, O* – 181, 188
CHOLMSKAIA, Zinaída Vassílevna – 142
CLAUDEL, Paul – 171, 172, 186; *L'Annonce Faite à Marie* (O Anúncio Feito a Maria) – 172, 181; *L'Échange* – 171
CLURMAN, Harold – 199
COCTEAU, Jean – 149
COHEN, Gustave – 130
CONFRARIA DO NOVO DRAMA – 16, 18, 19, 24, 33, 37
COPEAU, Jacques – 98
CRAIG, Gordon – 89, 98, 102, 113, 130, 135, 141, 197, 218, 239, 257

ÍNDICE ONOMÁSTICO

CROMMELINCK, Fernand – 79, 89; *Le Cocu Magnifique* (O Corno Magnífico) – 79-81, 89
CRUZE, James – 81
CUI, Cesar A. – 297

DABONDANCE, Jean – 130; *Deux Fréres: La Farse de la Cornette* – 130
DALMÁTOV, Vassíli – 295
DÁLSKI, Mamont – 295
DANIEL, M. – 256; *Os Quatro Dias* – 256
DANÍLOVNA, Alvina (mãe de Meierhold) – 9
DAVÍDOV, Vladímir (Ivan Gorelov, pseudônimo) – 295, 305
DEBUSSY, Claude – 101, 171; *La Boîte à Joujoux* – 171
DENÍSSOV, Vassili – 25, 102
DEUTSCH, A. – 233
DIAGHILEV, Serguêi – 17, 99-108; *Ballets Russes* – 108; *Conte Russe, Le* – 108; *Coq d'Or, Le* – 108; *Chout* – 108; *Dáfnis e Cloe*, 108; *Giselle* – 107; *Mir Isstkutvsa* (O Mundo da Arte) – 17, 99-108, 130; *Pskovitianka* (A Mocinha de Pskov – ou *Ivan, o Terrível*) – 107, 297; *Petrúschka* – 107; *Scherazade* – 107
DICKENS, Charles – 115, 117, 199; *The Cricket on the Hearth* (O Grilo na Lareira) – 115, 117, 199
DIDELOT, Charles – 280
DIDEROT, Denis – 279, 303
DIETRICH, Marlene – 200
DIMOV, Óssip – 35, 205; *Caim* – 35
DMITRÉVSKI, Ivan – 275, 276; *Dmítri Dônskoi* – 276
DOBUJÍNSKI, Mstislav V. –102, 130
DOBROLIÚBOV, Nikolái Aleksândrovitch – 101
DOBRUCHIN, I. – 247, 252, 256; *Especialista, O* – 256; *Julgamento, O* – 256
DOGNANI – 154
Dois Orfãos, Os – 280
DONIZETTI, Domenico Gaetano Maria – 280
DOSTOIÉVSKI, Fiódor M. – 17, 109, 126, 135, 197; *Irmãos Karamázov, Os* – 109, 197; *Uma História Sórdida* – 126
DOUTOR DAPERTUTTO, v. Meierhold – 86
DRIZEN, Barão – 130
DULLIN, Charles – 149
DUMAS, Alexandre (filho) – 88; *Dama das Camélias, A* – 88
DUMAS, Alexandre (pai) – 280, 289
DUNCAN, Isadora – 21, 112

EFROS, A. – 233, 234

EHRENBERG, Vladímir – 144
EHRENBURG, Iliá – 186, 191; *O Leão na Praça*, 191
EISENSTEIN, Serguêi –129, 141, 258; *Alexandre Névski* – 258
ELSSLER, Fanny – 296
ELSTON, L. – 191; *Os Atores* – 191
ERNST, Max – 108
EVRÊINOV, Nikolai Nikoláievitch (Ievrêinov) – 16, 24, 110, 121, 126, 129-152, 164, 211, 212; *Apologia da Teatralidade* – 133, 212; *Atores Servos* – 149; *Azazel e Dionísio* – 149; *Coisa Principal, A* – 140; *Comédia da Felicidade, A* – 149; *Cozinha do Riso, A* – 144; *Drama Primitivo entre os Germânicos, O* – 149; *Escândalo como Fator no Desenvolvimento da Arte, O* – 149; *Escola de "Estrelas"* – 144; *Francesca da Rimini* – 134, 142; *Fuente Ovejuna* – 132; *Gaia Morte, A* – 147; *Gran Duque de Moscovia y Emperador Perseguido, El* – 132; *Histoire du Théâtre Russe* – 16; *Inspetor Geral, O* – 144; *Mestria Teatral do Clero Ortodoxo* – 149; *Marta La Piedosa* – 132; *Nos Bastidores da Alma* – 141, 144; *Origem do Drama: A Tragédia Primitiva e o Papel do Bode na História de seus Primórdios, A* – 149; *Origem da Opereta, A* – 149; *Purgatorio de San Patricio, El* – 132; *Quarta Parede, A* – 144; *Representação do Amor* – 141; *Teatro como Tal, O* – 134; *Teatro para Si Mesmo, O* – 134; *Teatro na Vida, O* – 135, 139; *Teatro entre os Animais* – 149; *Teatro e o Patíbulo, O* – 149; *Tomada do Palácio de Inverno, A* – 147, 149; *Uma Introdução ao Monodrama* – 140; *Vampuka, a Noiva Africana* – 144
ÊXTER, Aleksandra – 169, 175, 176, 181; *Composições Dinâmicas* – 169; *Construções Dinâmicas* – 169

FALK, R. – 235, 252
FEDÓTOVA, Glikéria – 10, 294, 305
FEFER, Ítzik – 259, 262; *O Sol não se Põe* – 262
FERGUSSON, Francis – 199
FILOSÓFOV, Dmitri – 102
FIÓDOROVITCH, Emil (pai de Meierhold) – 9
FLAUBERT, Gustave – 191, 281; *Madame Bovary* – 191
FOKINE, Mikhail – 108
FONVÍZIN, Denis Ivánovitch – 10, 274, 275, 289; *Brigadeiro, O* – 274; *Menor, O* – 10, 274, 275

FORT, Paul – 32, 102
FUCHS, Georg – 35, 98, 129, 135; *Palco do Futuro, O* – 35; *Revolution des Theathers, Die* (A Revolução do Teatro) – 36

GAIDEBUROV, Pavel – 154
GARBO, Greta – 200
GARDIN, Vladímir – 199
GÁRSHIN, Vsévolod – 10
GAUGUIN, Paul – 165
GEORGE, Stefan – 33
GIOTTO – 47
GLADKOV, A. – 16
GLINKA, Mikhail – 81, 107, 281, 296, 297; *Russlan e Ludmila* – 107, 296; *Uma Vida pelo Czar* – 281
GLÜCK, Christopher Willibald – 107; *Orfeu e Eurídice* – 107
GOETHE, Johann Wolfgang von – 153, 308; *Fausto* – 144, 153, 205, 230, 308
GÓGOL, Nikolai V. – 81, 87, 88, 144, 197, 281, 282, 284, 285, 289, 295; *Casamento, O* – 281; *Condecoração Ordem de Vladímir de Terceira Classe* – 281; *Inspetor Geral, O (Revizor)* – 81, 88, 197, 281, 282, 284, 295; *Jogadores, Os* – 281; *Manhã de um Homem de Negócios, A* – 281; *Processo, O* – 281; *Sala dos Criados, A* – 281
GOLDFADEN, Avrom – 202, 205, 218, 239, 240, 247, 258; *Bar Kokhba* – 205, 258; *Décimo Mandamento, O* – 247; *Koldúnie* (A Feiticeira) – 240; *Sulamita (Schulamis)* – 205, 258
GOLDONI, Carlo – 12; *Leque, O* – 166; *Locandiera, La* – 12
GOLÓVIN, Aleksandr – 17, 87, 101, 102, 107; *Ballets Russes* – 107; *Boris Godunov* – 107; *Demônio* – 107; *Don Juan* – 107, 165; *Giselle* – 107; *Lago dos Cisne, O* – 107; *Mascarada* – 107, 171, 278; *Pássaro de Fogo, O* – 107; *Portas do Reino, Às* – 107; *Tempestade, A* – 107, 124, 191, 290; *Petrúschka* – 107
GOLUBIEV-POTATOV – 262
GONTCHARÓV, Ivan Aleksandrovitch – 277, 285; *Oblomov* – 277
GONTCHAROVA, Natália – 101, 108, 166; *Le Coq d'Or* – 108
GORTCHAKOV, Nikolai A. – 164, 166, 189; *The Theater in Soviet Russia* – 164, 166, 189
GORDIN, Iankev – 205; *Deus, o Homem e o Diabo* – 205; *Mirele Efros* – 205; *Rei Lear, O* – 205

GÓRKI, Maxim – (A. M. Peschkov pseudônimo) – 19, 28, 32, 33, 110, 112, 113, 191, 209, 210, 212, 215, 219, 230, 232, 257; *Filhos do Sol* – 33, 191; *No Fundo* (Ralé) – 210; *Veranistas, Os* – 19
Velho, O – 191
GOSET – v. Teatro Ídiche [Judeu] de Estado
GOURFINKEL, Nina – 9, 14, 17, 92; *Le Théâtre Théâtral* – 9, 14, 17
GOZZI, Carlo – 211; *A Princesa Turandot* – 211, 215
GRANÓVSKAIA, Mme. – 233, 236
GRANÓVSKI, Aleksânder Mikháilovitch – 129, 206, 217-219, 229-263; *137 Casas de Crianças* – 248; *200.000* – 239, 240, 243; *Agentes, Os* – 234; *Amnon e Tamar* – 233; *Antes do Amanhecer* – 234, 236; *Aventuras do Rei Pausolo, As* – 256; *Carnaval das Máscaras Judaicas* – 240; *Construtor, O* – 233; *Décimo Mandamento, O* – 247; *Deus da Vingança* – 236; *Der Luftmentsch* (O Homem-Ar) – 253; *Drei Pintelekh Lid, Di* (As Três Pintinhas de Judeu) – 244; *Édipo Rei* – 230; *É Mentira* – 234; *Fausto* – 230; *Iidische Glink* (Venturas Judaicas) ou *Mekhem Mendl* – 254; *Koffer des Herrn O. F., Die* (A Mala do Senhor O. F.) – 254; *Koldúnie* (A Feiticeira) – 239, 240, 247; *Lied von Leben, Dos* (A Canção da Vida) – 254; *Macbeth* – 230, 279; *Mazeltov* (Boa Sorte, Parabéns) – 234, 235, 236; *Monsieur Le Truhadec Saisi par la Débauche* (O Senhor Le Trouhadec Tomado Pela Devassidão) – 248; *Noite no Mercado Velho* – 205, 219, 245-247; *Noites Moscovitas* – 256; *Pecado, O* – 232; *Sadkó* – 230, 297; *Sorte Grande* (Dos Groisse G(u)evins) – 205, 240; *Taras Bulba* – 256; *Uriel Acosta* – 234, 245, 254; *Viagens de Benjamin III* – 248, 252; *Vida de Homem, A* – 234
GRAY, Camilla – 181; *The Russian Experiment* – 181
GRIBOIÊDOV, Aleksndr – 10, 277, 278, 281, 284, 289; *A Desgraça de Ter Espírito* – 10, 277, 284, 295
GRIS, Juan – 108
GRISI, Carlotta – 296
GROTÓVSKI, Jerzi – 3, 265-268, 313
GRUPO DE VILNA – 205, 211
GUITRY, Antoine – 295
GUITRY, Lucien – 295
GUTZKOW, Karl – 205, 234, 254; *Uriel Acosta* – 205, 234, 245, 254

ÍNDICE ONOMÁSTICO

HABIMA (O Palco) – 201-228; *No Início (Noite do Início)* – 206
HALEVI, Mosché – 223
HALKIN, Schmuel – 258; *Aarão Friedman* – 258
HALLE, Adam de la – 130; *Le Jeu de Robin et Marion* – 130
HAMSUN, Knut – 107, 113, 212; *Drama da Vida, O* – 113, 212; *Portas do Reino, Às* – 107
HARTUNG, Gustav – 254
HASENCLEVER, W. – 191; *Antígona* – 191
HAUPTMANN, Gerhart – 11, 12, 15, 19, 25, 28, 153, 154, 197; *Ascensão de Hânele, A* – 153; *Colega Krompton* – 25; *Festa da Paz, A* – 25, 197; *Fuga de Gabriel Schelling, A* – 154; *Homens Solitários* (Einsame Menschen) – 12; *Schluck e Jau* – 19, 25, 28; *Sino Submerso, O* – 19; *Vidas Solitárias* – 11
HEIERMANS, Herman – 114, 197; *Hoop van Zegen, Os* (*A Boa Esperança*) – 197; *Náufrago do Esperança, O* – 114, 197
HÉRTZEN, Aleksandr I. – 284
HIRSCHBEIN, Peretz – 205
HOFFMAN, R. B. – 220, 227; *O Sonho de Jacó* – 220, 227
HOFFMANN, E. T. A. – 135, 172, 179; *Princesa Brambilla, A* – 171, 179, 186; *Signor Formica* – 172
HOFMANNSTHAL, Hugo von – 25, 37, 38, 144; *Casamento de Zobeida, O* – 37, 38; *Mulher na Janela, A* – 25
HOLBERG, Ludwig – 274
HOOVER, Marjorie L. – 29, 45, 92; *Meyerhold, The Art of Conscious Theater* – 29, 45
HOUGTON, Norris – 92
HUGO, Victor – 199, 293, 307; *Ruy Blas* – 199
HUIZINGA, Johan – 135
HURVITCH, Itzhak-Aizik Halevi – 202

IABLÓCHKINA, Aleksandra – 294
IAKULOV, G. – 180, 181
IARTZEV, P. – 42, 46
ÍBSEN, Henrik – 15, 17, 19, 35, 38, 43, 44, 45; *Espectros, Os* – 35; *Hedda Gabler* – 38, 42, 43, 45; *João Gabriel Borkmann* – 38; *Pequeno Eyavolf* – 38; *Quando Despertamos os Mortos* – 38; *Solness, o Construtor* – 38; *Um Inimigo do Povo* – 19
IERMOLOVA, Maria – 10, 293
IRVING, Henry – 257
ISLÁEIVA, Natália – 286
IUCHKÉVITCH, Simeon – 46, 197; *Miserere* – 197
IUJIN, Aleksander I. (Príncipe Sumbátov) – 294, 301, 304, 305, 308

IÚRIEV, I. – 230
IVÁNOV-MUMJIEV, G. – 21
IVÁNOV, V. – 141; *Ensaios de História da Semiótica na URSS* – 141
IVÁNOV, Viastcheslávv V. – 17, 31, 154

JACOBI, Ruggero – 211
JAVÁDSKI, Iúri – 113
JDANOV, Andrei – 257
JEMPTCHÚJNIKOV, irmãos – 142
JOYCE, James – 141; *Ulisses* – 141
JULÁVSKI, Ieji – 154; *Eros e Psique* – 154

KAFKA, Franz – 288
KALIDASA – 165; *Sakuntala* – 164, 165
KÁMERNI TEATRO (TEATRO DE CÂMARA) – 154-156, 160, 163, 164, 166, 169, 171, 172, 175, 179, 181, 186, 188, 189, 191
KAPNIST, Vassíli – 276, 277; *A Chicana* – 276
KARATÍGUIN, Vassíli – 277, 283, 284
KARSÁVINA, Tamara – 108
KATCHÁLOV, Vassíli – 15, 277
KATZNELSON, Isaac – 206; *O Sol* – 206
KAVÉRIN, Veniamin – 256
KEAN, Edmund – 284
KEATON, Buster – 81
KEELER, William – 12; *Vsevolod Emiliovich Meyerhold: the Patern of a Master* – 12
KERR, W. – 244
KHMELNÍTZKI, Nikoiai – 276; *O Tagarela* – 276
KLEIST, Heinrich von – 89
KNABEL, Maria – 92
KNIÁJNIN, Iakov – 273, 275; *Dido* – 273; *Clemência de Tito, A* – 273; *Russlav* – 273; *Sofonisba* – 273; *Vadim de Nóvgorod* – 273
KNÍPER, Olga – 11, 12, 15
KOBRIN, L. – 205
KOLIN, Nikolai – 114, 197; *Noite de Reis* – 197, 199
KOMISSARJÉVSKAIA, Vera – 21, 37, 38, 44, 45, 47, 52, 53, 55, 123, 142, 153; *Despertar da Primavera, O* – 38, 52; *Hedda Gabler* – 38, 44-45
KOMISSARJÉVSKI, Fiódor – 110, 121-127, 129; *Alegres Comadres de Windsor, As* – 127; *Androcles e o Leão* – 127; *Barbeiro de Sevilha, O* – 127; *Borgeois Gentilhomme, Le* (O Burguês Gentil-homem) – 126; *Contos de Hofmann* – 126; *Copeiro Vanka e o Pajem João, O* – 124; *Eugênio Onéguin* – 126; *Fidélio* – 127; *Il Seraglio*

– 127; *Pagliacci* – 127; *Parsifal* – 127; *Tempestade, A* – 127; *Uma História Sórdida* – 126
KOONEN, Alisa – 154, 163, 172, 176, 179, 188, 191
KORNBLIT, Aleksander Iákovlevitch – 153
KORÓVIN, V. – 102, 107; *Demônio* – 107
KORSCH, teatro (fundado por F. Korsch) – 294
KOSCHEVÉROV, Aleksander – 15
KRASSÓVSKI, L. – 172
KRILOV, Ivan V. – 276, 309; *Loja da Moda, A* – 276; *Uma Lição Para as Filhas* – 276
KRIUKÓVSKI, M. V. – 279
KUGEL, Aleksandr Rafalóvitch – 47, 52, 142, 143, 147; *A Tomada do Palácio de Inverno* – 147, 149
KÚKOLNIK, N. V. – 279
KULBAK, Moische – 257; *Boitre, o Bandido* – 257
KURBAS, Les – 257
KUSNETZÓV, Pavel – 165
KUZMIN, Mikhail Aleksêivitch – 51, 124, 154

LABICHE, Eugène Marie – 256; *Trinta Milhões de Gladiator, O* (O Milionário, o Dentista e o Pobre) – 256
LACAN, Jacques – 136
LARIÓNOV, Mikhail – 101, 108, 166; *Chout* – 108; *Conte Russe, Le* – 108
LATAINER, Iossef – 202
LECOCQ, Charles-Alexandre – 172, 180, 181; *Giroflé-Girofla* – 172, 180, 181
LEGER, Fernand – 108
LEGOUVIER, E. – 172; *Adrienne Lecouvreur* – 172
LEIVIK, H. – 220, 223, 224; *O Golem* – 220, 223, 224, 227
LÊNSKI, Aleksandr P. – 10, 277, 294, 302, 307
LENTÚLOV, A. – 166
LEONCAVALLO, Ruggiero, 127; *Il Pagliacci*, 127
LÉRMONTOV, Mikhail – 107, 278; *Espanhóis, Os* – 278; *Homem Estranho, O* – 278; *Homens e Paixões* – 278; *Mascarada* – 107, 171, 278
LERNER, Iossef Iehuda – 205;
LESSING, Gotthold Ephraim – 279, 281
L'HERBIER, Marcel – 149
LIADOV, Anatoli K. – 46
LIBIN, S. – 205
LINDER, Max – 144
LÍTVAKOV, Moische – 246
LOEW, Rabi Iehuda – 223
LOTHAR, R. – 171; *Arlequim-Rei* – 171
LUGNÉ-POE – 32, 102

LÚKIN, Vladímir Ignatêievitch – 275
LUNATCHÁRSKI, Anatóli – 47, 113, 186, 219, 232

MAETERLINCK, Maurice – 16, 18, 21, 25, 26, 28, 29, 30, 33, 35, 37, 38, 45-47, 50, 53, 59, 113, 153, 211, 232; *Cegos, Os* – 21, 232, 233; *Interior* – 21; *Intrusa, A* – 16, 21; *Irmã Beatriz* – 37, 38, 45, 46, 47, 153; *Milagre de Santo Antônio, O* – 35, 48, 211; *Morte de Tintagiles, A* – 25, 26, 28, 29, 33; *Pássaro Azul, O* – 113; *Pelléas e Mélisande* – 38, 53; *Sete Princesas, As* – 25
MAGARSHAK, David – 92
MAIAKÓVSKI, Vladímir – 63, 71, 72, 79, 89, 171, 191, 236, 238, 239; *Mistério-Bufo* – 63, 71, 72, 171, 236, 238, 239; *Percevejo, O* – 191; *Vladímir Maiakóvski: Uma Tragédia* – 142
MAIKOV, A. A. – 306
MALLARMÉ, Stéphane – 232
MAMÔNTOV, Sava Ivánovitch – 102
MANDELSTAM, Óssip – 259
MARDJÁNOV, Konstantin Aleksándrovitch – 57, 154
MARKISCH, Peretz – 253, 256, 258, 259, 262; *Levante do Gueto, O* – 262; *Mischpokhe Ovadis, Di* (*A Família Ovadis*) – 258; *Olho por Olho* – 259; *Terra, A* – 256
MARKOV, Pavel – 244, 246
MATISSE, Henri – 108
MCHEDELOV, Vakhtang Levanovitch – 210; *O Judeu Eterno* – 210
MEAD, George – 135
MEIERGOLD, v. Meierhold
MEIERHOLD, Karl-Theodor-Kasimir – 9-93, 108-110, 121, 123, 129, 132-134, 153, 154, 159, 164, 165, 171, 181, 188, 211, 212, 215, 218, 232, 238, 239, 259, 265-268, 282; *Auroras, As* – 70, 89; *Barraca de Feira* (*Balagántchik*) – 37, 38, 48, 50-52, 63, 88, 153, 265; *Boris Godunov* – 107; *Cacatua Verde* – 35; *Caim* – 35; *Caminho de Sion, A* – 33; *Casamento de Zobeida, O* – 37, 38; *Cavalaria Russa, A* – 24; *Cegos, Os* – 21, 232, 233; *Colega Krompton* – 25; *Cocu Magnifique, Le* (O Corno Magnífico) – 79-81, 89; *Comédia do Amor, A* – 55; *Desconhecida, A* – 48; *Desgraça de Ter Espírito, A* – 10, 277, 284, 295; *Despertar da Primavera, O* – 38, 52; *Do Teatro* – 16, 50; *Don Juan* – 107, 165; *Écrits sur le Théâtre* – 10, 12, 16, 18, 22, 24, 26, 28, 29, 30, 31, 35; *Esfinge, A* – 25; *Espectros* – 35;

ÍNDICE ONOMÁSTICO

Festa da Paz, A – 25; *Floresta, A* – 10, 81, 89; *Gaivota, A* – 12, 15, 31; *Grito da Vida, O* – 35; *Hedda Gabler* – 38, 42-45; *Homens Solitários* (Einsame Menschen) – 12; *Inspetor Geral,O* (Revizor) – 81, 88, 282; *Irmã Beatriz* – 37, 38, 45, 46, 47, 153; *Jardim das Cerejeiras* – 18, 33; *Judeus, Os* – 33; *La Rivoluzione Teatrale* – 16, 44, 51; *Le Monde où l'on s'ennuie* – 11; *Liturgia da Beleza, A* – 19; *Mascarada* – 107, 171; *Menor, O* – 10; *Mercador de Sol, O* – 25; *Milagre de Santo António, O* – 35, 48, 211; *Mistério-Bufo, O* – 63, 71, 72, 171; *Morte de Tintagiles, A* – 25, 26, 28, 29, 33; *Mulher na Janela, A* – 25; *Neve* – 16, 17, 19, 25; *Noiva Pobre, A* – 10; *Orfeu e Eurídice* – 107; *Pássaro de Fogo, O* – 107; *Pedro, o Padeiro* – 171; *Pelléas e Mélisande* – 38, 53; "Presságios de um Novo Teatro" – 16, 58; *Tempestade, A* – 107; *Rei na Praça, O* – 48; *Rouxinol, O* – 171; *Sete Princesas, As* – 25; *Schluck e Jau* – 19, 25, 28; *Sino Submerso, O* – 19; *Sonho de uma Noite de Verão* – 17; *Solidão de Stanislávski, A* – 87; *Tio Vânia* – 15, 33; "Teatro de Feira, O" – 52; *Três Irmãs, As* – 12, 15, 18, 19; *Última Vontade, A* – 11; *Um Inimigo do Povo* – 19; *Vassilissa Melêntieva* – 11; *Veranistas, Os* – 19; *Vidas Solitárias* – 11; *Vitória da Morte, A* – 37, 38, 53, 55
MEININGER – 29, 53
MÊNDELE, MOKHER SFORIM – 218, 248, 252; *Viagens de Benjamin III* – 248, 252
MENDELSSOHN, Moisés – 17
MÉSKIN, Aharon – 224
METASTÁSIO, Pietro – 273
MEYERBEER, Giacomo – 280
MICHONNET – 172
MÍKHOELS, Schloime – 206, 217, 219, 229-263; *Aarão Friedman* – 258; *Árvores Fazem Barulho, As* – 262; *Bar Kokhba* – 258; *Boitre, o Bandido* – 257; *Construtor, O* – 233; *Di Mischpokhe Ovadis* (*A Família Ovadis*) – 258; *Dónia* – 258; *Especialista, O* – 256; *Estepes estão Ardendo, As* – 258; *Freilakhs* (*Alegro*) – 259, 262; *Julgamento, O* – 256; *Levante Gueto, O* – 262; *Midas Hadin* – 256; *Olho por Olho* – 259; *Príncipe Reuveni* – 259; *Quatro Dias, Os* – 256; *Sol não se Põe, O* – 262; *Sulamita* (*Schulamis*) – 258; *Surdo, O* – 256; *Terra, A* – 256; *Tevie der Milkhiker* (*Tobias, o Leiteiro*) – 258; *Véspera de Feriado* – 262
MIKLASCHÉVSKI, M. – 110, 132

MILIOTTI, Vassíli – 42
MILNER, M. – 224
MILIÚTIN, Nikolai A. – 101
MIRÓ, Juan – 108
MOLIÈRE (Jean-Baptiste Poquelin) – 87, 107, 126, 165, 199, 275, 277, 281, 284, 289; *Doente Imaginário, O* – 199; *Don Juan* – 107, 165; *Le Bourgeois Gentilhomme* (*O Burguês Gentil-homem*) – 126, 199; *Misantropo, O* – 277
MOLINA, Tirso de – 132
Marta La Piedosa – 132
MOTCHÁLOV, Pavel – 283, 284
MOUSSINAC, Léon – 256; *Os Trinta Milhões de Gladiator* (*O Milionário, o Dentista e o Pobre*) – 256
MOZART, Wolfgang Amadeus – 127; *Il Seraglio* – 127
MUNI, Paul – 206
MUNT, Olga Mikháilova – 10, 12
MUSSET, Alfred de – 286
MÚSSINA-PÚSCHKINA, Agrafena – 275
MUSSÓRGSKI, Modest Petrovitch – 108, 278, 297; *Boris Godunov* – 297; *Khovantschina* – 297

NEKRÁSSOV, Nikolai A. – 101
NEMIRÓVITCH-DÂNTCHENKO – 11, 12, 15, 31, 59, 85, 92, 97, 102, 109, 114, 129, 196, 197, 301, 309; *Irmãos Karamázov, Os* – 109; *Minha Vida no Teatro Russo* (My Life in the Russian Theatre) – 11, 92; *Última Vontade, A* – 11
NIETZSCHE, Friedrich – 17, 135, 232
NÍG(U)ER, Sch. – 223; *H. Leivik* – 223
NIJÍNSKI, Vaslav Fomitch – 108
NOUVEL, Walter – 101
NUROK, Alfred – 101

OFFENBACH, Jacques – 126, 127; *Contos de Hoffmann* – 126, 127
O'NEILL, Eugene – 191; *Macaco Peludo, O* (*Hairy Ape*) – 191
OSTRÓVSKI, Aleksander – 10, 81, 89, 107, 124, 126, 154, 191, 284, 288, 289, 290, 291, 292, 304, 308; *Bancarrota, A* – 289; *Dinheiro Selvagem* – 290; *Donzela de Neve, A* – 154, 289; *É um Caso de Família* – 289; *Emprego Lucrativo, Um* – 290; *Floresta, A* – 10, 81, 89, 290; *Inocentes Culpados, Os* – 191; *Kozma Minin* – 289; *Lobos e Ovelhas* – 290; *Noiva Pobre, A* – 10, 290;

O Sonho às Margens do Volga – 289; *Pobreza não é Vicio* – 289; *Pupila, A* – 290; *Sem Dote* – 290; *Talentos e Pretendentes* – 290; *Tempestade, A* – 107, 124, 191, 290; *Vassilissa Melêntieva* – 11, 289
ÓZEROV, Vladislav Alexândrovitch – 276; *Dmítri Dônskoi* – 276

PAILLERON, Edouard – 11; *Le Monde où l'on s'ennuie* – 11
PAUTÓVSKI, K. – 191; *Enquanto o Coração Bate* – 191
PÁVLOVA, Ana – 21, 296
PCHÉLNIKOV, P. M. – 306
PERETZ, I. L. – 205, 206, 218, 219, 245-248, 253; *Corrente de Ouro, A* – 205; *Fogo!* – 206; *Noite no Mercado Velho* – 205, 219, 245-247
PETIPA, Marius – 296
PETROV, N. V. – 147; *A Tomada do Palácio de Inverno* – 147, 149
PICARD – 199; *Kiki* – 199
PICASSO, Pablo – 71, 108, 212
PICON-VALLIN, Béatrice – 9, 92, 233, 236, 245, 247, 253, 254; *Meyerhold* – 92; *Théâtre Juif Soviétique Pedant les Années Vingt, Le* – 233, 245, 247, 253
PÍNSKI, David – 205, 209, 210, 220; *Judeu Eterno, O* – 209, 210, 220
PIRANDELLO, Luigi – 147, 288
PISSAREV, Aleksander – 276
PÍSSEMSKI, Aleksei – 286, 289; *Dura Sorte (Destino Amargo)* – 286
PODGÓRNI, V. – 33
POLEVÓI, Nikolai – 24, 279; *Cavalaria Russa, A* – 24
POLYAKOVA, Elena – 92
POTIÔMKIN, Grigori Aleksândrovitch – 143
PRIESTLEY, J. B. – 191; *Ele Veio* – 191
PRIMEIRO ESTÚDIO DO TEATRO DE ARTE DE MOSCOU – 112, 114, 115, 117, 118, 197, 199, 206
PROKÓFIEV, Serguêi Serguêivitch – 101, 108
PROTOZÁNOV, Jacob – 199
PRÚDKIN, M. I. – 224
PRUTKOV, Kosmá – 142
PRZYBYSZEWSKI, Stanislav – 16, 25; *Neve* – 16, 17, 19, 25
PULVER, Leo – 243, 248, 252
PÚSCHKIN, Aleksandr – 126, 274, 278, 284; *Boris Godunov* – 278; *Convidado de Pedra, O* – 278; *Festa Durante a Peste, A* – 278; *Mozart e Salieri* – 278

RABINÓVITCH, Iossef – 235
RABITCHEV, I. – 240, 243
RACHILDE, (Marguerite Eymery, pseudônimo) – 25; *O Mercador de Sol* – 25
RACHMÁNINOV, Serguêi – 101
RACINE, J. – 172, 186, 273, 307; *Fedra* – 172, 181, 186, 188
RADLOV, Serguêi A. – 110, 256, 257
RAIT, Rita – 236, 238; *Reminiscências Apenas* – 239
RAVEL, Maurice – 108
REINHARDT, Max – 32, 98, 129, 144, 217, 230, 239, 245, 254
RÊMIZOV, Alexei – 10, 16, 17, 124; *Vesi* ("Balança") – 17
REPIN, Iliá – 101
RESNICK, L. – 258; *Dônia* – 258
REVDEL, F. – 236
RIBOT, Théodule Armand – 312, 313; *Psychologie des Sentiments* – 312
RIESMAN, David – 136
RÍMSKI-KÓRSAKOV – 107, 108, 289, 297; *Pskovitianka (A Mocinha de Pskov – ou Ivan, o Terrível)* – 107, 297; *Scherazade* – 107; *Sadkó* – 230, 297
RIPELLINO, Angelo Maria – 9, 10, 14, 71, 92, 142, 165, 166, 172, 176, 186, 188, 238, 239, 254, 277; *Enciclopedia dello Spetacolo* – 9; *Il Trucco e l'anima* – 9, 10, 165, 166, 171, 186, 188; *Maiakóvski e o Teatro de Vanguarda* – 142, 239
ROLLER, Andreas – 296
ROMAINS, Jules – 248; *Monsieur Le Truhadec Saisi par la Débauche (O Senhor Le Trouhadec Tomado Pela Devassidão)* – 248
ROSENFELD, Anatol – 53; *História da Literatura e do Teatro Alemães* – 53
ROSSI, Carlo – 283
ROSSINI, Gioacchino – 127, 280; *O Barbeiro de Sevilha* – 127
ROSTAND, Edmond – 199; *Les Romanesques* – 199
ROSTVORÓVSKI, Karol Hubert – 199; *Misericórdia* – 199
ROTH, Joseph – 218
RÓVINA, Hana – 209, 210, 216. 224
RUBINSTEIN, Anton – 107; *Demônio* – 107
RUDNÍTZKI, Konstantin – 9, 32, 33, 37, 47, 51, 52, 55, 92, 188, 254, 256; *Meyerhold, the Director* – 32, 33, 37, 47, 51, 52, 55, 92; *Russian and the Soviet Theater* – 188, 257
RÜHLE, J. – 210, 212, 215; *Das Gejesselte Theater* – 210

ÍNDICE ONOMÁSTICO

RUMIANTSEV, Pavel – 92
RUTEBOEUF – 130; *Le Miracle de Théophile* – 130

SADÓVSKI, Mikhail – 10
SADÓVSKI, Prov – 291, 294
SAKHNÓVSKI, I. – 236
SALTIKÓV-SCHEDRIN, Mikhail – 286; *A Morte de Pazúkhin* – 286
SALVINI, Tommaso – 215
SANDROW, Nahma – 240, 263; *Vagabons Stars: A World History of Yiddish Theater* – 240, 263
SÁNIN, A. – 130; *Cuvier, Le* – 130; *Deux Fréres: La Farse de la Cornette* – 130; *Jeu de Robin et Marion, Le* – 130; *Miracle de Théophile, Le* – 130; *Trois Mages* – 130
SAPÚNOV, N. – 24, 25, 29, 42, 51, 101, 102, 154
SARTRE, Jean-Paul – 135
SATZ, Iliá – 24, 33, 143
SAVINA, Maria – 295
SCHESTAKOV, Viktor – 188; *Lago Lyul* – 188
SCHCHÉPKIN, Mikhail – 277, 284, 285, 291, 293, 294, 303, 308
SCHILLER, Johann Friedrich von – 281, 283, 293, 307
SCHNAIDERMAN, Boris – 141
SCHNITZLER, A. – 16, 35, 154; *Cacatua Verde* – 35; *Grito da Vida, O* – 35; *Véu de Pierrete, O* – 154
SCHOPENHAUER, Arthur – 135, 140
SCHTERNBERG, D. – 234
SCHÚMSKI, Serguêi – 294
SCHUSCHKÉVITCH, Boris – 114, 115, 197
SCRIBE, E. – 172; *Adrienne Lecouvreur* – 172, 186
SEGUNDO ESTÚDIO DO TEATRO DE ARTE DE MOSCOU – 227
SEMONOV, S. – 191; *Não nos Renderemos* – 191
SEROV – 17, 101
SHAKESPEARE, William – 12, 70, 127, 153, 154, 166, 172, 176, 181, 197, 199, 256, 257, 278, 279, 283, 289, 292, 293, 307; *Alegres Comadres de Windsor, As* – 127, 166; *Antônio e Cleópatra* – 191, 289; *Décima Segunda Noite, A* – 12; *Hamlet* – 70, 113, 141, 154, 197, 279, 283, 307, 314; *Macbeth* – 230, 279; *Mercador de Véneza, O* – 12; *Noite de Reis* – 197, 199; *Rei Lear* – 205, 256, 257, 307; *Romeu e Julieta* – 172, 176, 181; *Sonho de uma Noite de Verão* – 17, 153; *Tempestade, A* – 127
SHAW, George Bernard – 127, 191; *Androcles e o Leão* – 127; *Santa Joana* – 191

SIMOV, V. – 101, 102
SLONIM, Marc – 9; *Russian Theater* – 9
SOKOLOV, V. – 172; *Copeiro Vanka e o Pajem João, O* – 124, 134
SOLOGUB, Fiódor Kusmitch – 37, 38, 53, 99, 124, 143, 154; *Vitória da Morte* – 37, 38, 53, 55
SOLOVIOV, V. – 17
SRZEDNICKI, Ryczard, v. Boleslávski
STALIN, Josef – 31
STANISLÁVSKI, Konstantin – 3-7, 11, 12-16, 19-30, 31, 57, 80, 85-98, 102, 109-119, 129, 144, 196, 197, 199, 200, 206, 209, 211, 212, 215, 217, 224, 227, 228, 232, 234, 238, 277, 283, 284, 292, 293, 301-303, 305, 306, 309, 311-315; *Cavalaria Russa, A* – 24; *Construção da Personagem, A* – 92; *Criação do Papel, A* – 92; *Dama das Camélias, A* – 88; *Décima Segunda Noite, A* – 12; *Doente Imaginário, O* – 199; *Drama da Vida, O* – 113, 212; *Esfinge, A* – 25; *Festa da Paz, A* – 25; *Formation de l'acteur, La* – 209; *Irmãos Karamázov, Os* – 109; *Legado de Stanislávski, O* – 92; *Locandiera, La* – 12; *Mercador de Veneza, O* – 12; *Mercador de Sol, O* – 25; *Método, O (Sistema)* – 3-7, 86, 112, 114, 118, 196, 215, 224, 311, 315; *Minha Vida na Arte (My Life in Art)* – 4, 21, 22, 28, 92, 97, 115; *Mulher na Janela, A* – 25; *Mês no Campo, Um* – 109, 196, 197, 315; *Neve* – 25; *Pássaro Azul, O* – 113; *Pássaro de Fogo* – 107; *Preparação do Ator, A* – 92; *Sete Princesas, As* – 25; *Stanislawsky on Opera* – 92; *Ressurreição* – 315
STENDHAL – 281
STEPÁNOV, V. – 240, 243
STRASBERG, Lee – 199, 200
STRAVÍNSKI, Igor – 101, 108, 171; *Petrúschka* – 107; *Rouxinol, O* – 171
STRINDBERG, August – 211; *Érico XIV* – 211
SUDÉIKIN, Serguêi Iúrevitch – 24, 25, 29, 46, 102, 154, 165
SUDERMAN, Hermann – 16
SÜE, Eugène – 280
SUKHOVÓ-KOBILIN, Aleksandr – 286, 287, 289; *Caso Judicial, O* – 287; *Quadros do Passado* – 286; *Morte de Tarêlkin, A* – 287, 288; *Núpcias de Kretchínski, As* – 287
SULERJÍTZKI, Leopold – 32, 57, 112-115, 117, 118, 129, 134, 197, 232; *Drama da Vida, O* – 113, 212;
SUMARÓKOV, Aleksandr – 273, 275; *Carta Sobre a Versificação* – 273; *Dmítri, o Usurpador* – 273, 289; *Khorev* – 273;

Mstislav – 273; *Pássaro Azul, O* – 113; *Sinav e Truvor* – 273
SUSHKÉVITCH, Boris – 227
SUVÓRIN, Aleksei – 291, 294; *Poder das Trevas, O* – 291, 294, 306

TAGLIONI, Maria – 21
TAÍROV, Aleksander – 70, 108, 110, 121, 127, 129, 147, 153-191, 211, 212, 215, 218, 232, 238, 266; *Adrienne Lecouvreur* – 172, 186; *Anátema* – 154; *Antígona* – 191; *Antônio e Cleópatra* – 191; *Ascensão de Hânele, A* – 153; *Arlequim-Rei* – 171; *Atores, Os* – 191; *Boîte à Joujoux, La* – 171; *Blusa Amarela, A* – 154; *Donzela da Neve, A* – 154; *Eros e Psique* – 154; *Ele Veio* – 191; *Enquanto o Coração Bate* – 191; *Famira Kifared (Tamira, o Citarista)* – 166, 169, 171, 176; *Fedra* – 172, 181, 186, 188; *Filhos do Sol* – 191; *Fuga de Gabriel Schelling, A* – 154; *Giroflé-Girofla* – 172, 180, 181; *Hamlet* – 154; *Homem que era Quinta-feira, O* – 181, 188; *Ilha de Púrpura, A* – 191; *Inocentes Culpados, Os* – 191; *Interesses Criados, Os* – 154; *Lago Lyul* – 188; *L'Annonce Faîte à Marie (o Anúncio Feito a Maria)* – 172, 181; *Leão na Praça, O* – 191; *Leque, O* – 166; *Leque de Lady Windermore, O* – 191; *L'Echange* – 171; *Macaco Peludo, O (Hairy Ape)* – 191; *Madame Bovary* – 191; *Máriage de Fígaro, La (As Bodas de Fígaro)* – 165, 166; *Não nos Renderemos* – 191; *Notas de um Diretor* (Notes of a Director) – 154, 155, 163, 166, 169, 170, 172, 179, 186; *Ópera Três Vinténs, A* – 191; *Princesa Brambilla* – 175, 179, 186; *Percevejo, O* – 191; *Ponte do Diabo, A* – 191; *Romeu e Julieta* – 172, 176, 181; *Santa Joana* – 191; *Salomé* – 70, 171, 175, 176; *Sakuntala* – 164, 165; *Signor Fórmica* – 172; *Sob os Muros de Leningrado* – 191; *Tragédia Otimista, A* – 191; *Velho, O* – 191; *Véu de Pierrete, O* – 154
TALMA, François Joseph – 275
TÁTLIN, Vládimir – 71
TCHAIKÓVSKI, Piotr Ilitch – 107, 126, 289; *Eugênio Onéguin* – 126; *Lago dos Cisnes, O* – 107
TCHÉKHOV, Anton Pavlovitch – 11, 12, 14, 15, 18, 21, 33, 59, 88, 102, 112, 113, 191, 277, 285, 294; *Gaivota, A* – 12, 15, 31, 115, 191; *Jardim das Cerejeiras* – 18, 33,

88; *Tio Vânia* – 15, 33, 197; *Tifo, O* – 18; *Três Irmãs, As* – 12, 15, 18, 19, 197
TCHÉKHOV, Mikhail – 57, 114, 115, 117, 119, 197, 217; *To the Actor: On Technique of Acting* – 114
TCHEMERÍNSKI, Barukh – 224
TCHERNITCHÉVSKI, Nikolai Gavrilovitch – 101
TCHERNIKHÓVSKI, Saul – 220
TCHÍRIKOV, E. – 33; *Os Judeus* – 33
TCHULKÓV, G. – 32, 48, 51, 232
TEATRO ALEGRE PARA CRIANÇAS CRESCIDAS – 142
TEATRO ALEXANDRÍNSKI – 35, 36, 282, 283, 286, 290, 291, 294, 295, 308
TEATRO ANTIGO – 130, 132, 133, 134
TEATRO DE ARTE DE MOSCOU (TAM) – 6, 11, 12, 14, 15, 17, 21, 28, 29, 30, 31, 33, 36, 53, 58, 81, 85, 86, 87, 97, 98, 102, 109, 110, 112-115, 121, 130, 141, 155, 164, 186, 196, 197, 199, 202, 210, 211, 212, 286, 291, 301, 309, 311, 312, 315
TEATRO DE ARTE ÍDICHE – 205
TEATRO DE ARTE DE MORRIS SCHWARTZ – 205
TEATRO DE CÂMARA JUDEU DE ESTADO (Gosekt) – 234
TEATRO DE ÓPERA – 31
TEATRO DO ESPELHO CURVO (*Krivóe Zérkalo*) – 142, 143, 144, 147, 149
TEATRO DO POVO – 10
TEATRO DRAMÁTICO DE VERA KOMISSARJÊVSKAIA – 35, 38, 43, 46, 47, 50, 52, 53, 121, 133
TEATRO-ESTÚDIO – 24-26, 28-30, 33, 53, 86, 102, 109
TEATRO ÍDICHE [JUDEU] DE ESTADO (*Ídischer Melukhe Teater – IMT*) – 206, 217-219, 229-263
TEATRO MÁLI – 10, 186, 274, 283, 284, 287, 290, 291, 293-295, 304, 306, 307
TEATRO MARIÍNSKI – 107, 294, 296
TEFFI, (Nadejda Alékseievna Butchínskaia, pseudônimo) – 143
TERCEIRO ESTÚDIO DO TEATRO DE ARTE DE MOSCOU – 206
TETMAYER, Kazimierz – 25
  A Esfinge – 25
TISCHLER, A. – 235, 257
TOCHAS, As – 32, 48
TOLLER, Ernst – 218, 254
TOLSTÓI, Conde Alexei Constantínovitch – 12, 142, 191, 292; *Czar Boris* – 291; *Czar Fiódor Ivánovitch* – 12, 291; *Morte de Ivan, o terrível, A* – 12, 291; *Ponte do Diabo, A* – 191
TOLSTÓI, Leão – 32, 109, 113, 114, 171, 285, 291, 292, 294; *Cadáver Vivo* – 109, 197, 291,

ÍNDICE ONOMÁSTICO

292; *Frutos da Instrução, Os* – 291; *Pedro, o Padeiro* – 171; *Poder das Trevas, O* – 291, 294, 306; *Ressurreição* – 315; *Trinta Anos da Vida de um Jogador* – 280
TRUPE DE ARTISTAS DRAMÁTICOS RUSSOS – 15
TSERETELLI, Nik – 163, 179
TURGUÊNIEV, Ivan Sergueievitch – 109, 196, 277, 281, 284, 285, 286, 289, 295, 315; *Almoço com o Marechal da Nobreza* – 285; *Dama da Província, Uma* – 286, 295; *Imprudência, A* – 285; *Marâtre, A (A Madrasta)* – 286; *Mês no Campo, Um* – 109, 196, 197, 285, 286, 295, 315; *Parasita, O* – 284, 285; *Sem Tostão* – 285; *Solteiro, O* – 285

ULIÁNOV, N. – 24, 25, 29; *Anoitecer em Sorrento, Um* – 286
UNGERN, R. – 234
USPÊNSKAIA, Maria – 199

VACHKÉVITCH, N. N. – 22
VAITER, A. – 234, 236; *Antes do Amanhecer* – 234, 236
VAKHTÂNGOV, Evguêni – 57, 86, 110, 113, 114, 117-119, 121, 127, 129, 164, 197, 201-228, 232, 238; *Díbuk, O* (A Alma Errante) – 210, 211, 215-217, 223, 227; *Érico XIV* – 211; *Fogo!* – 206; *Judeu Eterno, O* – 209, 210, 220; *Peste, A* – 206; *Sol, O* – 206; *Princesa Turandot, A* – 211, 215
VARDI, David – 210
VARLÁMOV, Konstantin – 286, 295
VASNETZOV, Viktor Mikhailovitch – 102
VASSÍLEV, A. – 191; *Atores, Os* – 191
VEGA, Lope de – 132, 293; *Fuente Ovejuna* – 132, 293; *Gran Duque de Moscovia y Emperador Perseguido, El* – 132
VELÁSQUEZ – 132

VERDI, Giuseppe – 144, 244; *Aída* – 144, 244; *Rigoletto* – 297; *La Traviata* – 297
VEREG(U)INA, Vera – 45, 50
VERHAEREN, Emile – 70, 79, 88; *As Auroras* – 70, 89
VERSCHÍLOV – 224; *O Golem* – 220, 223, 224, 227
VERTÓVSKI, A. – 281; *O Túmulo de Áschkold* – 281
VÊSNIN, A. – 181, 186, 187, 188
VIÉVORKES, A. – 248, 258; *137 Casas de Crianças* – 248; *As Estepes estão Ardendo* – 258
VISCHNIÉVSKI, V. – 191; *Sob os Muros de Leningrado* – 191; *Tragédia Otimista, A* – 191
VOLKÔNSKI, M. N. – 144
VÓLKOV, Fiódor Grigórievitch – 274, 275
VOLÓSCHIN, M. – 46
VOLTAIRE, (François-Marie Arouet, pseudônimo) – 273
VRUBEL – 17, 46, 101, 102
VSÉVOLOD EMÍLIEVITCH – ver Meierhold

WAGNER, Richard – 33, 101, 127; *Anel dos Nibelungos, O* – 33; *Crepúsculo dos Deuses, O* – 107; *Parsifal* – 127
WEDEKIND, Frank – 38, 52, 53; *Despertar da Primavera, O* – 38, 52; *Espírito da Terra, O* – 53
WEILL, Kurt – 191; *Ópera dos Três Vinténs* – 191
WILDE, Oscar – 70, 135, 171, 175, 176, 191; *Leque de Windermore, O* – 191; *Salomé* – 70, 171, 175, 176

ZEMACH, S. – 206, 209, 210, 211, 220, 227; *Fogo!* – 206; *Peste, A* – 206; *Sol, O* – 206
ZÍSKIN, Beniúmen – 219, 236, 240, 252, 256, 257, 262, 263
ZNOSKO-BORÓVSKI, E. – 132

TEATRO NA PERSPECTIVA

O Sentido e a Máscara
    Gerd A. Bornheim (D008)
A Tragédia Grega
    Albin Lesky (D032)
Maiakóvski e o Teatro de Vanguarda
    Angelo Maria Ripellino (D042)
O Teatro e sua Realidade
    Bernard Dort (D127)
Semiologia do Teatro
    J. Guinsburg, J. T. Coelho Netto e Reni C. Cardoso (orgs.) (D138)
Teatro Moderno
    Anatol Rosenfeld (D153)
O Teatro Ontem e Hoje
    Célia Berrettini (D166)
Oficina: Do Teatro ao Te-Ato
    Armando Sérgio da Silva (D175)
O Mito e o Herói no Moderno Teatro Brasileiro
    Anatol Rosenfeld (D179)
Natureza e Sentido da Improvisação Teatral
    Sandra Chacra (D183)
Jogos Teatrais
    Ingrid D. Koudela (D189)
Stanislávski e o Teatro de Arte de Moscou
    J. Guinsburg (D192)
O Teatro Épico
    Anatol Rosenfeld (D193)
Exercício Findo
    Décio de Almeida Prado (D199)
O Teatro Brasileiro Moderno
    Décio de Almeida Prado (D211)
Qorpo-Santo: Surrealismo ou Absurdo?
    Eudinyr Fraga (D212)
Performance como Linguagem
    Renato Cohen (D219)
Grupo Macunaíma: Carnavalização e Mito
    David George (D230)
Bunraku: Um Teatro de Bonecos
    Sakae M. Giroux e Tae Suzuki (D241)
No Reino da Desigualdade
    Maria Lúcia de Souza B. Pupo (D244)
A Arte do Ator
    Richard Boleslavski (D246)
Um Voo Brechtiano
    Ingrid D. Koudela (D248)
Prismas do Teatro
    Anatol Rosenfeld (D256)
Teatro de Anchieta a Alencar
    Décio de Almeida Prado (D261)
A Cena em Sombras
    Leda Maria Martins (D267)
Texto e Jogo
    Ingrid D. Koudela (D271)
O Drama Romântico Brasileiro
    Décio de Almeida Prado (D273)

Para Trás e Para Frente
  David Ball (D278)
Brecht na Pós-Modernidade
  Ingrid D. Koudela (D281)
O Teatro É Necessário?
  Denis Guénoun (D298)
O Teatro do Corpo Manifesto: Teatro Físico
  Lúcia Romano (D301)
O Melodrama
  Jean-Marie Thomasseau (D303)
Teatro com Meninos e Meninas de Rua
  Marcia Pompeo Nogueira (D312)
O Pós-Dramático: Um conceito Operativo?
  J. Guinsburg e Sílvia Fernandes (orgs.) (D314)
Contar Histórias com o Jogo Teatral
  Alessandra Ancona de Faria (D323)
Teatro no Brasil
  Ruggero Jacobbi (D327)
40 Questões Para um Papel
  Jurij Alschitz (D328)
Teatro Brasileiro: Ideias de uma História
  J. Guinsburg e Rosangela Patriota (D329)
Dramaturgia: A Construção da Personagem
  Renata Pallottini (D330)
Caminhante, Não Há Caminho. Só Rastros
  Ana Cristina Colla (D331)
Ensaios de Atuação
  Renato Ferracini (D332)
A Vertical do Papel
  Jurij Alschitz (D333)
Máscara e Personagem: O Judeu no Teatro Brasileiro
  Maria Augusta de Toledo Bergerman (D334)
Teatro em Crise
  Anatol Rosenfeld (D336)
João Caetano
  Décio de Almeida Prado (E011)
Mestres do Teatro I
  John Gassner (E036)
Mestres do Teatro II
  John Gassner (E048)
Artaud e o Teatro
  Alain Virmaux (E058)
Improvisação para o Teatro
  Viola Spolin (E062)
Jogo, Teatro & Pensamento
  Richard Courtney (E076)
Teatro: Leste & Oeste
  Leonard C. Pronko (E080)
Uma Atriz: Cacilda Becker
  Nanci Fernandes e Maria T. Vargas (orgs.) (E086)

TBC: Crônica de um Sonho
  Alberto Guzik (E090)
Os Processos Criativos de Robert Wilson
  Luiz Roberto Galizia (E091)
Nelson Rodrigues: Dramaturgia e Encenações
  Sábato Magaldi (E098)
José de Alencar e o Teatro
  João Roberto Faria (E100)
Sobre o Trabalho do Ator
  M. Meiches e S. Fernandes (E103)
Arthur de Azevedo: A Palavra e o Riso
  Antonio Martins (E107)
O Texto no Teatro
  Sábato Magaldi (E111)
Teatro da Militância
  Silvana Garcia (E113)
Brecht: Um Jogo de Aprendizagem
  Ingrid D. Koudela (E117)
O Ator no Século XX
  Odette Aslan (E119)
Zeami: Cena e Pensamento Nô
  Sakae M. Giroux (E122)
Um Teatro da Mulher
  Elza Cunha de Vincenzo (E127)
Concerto Barroco às Óperas do Judeu
  Francisco Maciel Silveira (E131)
Os Teatros Bunraku e Kabuki: Uma Visada Barroca
  Darci Kusano (E133)
O Teatro Realista no Brasil: 1855-1865
  João Roberto Faria (E136)
Antunes Filho e a Dimensão Utópica
  Sebastião Milaré (E140)
O Truque e a Alma
  Angelo Maria Ripellino (E145)
A Procura da Lucidez em Artaud
  Vera Lúcia Felício (E148)
Memória e Invenção: Gerald Thomas em Cena
  Sílvia Fernandes (E149)
O Inspetor Geral de Gógol/Meyerhold
  Arlete Cavaliere (E151)
O Teatro de Heiner Müller
  Ruth C. de O. Röhl (E152)
Falando de Shakespeare
  Barbara Heliodora (E155)
Moderna Dramaturgia Brasileira
  Sábato Magaldi (E159)
Work in Progress na Cena Contemporânea
  Renato Cohen (E162)
Stanislávski, Meierhold e Cia
  J. Guinsburg (E170)
Apresentação do Teatro Brasileiro Moderno
  Décio de Almeida Prado (E172)

Da Cena em Cena
  J. Guinsburg (E175)
O Ator Compositor
  Matteo Bonfitto (E177)
Ruggero Jacobbi
  Berenice Raulino (E182)
Papel do Corpo no Corpo do Ator
  Sônia Machado Azevedo (E184)
O Teatro em Progresso
  Décio de Almeida Prado (E185)
Édipo em Tebas
  Bernard Knox (E186)
Depois do Espetáculo
  Sábato Magaldi (E192)
Em Busca da Brasilidade
  Claudia Braga (E194)
A Análise dos Espetáculos
  Patrice Pavis (E196)
As Máscaras Mutáveis do Buda Dourado
  Mark Olsen (E207)
Crítica da Razão Teatral
  Alessandra Vannucci (E211)
Caos e Dramaturgia
  Rubens Rewald (E213)
Para Ler o Teatro
  Anne Ubersfeld (E217)
Entre o Mediterrâneo e o Atlântico
  Maria Lúcia de Souza B. Pupo (E220)
Yukio Mishima: O Homem de Teatro e de Cinema
  Darci Kusano (E225)
O Teatro da Natureza
  Marta Metzler (E226)
Margem e Centro
  Ana Lúcia V. de Andrade (E227)
Ibsen e o Novo Sujeito da Modernidade
  Tereza Menezes (E229)
Teatro Sempre
  Sábato Magaldi (E232)
O Ator como Xamã
  Gilberto Icle (E233)
A Terra de Cinzas e Diamantes
  Eugenio Barba (E235)
A Ostra e a Pérola
  Adriana Dantas de Mariz (E237)
A Crítica de um Teatro Crítico
  Rosangela Patriota (E240)
O Teatro no Cruzamento de Culturas
  Patrice Pavis (E247)
Eisenstein Ultrateatral: Movimento Expressivo e Montagem de Atrações na Teoria do Espetáculo de Serguei Eisenstein
  Vanessa Teixeira de Oliveira (E249)
Teatro em Foco
  Sábato Magaldi (E252)
A Arte do Ator entre os Séculos XVI e XVIII
  Ana Portich (E254)
O Teatro no Século XVIII
  Renata S. Junqueira e Maria Gloria C. Mazzi (orgs.) (E256)
A Gargalhada de Ulisses
  Cleise Furtado Mendes (E258)
Dramaturgia da Memória no Teatro-Dança
  Lícia Maria Morais Sánchez (E259)
A Cena em Ensaios
  Béatrice Picon-Vallin (E260)
Teatro da Morte
  Tadeusz Kantor (E262)
Escritura Política no Texto Teatral
  Hans-Thies Lehmann (E263)
Na Cena do Dr. Dapertutto
  Maria Thais (E267)
A Cinética do Invisível
  Matteo Bonfitto (E268)
Luigi Pirandello: Um Teatro para Marta Abba
  Martha Ribeiro (E275)
Teatralidades Contemporâneas
  Sílvia Fernandes (E277)
Conversas sobre a Formação do Ator
  Jacques Lassalle e Jean-Loup Rivière (E278)
A Encenação Contemporânea
  Patrice Pavis (E279)
As Redes dos Oprimidos
  Tristan Castro-Pozo (E283)
O Espaço da Tragédia
  Gilson Motta (E290)
A Cena Contaminada
  José Tonezzi (E291)
A Gênese da Vertigem
  Antonio Araújo (E294)
A Fragmentação da Personagem no Texto Teatral
  Maria Lúcia Levy Candeias (E297)
Alquimistas do Palco: Os Laboratórios Teatrais na Europa
  Mirella Schino (E299)
Palavras Praticadas: O Percurso Artístico de Jerzy Grotowski, 1959-1974
  Tatiana Motta Lima (E300)
Persona Performática: Alteridade e Experiência na Obra de Renato Cohen
  Ana Goldenstein Carvalhaes (E301)
Como Parar de Atuar
  Harold Guskin (E303)

Metalinguagem e Teatro: A Obra de Jorge Andrade
  Catarina Sant Anna (E304)
Enasios de um Percusro
  Esther Priszkulnik (E306)
Função Estética da Luz
  Roberto Gill Camargo (E307)
Poética de "Sem Lugar"
  Gisela Dória (E311)
Entre o Ator e o Performer
  Matteo Bonfitto (E316)
A Missão Italiana: Histórias de uma Geração de Diretores Italianos no Brasil
  Alessandra Vannucci (E318)
Além dos Limites: Teoria e Prática do Teatro
  Josette Féral (E319)
Ritmo e Dinâmica no Espetáculo Teatral
  Jacyan Castilho (E320)
A Voz Articulada Pelo Coração
  Meran Vargens (E321)
Beckett e a Implosão da Cena
  Luiz Marfuz (E322)
Teorias da Recepção
  Claudio Cajaiba (E323)
A Dança e Agit-Prop
  Eugenia Casini Ropa (E329)
O Soldado Nu: Raízes da Dança Butô
  Éden Peretta (E332)
Teatro Hip-Hop
  Roberta Estrela D'Alva (E333)
Encenação Como Prática Pedagógica
  Joaquim C.M. Gama (E335)
Jorge Andrade: Um Dramaturgo no Espaço-Tempo
  Carlos Antônio Rahal (E340)
No Campo Feito de Sonhos: Inserção e Educação Através da Arte
  Sônia Machado de Azevedo (E339)
Do Grotesco e do Sublime
  Victor Hugo (EL05)
O Cenário no Avesso
  Sábato Magaldi (EL10)
A Linguagem de Beckett
  Célia Berrettini (EL23)
Ideia do Teatro
  José Ortega y Gasset (EL25)
O Romance Experimental e o Naturalismo no Teatro
  Emile Zola (EL35)
Duas Farsas: O Embrião do Teatro de Molière
  Célia Berrettini (EL36)
Giorgio Strehler: A Cena Viva
  Myriam Tanant (EL65)

Marta, A Árvore e o Relógio
  Jorge Andrade (T001)
O Dibuk
  Sch. An-Ski (T005)
Leone de'Sommi: Um Judeu no Teatro da Renascença Italiana
  J. Guinsburg (org.) (T008)
Urgência e Ruptura
  Consuelo de Castro (T010)
Pirandello do Teatro no Teatro
  J. Guinsburg (org.) (T011)
Canetti: O Teatro Terrível
  Elias Canetti (T014)
Ideias Teatrais: O Século XIX no Brasil
  João Roberto Faria (T015)
Heiner Müller: O Espanto no Teatro
  Ingrid D. Koudela (org.) (T016)
Büchner: Na Pena e na Cena
  J. Guinsburg e Ingrid Dormien Koudela (orgs.) (T017)
Teatro Completo
  Renata Pallottini (T018)
Barbara Heliodora: Escritos sobre Teatro
  Claudia Braga (org.) (T020)
Machado de Assis: Do Teatro
  João Roberto Faria (org.) (T023)
Luís Alberto de Abreu: Um Teatro de Pesquisa
  Adélia Nicolete (org.) (T025)
Teatro Espanhol do Século de Ouro
  J. Guinsburg e N. Cunha (orgs.) (T026)
Tatiana Belinky: Uma Janela para o Mundo
  Maria Lúcia de S. B. Pupo (org.) (T28)
Peter Handke: Peças Faladas
  Samir Signeu (org.) (T030)
Dramaturgia Elizabetana
  Barbara Heliodora (org.) (T033)
Um Encenador de si Mesmo: Gerald Thomas
  J. Guinsburg e Sílvia Fernandes (S021)
Três Tragédias Gregas
  Guilherme de Almeida e Trajano Vieira (S022)
Édipo Rei de Sófocles
  Trajano Vieira (S031)
As Bacantes de Eurípides
  Trajano Vieira (S036)
Édipo em Colono de Sófocles
  Trajano Vieira (S041)
Agamêmnon de Ésquilo
  Trajano Vieira (S046)
Antígone de Sófocles
  Trajano Vieira (S049)
Lisístrata e Tesmoforiantes
  Trajano Vieira (S052)

Os Persas de Ésquilo
  Trajano Vieira (s55)
Teatro e Sociedade: Shakespeare
  Guy Boquet (ko15)
Alda Garrido: As Mil Faces de uma Atriz Popular Brasileira
  Marta Metzler (pers)
Caminhos do Teatro Ocidental
  Barbara Heliodora (pers)
O Cotidiano de uma Lenda: Cartas do Teatro de Arte de Moscou
  Cristiane L. Takeda (pers)
Eis Antonin Artaud
  Florence de Mèredieu (pers)
Eleonora Duse: Vida e Obra
  Giovanni Pontiero (pers)
Linguagem e Vida
  Antonin Artaud (pers)
Ninguém se Livra de seus Fantasmas
  Nydia Licia (pers)
Sábato Magaldi e as Heresias do Teatro
  Maria de Fátima da Silva Assunção (pers)
Vsévolod Meierhold: Ou a Invenção da Cena
  Gérard Abensour (pers)
Nissim Castiel: Do Teatro da Vida Para o Teatro da Escola
  Debora Hummel e Luciano Castiel (orgs.) (mp01)
O Grande Diário do Pequeno Ator
  Debora Hummel e Silvia de Paula (orgs.) (mp02)
Um Olhar Através de... Máscaras
  Renata Kamla (mp03)
Performer Nitente
  Adriano Cypriano (mp04)
O Gesto Vocal
  Mônica Andréa Grando (mp05)
Br-3
  Teatro da Vertigem (lsc)
Com os Séculos nos Olhos
  Fernando Marques (lsc)
Dicionário de Teatro
  Patrice Pavis (lsc)
Dicionário do Teatro Brasileiro: Temas, Formas e Conceitos
  J. Guinsburg, João Roberto Faria e Mariangela Alves de Lima (coords.) (lsc)
História do Teatro Brasileiro, v. 1: Das Origens ao Teatro Profissional da Primeira Metade do Século xx
  João Roberto Faria (dir.) (lsc)
História do Teatro Brasileiro, v. 2: Do Modernismo às Tendências Contemporâneas
  João Roberto Faria (dir.) (lsc)
História Mundial do Teatro
  Margot Berthold (lsc)
O Jogo Teatral no Livro do Diretor
  Viola Spolin (lsc)
Jogos Teatrais: O Fichário de Viola Spolin
  Viola Spolin (lsc)
Jogos Teatrais na Sala de Aula
  Viola Spolin (lsc)
Léxico de Pedagogia do Teatro
  Ingrid Dormien Koudela; José Simões de Almeida Junior (coords.) (lsc)
Meierhold
  Béatrice Picon-Vallin (lsc)
Queimar a Casa: Origens de um Diretor
  Eugenio Barba (lsc)
Rastros: Treinamento e História de Uma Atriz do Odin Teatret
  Roberta Carreri (lsc)
Teatro Laboratório de Jerzy Grotowsky
  Ludwik Flaszen e Carla Pollastrelli (cur.) (lsc)
Últimos: Comédia Musical em Dois Atos
  Fernando Marques (lsc)
Uma Empresa e seus Segredos: Companhia Maria Della Costa
  Tania Brandão (lsc)
Zé
  Fernando Marques (lsc)

Este livro foi impresso em São Paulo,
nas oficinas da Orgrafic Gráfica e Editora, em novembro de 2015,
para a Editora Perspectiva.